U0487394

清水江研究丛书 第一辑 张应强/主编

"插花地"：
文化生态、地方建构
与国家行政

清水江下游地湖乡的
个案研究

谢景连/著

社会科学文献出版社
SOCIAL SCIENCES ACADEMIC PRESS (CHINA)

本书的研究和出版承蒙

中山大学历史人类学研究中心承担的国家社科基金重大项目"清水江文书整理与研究"（11&ZD096）

教育部人文社科重点研究基地重大项目"山地、流域与族群社会：西南民族地区的生态、文化多样性与社会变迁研究"（17JJD850004）

教育部人文社会科学研究青年基金项目"人类学视阈下的黔湘桂省际民族地区'插花地'问题及治理创新研究"（19YJC850022）

贵州省教育厅社科基地项目"飞落湖南的'插花地'：对天柱县地湖乡的历史人类学研究"（JD2014256）

资助

总　序

以一条江来命名一套研究丛书，确实需要做些说明。

贵州东南部的清水江，是洞庭湖水系沅水上游支流之一，亦名清江。清雍正年间设置的"新疆六厅"，其中就有因江而名的清江厅。历史上因江清而名的江河或相应治所不在少数，至今湖北西部仍有清江；民国初年改清江厅置县，也因与江西清江县重名而改名剑河县。清水江之名则渐至固定，用以指称这条源出贵州中部苗岭山脉、迤逦东流贯穿黔东南苗族侗族自治州多个市县的河流。

清水江是明清时期被称为"黔省下游"广阔地域里的一条重要河流，汇集区域内众多河流，构成了从贵州高原向湘西丘陵逐渐过渡的一个独特地理单位。特别是在清水江中下游地区，气候温暖、雨量充沛且雨热同期的自然条件，非常适于杉、松、楠、樟等木植的生长。是以随着明代以来特别是清雍正年间开辟"新疆"之后的大规模区域经济开发，清水江流域尤其是中下游地区，经历了以木材种植和采运贸易为核心的经济发展与社会历史过程。以杉树为主的各种林木的种植与采伐，成为清水江两岸村落社会最为重要的生计活动，随之而来的山场田土买卖、租佃所产生的复杂土地权属关系，杉木种植采运的收益分成以及特殊历史时期发生于地方社会的重大事件等，留下了大量契约文书及其他种类繁多、内容庞杂的民间文献。基于对清水江流域整体性及内在逻辑联系考虑，我们把这些珍贵的主要散存于清水江中下游地区的汉文民间历史文献统称为"清水江文书"，这一命名得到

i

"插花地"：文化生态、地方建构与国家行政

了学界的普遍认可和采用。不过需要进一步说明的是，与其说这种整体性及内在逻辑联系是一个客观事实或既有认识，毋宁说是一种理论预设，正需要通过精细个案研究去加以探索与论证。这可以说是组织这套丛书的一个最单纯直接的因由，也是本研究丛书出版希望可以达致的一个目标。

具有现代学术意义的对于清水江流域的深度关注和系统研究，吴泽霖先生或为开先河者，1950年代完成调查并成书的《贵州省清水江流域部份地区苗族的婚姻》是重要代表作。而后1960年代由民族学者和民族事务工作者所进行的少数民族社会历史调查，也直接在清水江下游的苗侗村寨收集整理了一定数量的民间文书，并于1988年整理编辑出版了《侗族社会历史调查》。正是在这些已有的学术探索和积累的基础之上，笔者开始关注这个区域的材料和问题，并在2000年真正进入清水江流域开展调查研究工作。如果说两三年成稿、后经修订出版的《木材之流动：清代清水江下游地区的市场、权力与社会》，是对区域社会文化发展历史进程的综观式考察，那么其后继续推进的相关学术工作，包括清水江文书的收集、整理与研究，以及指导研究生在清水江两岸及更大地域范围的苗乡侗寨开展人类学田野调查等，则可视为既带有某种共同关怀，又因田野点不同或研究意趣迥异而进行的学术尝试。

或许，"清水江研究"可视为一个学术概念，一种其来有自的学术理念传承发展的研究实践，是围绕共同主题而研究取向路径各异的系列工作成果，也是在特定地域范围内密集布点开展深入田野调查，同时充分兼顾历史文献收集解读的研究范式探索。事实上，要想对这些论题多样、风格各异的研究进行总括性的介绍与评述，不仅徒劳而且多余，其间确有误解误读乃至抹杀不同研究独到见解及学术贡献的可能风险。因此，围绕以"清水江研究"名之的这套丛书，余下的就是这个研究群体在实践、交流、互动过程中遵循

总 序

的原则或认可的价值，以及一些不同研究渐至形成的共识，可在此言说一二。

当我们把"清水江研究"看作一个整体，自然首先是清水江流域可视为一个整体。流域绝非一个纯粹的自然地理概念，流域的历史亦非单纯的自然史，而是与人类的活动交织和纠缠在一起。是以当我们在清水江流域不同地点开展田野工作，这些工作本身即包含了某种内在的共同性。这是显而易见的，构成了我们以为必然存在的整体性的最基础部分。这是流域内干支流水道网络形成的自然条件影响（支持或约束）人们实践活动的基本方面。其次，从政治、经济、社会、文化等层面，我们也不难看到，特定地域在其历史发展进程中形成了或者说呈现出某些共同的特性。如果说"新疆六厅"的设置，标志着地域社会进入王朝国家的政治体系，那么以杉木贸易为核心的区域经济社会生活，更是充分地表现出一种共同性和一致性。当原有的社会组织、社会制度在共同面对王朝国家的制度性介入，以及经济生活中出现一些适应市场机制的制度规范的时候，我们也看到了社会文化层面的某些同步改变与整合。这是一幅生动而丰富的历史画卷，如果说国家治理和市场经济共同构成了画卷材料的经纬或质地，那么杉木的种植与采运则是清水江故事的基本底色。

这样的一种整体性也具体体现在每个基于精细田野调查与深度文献解读的个案研究中。诚然，每项具体研究都自成一体，都有其自身的整体性，且这种整体性是由各自的问题意识以及相关材料的收集和运用所决定的。无论是聚焦山居村寨与人群以杉木种植为核心的经济社会生活，还是着重考察临江村落木材采运贸易的制度运转或人群竞争；也无论是对一个特定苗寨侗村日常生活深入细致的观察与剖析，还是多个相邻相关村寨复杂人群构成及相互关系的历时性比较；亦无论是从婚姻缔结及婚俗改革等传统主题入手探讨社会文化变迁，还是洞悉传统社会组织延续与转

"插花地"：文化生态、地方建构与国家行政

型对当下社会生活的意义赋予等，都无不明显呈现出各自的整体性。实际上，这也都是由整个流域整个区域的某种内在整体性所决定的。特别是当我们把"清水江研究"这样一个概念，扩展到超越了清水江流域，而包括了相邻的都柳江流域、舞阳河流域乃至下游的沅水干流等其他一些相关地区的时候，背后所考虑的其实也正是由清水江研究所引出的一些基本问题及某些内在的关联性或者说一致性。

编入"清水江研究丛书"、主要基于不同乡村聚落长期深入的田野调查的这些研究，在某种程度上可视为中国传统人类学关于乡村社区研究的一种延续。这一传统可以追溯到被誉为社会人类学中国时代的20世纪三四十年代。吴文藻先生曾强调，社区研究应结合空间的内外关系和历史的前后相续。正如有学者在回顾和反思后来的一些研究时所指出的，在实际的研究过程中往往存在不无偏颇的情况，即将中国乡村社区看成是不太受外界影响的一个整体，以致缺乏对乡村社会的历史性以及内外关系体系等的整合性考虑。在这个意义上，"清水江研究丛书"所涉及的不同村寨，虽说它们都是清水江流域整体的某些局部，但这样的一些局部，又是镶嵌在整个区域社会乃至中国社会文明的一个更大的系统之中的。故此，这些研究实践所带出的关于清水江流域的总体认识，同时提供了看待整个清水江流域如何进入中华文明系统的独特视角。这绝非简单的局部与整体关系、局部如何说明和构成整体、整体又如何在局部里面得以体现的问题，实际上涉及我们所践行的历史人类学研究如何兼顾内外关系和过去现在的方法论视角。

田野工作的重要性已无须再予强调，富有挑战性的是不同的田野点都或多或少地保留了清代以来的各类民间文献。当结合这些文献资料和田野调查以了解某一历史过程中的具体事件及特定人物时，不仅作为史料的各种文献的建构过程值得进行深入的发覆，而且作为历史主体的人的活动，以及历史事件在他们身上留下的痕迹

等，都成为田野调查时需要高度的敏感性才能有所觉察和了解的。也因此之故，将过去与现在联结起来的历史民族志就成为"清水江研究"的基础性工作。它不仅是书写村落社会历史甚或"创造"其历史的独特方法，而且是探索和丰富历史人类学取向的有学术积累意义的研究实践。相信这些立足于精细个案及丰富材料，又富含区域和全局关怀的非常有层次感的民族志，都从不同的侧面充分展现了人、社会、自然关系的复杂性与多样性。

"清水江研究丛书"作为一个研究团队在中国历史人类学研究十分难得的试验场的系列工作成果，不能不说也得益于非常系统而完整的清水江文书的遗存。这一由民间收藏、归户性高、内在脉络清晰的民间文书，显然不只具有新史料带出新问题这种陈旧观念所能涵纳的一般意义，其更重要的价值在于提供了完整看待一个地方社会发展历程的全新眼光和别样视野，带给研究者一个回到历史现场的难得机会，帮助我们把探索的触角延伸到非常生动具体的过去，回到文书所关涉的那样一些特定历史时刻的社会生活之中。尤其是在清水江文书呈现出来的文字世界里，既可看到地方人群对主流文化的认同，也可见到在与文化他者的复杂关系中对自身主体性的确立。因此之故，结合深入细致的历史田野工作，我们可以真切感受到清水江文书中包含的极具地方性的思想意识和历史观念，同时也获得了探索特定地域社会动态发展极富价值的历史感和文化体验。

不难发现，在不同专题研究的民族志材料中，均以具体而鲜活的人的历史实践活动为中心，并且饱含研究者真实而丰富的同情之理解。我们的研究都建基于一个个既有共性又个性鲜明的村寨的田野工作，尤其是其中具体的人的实践活动，是探寻国家制度影响、了解不同人群互动交融、理解社会文化历史建构的根本着手点。在某种意义上来说，田野工作的深度不仅关乎对作为一个整体的区域社会的了解认识，更直接影响到立足历史文化过程生动细致描述的历史民族志的独特价值和魅力展现。可喜的是，在"清水江研究丛书"中，在研究者为我们呈现的栩栩如生、极富画面感的历史情境的描述中，不仅可以见到研究者与对象社会人群真情实感的互动与共鸣，还饱含了研究者对对象社会人群思想观念和表述习惯的充分尊敬和理解。或许，正是这样细致有力量感的民族志决定了这些研究的基本学术价值。至于是否在此基础上建立和发展起有关西南地区甚或中国社会历史文化的新视角和新范畴，以及在这样带有方向性的学术努力中贡献几何，则作者自知，方家另鉴。

张应强
2018 年初秋于广州康乐园马丁堂

目 录
CONTENTS

序 一 杨庭硕 / i

序 二 罗康隆 / iii

绪 论 / 001

第一章 走进地湖：自然、生态与人文 / 049
  第一节 行政区划上的"孤岛" / 049
  第二节 坝区中的"丘陵"：自然地理上的"孤岛" / 060
  第三节 湿地中的"山地"：生态系统上的"孤岛" / 063
  第四节 侗文化背景中的"苗区"：
      民族文化上的"孤岛" / 070

第二章 从"蛮地"到"插花地"：地湖身份的变化 / 078
  第一节 作为"蛮地"的历史及其记忆 / 078
  第二节 从湖广"内陆"到湘黔"边地" / 083

第三章 插花地"主人"的自我意识：以地湖吴氏宗族为例 / 097
  第一节 祖先谱系与观念表达：吴氏地湖"开基"
      与"入住" / 097
  第二节 国家权力的地方性延伸：吴姓宗族的维系 / 112

第三节 "鳌山祠"：吴氏宗族的文化象征与礼仪中心 / 127

第四章　成型与延续：文化生态与国家行政 / 140
第一节 博弈之主体：国家、地方行政与乡民 / 141
第二节 地方行政与地湖插花地的认同：
　　　 以天柱建县为例 / 146
第三节 国家视角下的插花地：以明清黔省插花地的
　　　 议处为中心 / 154

第五章　插花地整饬之殇：民国地湖插花地清理拨正历程 / 188
第一节 "清理拨正"与地湖插花地的幸存 / 190
第二节 "田土编丈"与"一田两赋"悲剧产生
　　　（1943~1946）/ 197

第六章　权利"息壤"及博弈：地湖插花地的内在张力 / 250
第一节 同村中的"外村人"：制度下的权利差异 / 250
第二节 "簧老爷"：民国地湖地方势力的崛起 / 254
第三节 同"公"不同"籍"：地湖人群认同的
　　　 多面向性 / 260
第四节 "皂角壕"与"地湖土地纠纷"事件：插花地
　　　 产权纠纷的当下演变 / 264

讨论与结语 / 280

附　录 / 309

参考文献 / 320

后　记 / 338

图表目录

图0-1 插花地类型／022

图1-1 街左街右分隶湘、黔两省的地湖街／054

图1-2 湘、黔两省粮田犬牙交错／055

图1-3 甄家墓湘、黔两省"友谊桥"／056

图1-4 房前坎后两家人分属两省／058

图1-5 横跨湘、黔两省的邕溪口"鸳鸯桥"／059

图1-6 地湖得名的那坵"壶形田"／061

图1-7 地湖赶场日街上待卖的杉树幼苗／076

图3-1 地湖开基始祖"世德公"墓碑／099

图3-2 同治十三年三月十五日吴修祠、吴修复、吴顺珍等封禁字约／110

图3-3 1987年修撰的《吴氏族谱》／113

图3-4 地湖吴氏鳌山祠图／130

图3-5 地湖岩鼓新修的"吴氏宗祠"／132

图5-1 天柱县第二区与会同县各乡边区详图／192

图5-2 地湖重编田土坵形图"果字段"／213

图5-3 地湖重编田土坵形图"珍字段"／215

图5-4 前会同县土地陈报处编丈后经天柱县政府函请注销坵段略图／230

图5-5 勘划湖南会同、黔阳与贵州天柱省界地图／239

图5-6 民国三十五年会勘地湖联保重编经界图／248

图6-1 同治七年李宏礼卖子杉木契／268

图 6-2　同治八年吴杨氏卖杉木契／269
图 6-3　光绪六年吴顺亲分关文书（一）／272
图 6-4　光绪六年吴顺亲分关文书（二）／272
图 6-5　民国三十三年杨光兰卖苦力养木契／274

表 1-1　2014 年以前地湖乡各村民小组户数统计／051
表 1-2　2013 年地湖乡各年龄段人口统计／052
表 5-1　天会边界地湖重编田土登记册"果字段坵号"／214
表 5-2　天会边界地湖重编田土登记册"珍字段坵号"／216
表 5-3　湘黔交界地湖重编田土登记册
　　　　"会同朝字五段（1）"／217
表 5-4　湘黔交界地湖重编田土登记册
　　　　"会同朝字五段（2）"／220
表 5-5　财政部湖南省会同县田赋管理处广坪征收处所辖地湖
　　　　及毛公冲一带飞地粮户正艮册／230
表 6-1　本案原主吴 D.F. 家族世系／267

序 一

杨庭硕

《礼记·王制》有言，治国之道在于"修其教不易其俗，齐其政不易其宜"，实属历代延续的至理名言也。然而，对于地域如此之广、民族如此之多、自然与生态背景迥别的中国而言，虽说历代王朝都坚持这一治国理念，但"教"该如何"修"，能够修到何种程度？"政"该如何"齐"，又能齐到何种程度？"世异则事异，事异则备变"，每个王朝都得有所坚持、有所变通，层层相依之后，总不免体现出诸多行政管理体制的例外，"插花地"就是其中之一。

面对全国范围内普遍存在的行政辖境插花地实情，历代学人早就做过互有区别的探讨，但远未达成共识。有学者认为插花地的存在是行政管理上的弊端，主张大刀阔斧予以消除；有人认为插花地的存在是中央政权与地方势力博弈的产物，只要这样的博弈有其深层的社会基础，插花地就不可能消除；还有学者认为插花地的存在与历朝政府的管辖实力直接关联，政府难于管控则任其以插花地的方式存在。但到了当代，随着行政管理能力的加强和社会的发展，这种历史的残局完全可以做出一次性的清除。然而不管是上述哪一种观点，它们都存在着不尽如人意的误读和误判。事实上，插花地的成因极其复杂。在中国不同的地区，插花地得以确立的社会原因本来就不相同，插花地得以延续的社会背景也互有区别。单从任何一项具体的社会原因入手得出的结论都很难普适于我国境内不同类型的插花地成因。

"插花地"：文化生态、地方建构与国家行政

　　谢景连博士不落前人俗套，锐意进取，立创新说，以生态民族学所倡导的"文化生态共同体"为依据，对贵州省天柱县地湖乡这片延续数百年的插花地做了深入的剖析。从中注意到该乡自然和生态背景与周边属于会同县的侗族村寨有所区别，同时还注意到地湖乡的居民不仅与贵州省天柱县的居民同属一个民族，而且还具有家谱上的血缘关系；并以这样的文化生态认识为基础，回顾了贵州省天柱县的行政建制历程，明代的卫所建制，撤所置县，清代将天柱县从湖南划分到贵州，等等。作者正是基于对这片插花地社会历史的回顾与反思，最终用事实说明插花地的形成有其深厚的文化生态成因，还有非常直接的经济利益和社会利益存在，以至于乡民、基层行政建制乃至国家都不得不承认或者默许插花地的长期存在。

　　这一研究结果能突破前人认识的窠臼，在西南各民族杂居的聚居区具有一定的普适性，足以从新的立场和角度解读插花地的成因和延续机制，也足以为今后行政体制的建设和完善提供借鉴和参考，同时又能推动生态民族学理论的实践与应用，实属难得的用心之作，可喜可贺。但愿该书的出版能够引起学界的兴趣和关注，以期推动相关研究的深化。

　　谨此序之，并愿以此激励年轻的学人，敢于力排众议，多创新说，那么生态民族学的发扬光大也就可期可待了。

2018 年 4 月 28 日于吉首大学图书馆

序 二

罗康隆

记得1987年大学毕业分配到贵州省黔东南苗族侗族自治州地方志办公室工作时，单位分配我编写《地理志》，在编写《地理志》过程中首次接触到"插花地"这一概念。"插花地"有时也称为"飞地"。谢景连所著的《"插花地"：文化生态、地方建构与国家行政——以清水江下游地湖乡为个案研究》一书中所涉及的这块"插花地"，是贵州天柱县插入湖南会同县的一块"飞地"，也是当年我编写《地理志》所关注到的一个地方，而且这个地方距离我的老家也不远，我对这块"飞地"的情况还算比较熟悉。1993年到湖南怀化工作，很多同事经常与我谈起这块"飞地"是怎么回事。因此，对"飞地"的研究也是很有趣的领域。谢景连博士也许正是怀着这样的学术兴趣开展了对"插花地"的研究。

"插花地"是指相邻行政机构的辖境，在空间分布上伸入甚至被包裹在其他行政辖境范围之内的特殊区段。对这样的特殊区段，学术界统称其为某行政机构的"插花地"，即古之所谓"犬牙之地"、"华离之地"和"瓯脱之地"。如果我们把视野放大一点，放在全球语境下，"插花地"的概念恐怕就不一样了。比如美国之于阿拉斯加，再比如欧洲殖民国家之于殖民地。澳大利亚学者Brendan R. Whyte（2002）归纳出全世界飞地的类型。日本学者吉田一郎（2006）对全世界"现存飞地"和"历史上的飞地"做了纵向的比较研究。当然这样的情形不在该著作讨论之列。于此就不

"插花地"：文化生态、地方建构与国家行政

再做衍生讨论了。

有学者认为"插花地"区域，往往成为行政上的"三不管"地带，这样的看法是值得商榷的。如果站在文化相对主义立场看问题的话，地球上没有无人管的土地，只是管理的方式不同而已，但在西方霸权话语下，因为殖民运动的需要，对瓜分世界领土寻找自我安慰的证据，出现了土地无人管理的说法。在这样的语境下，西方列强从16世纪开始在全球兴起了殖民地土地的瓜分浪潮。这是我们今天学术界需要反省的。

因为人类来到地球上，以其文化分野民族组建成社会，并以其文化努力地超越人类生物性的限度，让自然退却，使人类这一物种满布地球的每一个角落。也就是说，地球是一个以文化导向布满了人类的家园。但由于特定民族在文化上的作用，面对其所处的自然环境与社会环境，在特定历史时期需要解决的生存问题不同，出于文化适应性的发展需要，特定文化下的民族不断扩散并满布其文化适应的地区，从而使得不同民族在地球上形成对生态、生计与生命的耦合体互有差异。由此一来，地球上形成了民族多样性与文化多样性去应对生态环境的多样性。但也随着文化代偿力的存在，特定民族可以依赖其长期积累的代偿力超越其文化适应的地区，于是由此出现特定民族的"迁徙"而不是"扩散"。这样的民族迁徙也是造成"飞地"的重要原因。

导致插花地产生的原因很多且错综复杂。要对插花地形成的历史背景、运行机制以及历史影响展开研究，不是一件容易的事，单凭历史文献的记载是难以做到深入浅出的，因为插花地往往处于行政上"三不管"、文化上多民族交错杂居、经济上贫困与欠发达的地带。可以将其视为一个不稳定的"政治单元"，这样的单元是不断运动的，消失、分裂、易地、合并、重组等都是可以发生的。因此，历史上的文献对这类单元的记载并不是经常的，只是当这一单元的变化影响了周边的政治单元时，才会留下一些零星的记载，而

且这样的记载一般都黏附在稳定的政治单元的表述中。因此，要对这样地域性的政治单元展开研究，确实需要走进"历史现场"。谢景连博士的这本论著，就其方法论而言，乃是一部走进历史现场的产物。

其实，一个学者要真正走进"历史现场"也不是一件轻而易举的事。因为走进历史现场，不只是进到村里寻碑、看庙、查家谱，而是融入村落里有思想有文化有特定价值取向的人群。田野调查中真正有价值的资料不是靠"问"与"答"出来的，而是在参与不同民族的文化中感悟出来的。怎么去感受？这是很值得思考的问题。就以语言的感受为例，在熟人社会中，相互的表达是不需要完整的句子来对话的，只要说出几个符号，对方就知道你要表达的内容，甚至用一些语气词或者手势就能够让对方明白你的意思，也许一个眼神就能让对方知道你要表达的含义。完整的语言在熟人社会的交流中是不常见，也是不会如此使用的。在这样的语境中，即使你学会了对方的语言，也很难知晓对方在表达什么。更有甚者，每个民族、每个社区、每个聚落都有自己独特的历史典故、地方掌故、名人轶事、特殊历史人物、神话、俚语、谚语等。这些内容调查地点的人们是烂熟于心的，只要一开口就知道它们所指代的含义，这类所示在熟人社会中的交流中比比皆是。一旦乡民用这类所示进行交流时，即使你听懂了他们交流的"语言"，也不一定能够理解他们所交流的内容。因此，我很怀疑那些学者说他们在田野调查中学会了当地人的语言，并用当地人的语言开展自己的田野调查。这如果不是自欺欺人，就是在欺骗他人、欺骗读者。走进历史现场乃是走进一个村落的"互动实验室"。

好在谢景连博士在硕士阶段是从事民族学专业的学习，具备了民族学田野调查的兴趣与基础，他在田野中除了收集遗存在当地聚落的各类碑文、石刻、契约、家谱族谱、告示、宗教科仪书、账本等文献资料外，还踏勘了三个村寨的古树、古井、老屋、祠堂、庙

"插花地"：文化生态、地方建构与国家行政

宇、渡口、古桥、古道等，收集到当地村落的神话、传说、鬼话、民谣、俚语、民歌、故事、地方掌故、名人轶事。在田野这个"互动实验室"里，以文化持有者对自我文化事实的选择，来标注文化作为指导其生存发展延续的需要，而在特定的自然环境与社会环境中，以其特有的历史经验建构出文化策略来，从而形成特定民族的文化事实体系。学者则在跟踪这一特定的"建构历程"中，以被调查民族的文化逻辑为起点，建立起"互动实验室"的解释框架，从而通过在田野"实验室"的互动去了解对方的文化事实体系。谢景连博士完成的这部学术著作，不论是对插花地这一学术概念的讨论与澄清，还是对插花地延续时段的历史钩沉与现状描述，抑或是对插花地产生的原因分析，以及对插花地整饬经验与教训的总结，都力图在这个田野"互动实验室"里展开观察与讨论。这样的研究范式，不仅在讨论插花地问题时有其特定的学术价值，也对历史学、民族学学科的研究具有一定的价值，更期待其为民族学与历史学的结合研究带来更多的思考。

是为序。

罗康隆

2018 年 10 月 28 日于吉首大学

绪　论

翻开贵州省天柱县行政区划地图，就会发现，在地图的东南角有一处被湖南省会同县地灵乡、广坪镇以及靖州县大堡子、坳上镇严密包围的地方，那就是地湖乡，也被世人称为"一块贵州飞落湖南的'插花地'"。不同时期的天柱县行政区划地图，都会在地湖所在处清楚地载明"属天柱"字样。地湖乡游离于天柱母体之外，但从明代万历二十五年（1597）天柱建县之日起，它就一直认同天柱这个"母亲"，任风吹雨打、风云变幻，都紧随天柱的行政归属。

地湖虽小，但坊间流传的故事、文献典籍的记载，都诠释着地湖何以成为"插花地"，及其存续至今的社会文化历史过程。作为一项乡村社区研究，本书试图利用这些民间故事、文献记载，探究地湖成为插花地的始末，以及不同历史时期生活在地湖的人群是如何通过自己的日常生活实践去强化和传承这种认同，致使地湖插花地身份一直保留至今的社会文化历史过程。

"插花地"是伴随国家行政区划调整而出现的一种社会现象，而非自然现象，可以说，任何插花地的形成都与国家行政区划调整直接相关，国家行政力量可算是插花地形成的主导性因素。但若深究插花地问题的实质，就终极意义上来说，还是在探究人的问题。若没有人的实践活动的介入，插花地现象自然也就不会出现，但人的实践活动又会受到文化的制约和所处自然与生态系统的影响。而人的角色不同，所站的立场有异，所代表的利益集体有别，会促成人群的分类，人群按照此等分类去从事实践活动。人是具有主观能

"插花地"：文化生态、地方建构与国家行政

动性的主体，可以根据自己的意愿，在不同的时空场域中选择不同的生存策略和行动指南。但人从来不是纯哲学意义上的自然人，在社会实践过程中，也一定会受到文化的规约、自然环境的制约、社会结构的束缚、国家行政力量的指引等多重因素的交错影响，从而能动地选择其生存策略，从事其实践活动，最终建构独特的社会。

插花地问题，并不只是一个行政区划格局下的行政隶属关系的问题，借用刘志伟教授研究珠江三角洲"沙田-民田"格局的经验来说，这实际上是在地方社会历史发展过程中形成的一种地方政治格局、一种经济关系、一种身份的区分，甚至是一种族群认同的标记。[①] 也可以说插花地是一种交织着生态、政治、经济和社会文化的空间关系。只有透过这一空间格局形成的社会文化历史过程，才能对这种空间格局及其所包含的复杂的社会文化意义有较全面的了解，从而透彻了解插花地问题的实质。

通过上述分析，笔者认为，我们在考察插花地问题的时候，不仅要关注国家行政力量的主导性作用，同样需要关注插花地所处的自然与生态系统，还要关注插花地空间格局形成的社会历史文化过程，以及插花地的人是如何能动地建构起了地方社会；不仅要关注插花地的成因，还要关注插花地存续至今的复杂性原因。

因此，本书希冀从文化生态、地方建构与国家行政三个维度，解析地湖插花地得以形成及延续的原因，并以人的社会实践为切入点探究地湖插花地维系至今的复杂性。

笔者查阅有关西南地区的历史典籍后发现，明清时期，西南地区就一直"遍地插花"，有关此问题的记载不胜枚举。治理西南的地方官员往往将插花地视为颇感头痛的问题。地方官员往往将插花地的流弊陈述在奏疏上，请求朝廷予以清理拨正。朝廷虽然也采取

---

① 刘志伟：《地域空间中的国家秩序——珠江三角洲"沙田-民田"格局的形成》，《清史研究》1999年第2期，第14~24页。

一定的措施对部分插花地进行了清理拨正，一些地区的插花地问题确实得到了解决，但就总体而言，西南"遍地插花"一事并没有得到根本性的解决。相反，清雍正五年（1727）之后，随着贵州省界的大调整，大量新的插花地应运而生。

具体到地湖乡而言，插花地起始于明万历二十五年，中经清朝和民国，并延续至今。在笔者田野调查期间，当地一些政府官员向笔者诉苦说："地湖乡被湖南省会同县以及湖南省靖州县的几个乡镇团团包围着，行政疆界犬牙交错，山林田土混杂程度太高，因此，无论是从行政管理还是当地群众的生产生活来看，都很不方便，任何事情的处理都会涉及好几个平行的行政单位，这就导致不仅事情处理起来难度较大，而且即使经过几个平行行政单位共同协调处理后，落实起来也很麻烦，所以在地湖当干部还真不容易呀。"面对这样的诉苦，笔者也在思考，既然插花地被视为有百弊而无一益处的现象，政府要裁撤它是轻而易举就能办到的事情，但类似地湖这样的插花地不仅未被裁撤，反而延续了400多年。

政府官员个人对插花地的主观评价以及插花地普遍存在的事实显然存在自相矛盾的地方。插花地若真如所称述的那样有百弊而无一益处的话，那么也就得不到确立。是不是国家行政管理上的失误才导致在行政区划时出现插花地呢？答案当然是否定的。若西南地区只存在为数不多的插花地，这或许可以说是国家行政管理上的疏漏所致。但历史时期以来，西南地区就一直"遍地插花"，从这一实情出发，就可以肯定插花地得以普遍存在肯定不会是行政管理上的疏漏所致，而有其深层的原因。是不是国家能力不及而对此问题鞭长莫及呢？显然也不是。强大的国家若真想去裁撤地湖这样小小的插花地，可以不费吹灰之力。但类似地湖这样的插花地过去存在，现在依旧存在，将来还可能一直存在下去。这自然成了笔者需要重点关注的问题，同样促使笔者去思考如下一些问题。

插花地为何会得以确立？插花地为何能延续几百年？插花地的

"插花地"：文化生态、地方建构与国家行政

内涵到底是什么？促使其得以确立的动因又是什么？插花地一旦得到确立后，那么维系其延续的机制和动力又会是什么？插花地社区的人群如何能动地利用国家象征来表达自身认同？

笔者相信，插花地之所以一直"屹立不倒"肯定有其存在的"理由"，插花地的成因与延续肯定也不会是单一因素造成的结果，而应该是多重因素综合作用下的产物。笔者在田野调查中了解到，地湖乡系苗族聚居区，而周边的地区则为侗族分布区，而且地湖乡的乡民与天柱县远口吴姓人群保持同宗共祖关系，且都说"酸汤话"，自称为"酸汤苗"，民族文化的同质性在其中发挥了重要作用。就自然地理和生态系统而言，地湖乡与远口镇片区大同小异，都属于山地丛林生态系统。诸多的相似性存在于其中，促使朝廷在确立行政界线时需要将这些问题通盘考虑之后，再最终做出行政决议。

此外，抛开插花地里的人群，插花地便不可能成为一个现象。换句话说，插花地现象的持续存在，实际上是不同时期的"人群"在同一个空间里演绎出不同故事的结果。那么，历史上插花地里生息的不同的人群是如何理解自己、他者和边界的，又基于这样的理解采用了怎样的策略和行动，并最终使得插花地持续存在 400 余年。经过一年多田野调查，笔者认为，要全面了解插花地成因与延续问题，需要将其置于具体的历史过程、文化生态背景中去分析不同人群的实践活动，需要注意文化生态、地方社会以及国家行政三者之间在互动与因应的过程中，不同时期的人群如何通过社会生活的实践而进行自我表达。

一 相关研究综述

结合本书的研究主题，笔者重点关注的文献大致涉及如下几个大的研究领域：乡村社区研究、文化生态研究、人类学与历史研究、插花地研究。

绪 论

（一）乡村社区研究

本书旨在以地湖乡为研究个案，探究其成为插花地的原因以及存续至今的复杂性。在具体的研究中，以乡村社会运行的内在逻辑为主线去探究人的实践活动，透过插花地空间格局形成的社会文化历史过程去揭示空间格局背后隐含的复杂的社会文化意义，最终试图以地湖乡个案，去整体理解中国西南插花地普遍存在的共性问题。因而，总体上来说，本书也可算是一项乡村社区研究的成果。

在中国，以乡村社区为研究对象，试图通过对乡村社区的剖析去理解整体中国，自 20 世纪初开始，已经由人类学和社会学共同展开了研究，并取得了影响深远的研究成果。例如美国人葛学溥（Daniel Harrison Kulp）于 1918~1923 年在广东省潮州凤凰村首次以田野工作的方式进行调查，并根据调查资料于 1925 年出版了《华南农村生活：家庭主义社会学》（Country Life in South China: The Sociology of Familism）；1924 年，马龙（C. B. Malone）和戴乐尔（J. B. Tagler）根据其指导的学生对河北、山东、江苏、浙江等省 240 个村调查的资料，出版了《中国农村经济研究》一书；1929 年，燕京大学李景汉发表《北平郊区农庄里的家庭》（Village Families in the Vicinity of Peiping）；1930 年，李景汉开展了有名的定县调查，并于 1933 年以《定县社会概况调查》[①] 为题将其调查报告发表；等等。

之后，美国芝加哥大学罗伯特·帕克（Robert Ezra Park）以及英国著名人类学学者拉德克利夫-布朗（A. R. Radcliffe-Brown）先后来中国讲学。他们将美国社区研究法，以及在英国盛行的结构功能主义学术前沿理论和民族志研究方法介绍到了中国。中国一些学者也纷纷走出国门，去学习西方人类学前沿理论方法，学成归国后，以现代社会人类学理论和民族志研究方法为指导（尤以英国结

---

① 李景汉编著《定县社会概况调查》，上海人民出版社，2005。

"插花地"：文化生态、地方建构与国家行政

构功能主义最受推崇），并选取中国某一特定的乡村社区作为自己的研究对象，出版了一批学术影响深远的著作。如林耀华1934年出版的《金翼》（*The Golden Wing：A Family Chronicle*）、1935年出版的《义序的宗族研究》，费孝通1939年出版的《江村经济》（*Peasants Life in China*），陈达1939年出版的《中国南方移民社区》（*Emigrant Communities in South China*），杨懋春1945年出版的《山东台头：一个中国村庄》（*A Chinese Village：Taotou，Shantung Province*），费孝通1945年出版的《乡土中国》（*Earthbound China*）等。这些著作中，又以费老的《江村经济》一书在国内外的学术影响最为深远。

20世纪50年代以后，西方人类学开始对功能主义提出批判和反思，进而影响到了汉学人类学家对中国乡村社区的研究视角和方法。对功能主义研究范式的反思与批判，主要表现在两方面：其一是社区研究方法论上的批判。批判者认为，功能主义研究方法是在简单的无文字的部落社会研究的基础上才得以建构的。而中国具有悠久的历史文化，且已经形成了各自完善的乡村社会体系，功能主义的研究范式是否适用？其二是功能主义缺乏对"历史"的关注。在功能主义影响下的村落研究，往往是以村落为边界的民族志方法,[①] 调查者试图通过参与观察及调查访谈，全景式地将村落中的方方面面予以描述，强调共时态的文化事项。这种研究范式，虽然可将共时态的文化事项揭示得淋漓尽致，强调了共时文化的整体性和整合性，但不应忽视每种文化都经历了特定的历史过程而最终呈现为现在。

由于功能主义共时态的研究范式缺乏对历史过程的揭示，因而在一定程度上，很难解释呈现在研究者眼前的文化事实为何会是这样，而非其他。加之，中国是一个具有悠久历史、地

---

① 邓大才：《超越村庄的四种范式：方法论视角——以施坚雅、弗里德曼、黄宗智、杜赞奇为例》，《社会科学研究》2012年第2期，第130~136页。

域差异极大且多元民族文化长期并存的文明大国。功能主义的社区研究方法是否真的能适用于研究中国？面对这样的问题，汉学人类学家根据自己的研究实践，提出了挑战，并纷纷提出不同的理论分析模式。其中主要代表有弗里德曼、施坚雅、黄宗智和杜赞奇。

已故英国著名汉学人类学家弗里德曼（Maurice Freedman）主要以中国东南沿海的宗族为研究对象，并提出宗族分析模式来理解中国乡村社会，试图挣脱以社区为研究单位的桎梏。其核心思想体现在其1958年出版的《中国东南的宗族组织》、1966年出版的《中国的宗族与社会：广东与福建》以及一系列论文中。在《中国东南的宗族组织》一书中，弗里德曼认为边陲地区、水利工程和稻作生产是宗族产生的背景。针对功能主义缺乏历史关注，而只强调共时面这一社区研究方法上的缺陷，他认为，传统的社区研究方法忽视了城市和历史变迁的影响，虽然易于操作，但不利于对中国社会进行总体把握。[1] 他先后发表三篇论文：《中国的和有关中国的社会学》（Sociology in and of China）、[2]《社会人类学的中国时代》（A Chinese Phase in Social Anthropology）、《为什么是中国》（Why China?）。正如有的学者所说的，弗里德曼认为"社区不是社会的缩影，功能主义的社区民族志难以反映拥有悠久历史的文明大国的特征"。弗里德曼指出，社会人类学要出现"一个中国时代"，就必须利用历史学家和社会学家研究文明史和大型社会结构的方法，把社区放在一个更大的空间和更长的时间中来研究。[3]

---

[1] 罗彩娟：《宗族与汉人社会——弗里德曼的中国宗族理论管窥》，《西北第二民族学院学报》（哲学社会科学版）2008年第1期，第71~76页。

[2] Maurice Freedman, "Sociology in and of China," *The British Journal of Sociology* Vol. 13, No. 2（1962）, pp. 106 – 116.

[3] 陈刚：《西方人类学中国乡村研究综述》，《中国农业大学学报》（社会科学版）2010年第9期，第53~62页。

"插花地"：文化生态、地方建构与国家行政

不过弗里德曼的理论还是遭到一些学者的批判，如美国学者弗里德（Morton Fried）针对弗里德曼坚持的公产是宗族的关键条件这一观点，指出："宗族和氏族的根本区别是系谱上的证明，并不是公产，宗族构成的基本条件是明确的共始祖血缘关系，而氏族的血缘联系则是虚构的。"[1] 而王铭铭则指出，弗里德曼在理论上存在着自相矛盾。[2] 但无论如何，弗里德曼的宗族理论还是有其解释效用的一面，他反对将村落作为研究乡村社会的单位，而认为应该以宗族为单位这一研究范式，对后续研究仍具有启迪意义。以笔者调查的小社区为例，这里是典型的宗族社区，如何做深入社会内部的结构研究，宗族理论范式可以起到很好的借鉴作用。

另一个试图挑战乡村社区研究范式的是美国人类学家施坚雅（G. William Skinner）。他并没有将研究对象锁定在小型村落，而是探索一个范围更大的地域内部的社会经济结构的性质。他的主要思想体现在《中国农村的市场和社会结构》（*Marketing and Structure in Rural China*）和《中华帝国晚期的城市》（*The City in Late Imperial China*）两部著作中。施坚雅依据成都平原的调查资料，运用新古典经济学的工具和大量的人口统计数据，以基础市场体系为出发点去分析中国农村的社会结构，试图将市场作为联结微观和宏观的网络等级结构，[3] 从而形成了他的区域体系理论；试图突破以往将官僚制度下产生、调整而形成的行政区划作为理解空间唯一框架的桎梏。正如他在《中华帝国晚期的城市》中文版前言

---

[1] Morton Fried, "Clans and Lineage: How to Tell Them Apart and Why——With Special Reference to Chinese Society," *Bulletin of the Institute of Ethnology Academia Sinica* 1970 (29). 参见罗彩娟《宗族与汉人社会——弗里德曼的中国宗族理论管窥》，《西北第二民族学院学报》（哲学社会科学版）2008 年第 1 期，第 71~76 页。

[2] 王铭铭：《社会人类学与中国研究》，广西师范大学出版社，2005，第 54 页。

[3] 王思琦：《在村庄与国家之间：论施坚雅中国传统市场研究》，《东方论坛》2008 年第 2 期，第 117~120 页。

中所述：

> 这种把中国疆域概念化为行政区划的特点，阻碍了我们对另一种空间层次的认识。这种空间层次的结构与前者相当不同，我们称之为由经济中心地及其从属地区构成的社会经济层级。就一般情况而言，在明清时期，一个地方的社会经济现象更主要地是受制于它在本地以及所属区域经济层级中的位置，而不是政府的安排。①

施坚雅区域体系理论的提出直接影响了人类学界和历史学界。之后，也有学者根据自己的研究实践，提出了不同的看法，如王铭铭指出，"施坚雅的理论忽略了一个事实：在一般情况下，传统中国的区位体系的形成不单是个人的经济理性选择引起的，而是政治、行政、宇宙观、仪式、社会冲突等诸多因素的共同促进下生成的，因而随着这些因素的变化，区域体系也会被改造成适应不同时代社会和意识形态状况的空间制度"。② 刘永华对施坚雅提出的每个农户同一个基层集市相联系以及小农在赶集时与来自共同体内其他村庄的小农进行社会、经济交往，并彼此相熟这一论断提出挑战。③ 施坚雅的六边形市场区域理论也是众多学者批判的对象之一。总体上看，对施坚雅的批判体现在其理论的可推广性这一层面。

虽然学者们对施坚雅的理论提出了挑战，但丝毫不影响其有效性的一面。社会和文化现象本身极其复杂，到目前为止，也还没有一种理论可以做到放之四海而皆准。我们在借鉴这些创造性的理论

---

① 施坚雅主编《中华帝国晚期的城市》，叶光庭、徐自立、王嗣均等译，中华书局，2000，"中文版前言"，第1页。
② 王铭铭：《社会人类学与中国研究》，第99~100页。
③ 刘永华：《传统中国的市场与社会结构——对施坚雅中国市场体系理论和宏观区域理论的反思》，《中国经济史研究》1993年第4期，第133~139页。

时，需要知道其存在的不足，但不能将脏水和孩子一起泼掉。合理性的一面，我们还是可以继承下来，而不合理的一面，则需要继续改良。

从根本上试图对施坚雅的区域理论进行挑战的则是科大卫（David Faure）与萧凤霞（Helen F. Siu）。他们的思想体现在两人合编的 Down to Earth: The Territorial Bond in South China① 一书中。在该书中，作者认为经济因素确实是影响地方社会结构的因素之一，由于能动主体（人）的存在，区域实际上是一个结构化过程（a structuring process）。

杜赞奇（Prasenjit Duara）则受到后现代主义的影响，在吸取施坚雅区域体系理论的基础上，提出了"权力的文化网络"这一概念，试图通过这一模式去厘清晚清社会中帝国政权、绅士以及其他社会阶层的相互关系，并将对文化及合法性的分析置于权力赖以生存的组织。②

总之，人类学研究往往是以小社区为其研究的出发点，但其关注的问题早已超越了小社区。试图通过厘清小社区内部社会、文化的内在运行逻辑，找到社会文化运行背后的一般性规律。在针对外界误以为人类学就是小社区研究这一问题时，周大鸣教授指出："有必要澄清的是，人类学绝非简单的个案研究，人类学从不缺乏宏大视野。就学术训练来讲，比较好的途径是走从个别的民族、单一的村落研究到区域的整合研究再到泛文化比较研究的路子。"③ 笔者也希望，在总结社区研究理论范式和方法的不足

---

① David Faure, Helen F. Siu, eds., *Down to Earth: The Territorial Bond in South China*, Stanford: Stanford University Press, 1995.
② 杜赞奇：《文化、权力与国家——1900—1942 年的华北农村》，王福明译，江苏人民出版社，2010。
③ 周大鸣：《中国人类学的学术关怀》，《西北民族研究》2009 年第 3 期，第 9~15 页。

绪 论

的经验基础之上,社区研究会越走越远。

本书的研究对象是贵州省天柱县陷于湖南省会同县辖境内的地湖乡。该对象虽然也可算是小社区,但研究的旨趣则在于通过小社区插花地的研究,去探讨文化生态、地方社会与国家行政三者交互作用后所形成的地域性特征,试图通过插花地小社区的研究为类似社会问题的研究提供一种可资参考的分析模型。

(二) 文化生态研究

在斯图尔德 (Julian Haynes Steward) 以前的人类学研究中,习惯于将自然与生态背景理解为僵硬的客观存在,而文化则要遵循自身的发展规律去演化,环境对文化的发展既可能推进,也可能阻滞。斯图尔德生活的时代,生态学的发展已经进入了一个全新的阶段,生态系统生态学开始得到普遍的认同,学术界开始意识到生态系统的演化也有它自身的规律,而且不以人类的行为意志为转移。于是,文化与生态系统之间的关系,其实质只能理解为两个自组织之间的互动。斯图尔德正是借用这样的思想,去认识文化的变迁,并正式提出了"文化生态学"这一概念。[1] 他指出,文化的变迁或文化的历史,事实上是特殊的历史过程、对环境的适应和文化的传播三大动力复合推进的结果。[2] 这一思想的提出,对历史学的研究起到了不容低估的作用,因为从某种意义上说,它与此前已有的年鉴学派的治学思想存在内在的关联性,而它的可贵之处在于,注意到生态背景有其特有的演化规律。立足于这一考虑,重新审视,那么人类的文化史就不再是孤立自行发展的过程,而是与所处环境、民族之间的文化传播相关联的复合产物。

萨林斯 (Sahlins, M.) 则是在这一基础上,将文化对所处环

---

[1] 朱利安·斯图尔德:《文化变迁论》,谭卫华、罗康隆译,杨庭硕校译,贵州人民出版社,2013,第26页。

[2] 朱利安·斯图尔德:《文化变迁论》,第24~25页。

"插花地": 文化生态、地方建构与国家行政

境做出的适应正式确认为文化进化的一大内容, 并将这样的内容称为"特殊进化"。[1] 进而强调, 一旦特殊进化达到了理想境界, 将会对以后的发展构成阻力。换句话说, 在这样的情况下, 历史的演进就会变成一个习以为常的重复过程, 不会在记忆中留下特别的轨迹。尽管萨林斯在其后的学术生涯中, 不再正面提及"特殊进化"一词, 但他在所写的《历史之岛》[2] 中坚持了自己的史学观。在他看来, 在库克船长到来之前, 当地土著居民的历史记忆, 仅是一个模糊的无限重复过程, 而库克船长的到来, 才在当地居民的历史记忆中, 留下了值得反复提及的历史大事。这样的历史观, 其实是由两个部分构成, 一是民族间的文化传播没有进入以前, 历史仅是特殊进化实现后的机械重复; 二是发生了文化传播后, 历史的记忆才会形成具有独特意义的轨迹记忆。至于各民族的特殊历史过程, 则是上述两种记忆的复合延伸过程。总之, 萨林斯的历史观, 几乎可以说是对斯图尔德文化生态学说的历史实践。

斯图尔德的其他后继者则是从另外的视角延伸了"文化生态史观"。塞维斯 (E. R. Service) 专注于酋邦社会的研究,[3] 热衷于揭示酋邦社会如何在外来文化的冲击下, 经过跃迁而实现一般进化的突飞猛进。内廷则意在强调不同的特殊历史过程, 会导致处在同一生态环境中的不同民族具有不同的行为方式, 也就是对特殊历史的记忆会在现实生活中得到"折光式"的反映。拉帕波特 (Roy Rappaport) 更关注文化在跨文化的互动过程中, 具有能动的调适能力, 能够对受损的生态系统加以修复。这样的修复不仅在宗教仪式中得以演绎, 也会成为历史记忆的内容。因此, 斯图尔德的文

---

[1] 托马斯·哈定等: 《文化与进化》, 韩建军、商戈令译, 浙江人民出版社, 1987, 第 10~11 页。
[2] 马歇尔·萨林斯:《历史之岛》, 蓝达居译, 上海人民出版社, 2003。
[3] 易建平:《从摩尔根到塞维斯: 酋邦理论的创立》,《史学理论研究》2008 年第 4 期, 第 53~63 页。

生态学，虽然是针对文化人类学的理论分析而提出，但这样的文化变迁分析就实质而言，起到了建构文化史的奠基作用。对历史的记忆既有来自环境适应的内容，也有文化传播的轨迹，还有这两者叠加后的复合记忆。最终会使得不管是什么时代，或者是哪一个民族，活跃在居民头脑中的历史记忆，总会表现为若隐若现。其中，清晰的是文化之间的传播，而模糊的则是对环境的适应，但就其对历史进程的影响而言，两者都必不可少。不过，对环境的适应要在当代加以求证难度不大，只不过此前的历史研究未加注意而已；对历史上的文化传播要加以求证，难度反而很大，但此前的历史研究却将此问题过分看重。这样的理解，确实起到了将历史观推入新境界的关键作用，但要把这样的理解加以实践，还有很长的路要走。

（三）人类学与历史研究

人类学建立之初，便与历史建立起了深厚的联系，20世纪20年代以前的人类学学者，在进化论思想的影响下，广泛搜集二手资料，利用欧洲政府官员、传教士和旅行家记录的未经实证的资料，[1] 试图建立一套文化进化的序列。这种做法的局限性在于把研究者观察到的空间意义上的文化差异视为时间意义上的线性差异，等同于人类社会的不同发展阶段。[2] 这种以空间取代时间，以不同地区的不同文化来代表人类文明的不同发展阶段的做法，不符合当时欧美实证论和经验论科学观的主流思想，[3] 因此，古典进化论的这一做法遭到了人类学界的抛弃。

20世纪20年代以后，以马林诺夫斯基（Bronislaw Malinowski）和拉德克利夫-布朗为首的功能主义者和结构功能主义者均反对古

---

[1] 王铭铭：《社会人类学与中国研究》，生活·读书·新知三联书店，1997，第27页。
[2] 萧凤霞：《反思历史人类学》，《历史人类学学刊》2009年第2期，第105~137页。
[3] 黄应贵：《反景入深林：人类学的观照、理论与实践》，商务印书馆，2010，第313页。

"插花地"：文化生态、地方建构与国家行政

典进化论者的伪历史观。他们通过以参与观察为主的田野调查方法，注重研究者亲身经历的共时性资料的收集，在此基础上建构其社会理论，并由此奠定了人类学科学民族志的知识基础。不过，功能主义和结构功能主义这一方法论上的转向却导致人类学与历史学分道扬镳。直到20世纪60年代末，强调阶级形成的长期历史过程的结构马克思主义兴起后，人类学反历史的倾向才有所改观。而到了20世纪80年代，萨林斯笔下的库克船长被推向了历史记忆的前台。应当看到，这不是个人的问题，而是因为库克船长及其随从携带着另类的文化，在那个前所未知的岛上发生了文化的碰撞和交流，因而他的到来才成了英国与当地岛民共同出现的历史记忆，但两者的记忆和价值定位，则随各自文化而已。在这里，历史的非唯一性，虽然是隐含在书中的伏笔，但产生的后果却是对传统历史观的严峻挑战。

但即使在功能主义、结构功能主义，以及结构主义盛行的时期，还是有一些学者注意到平面史叙述模式的"科学民族志"存在一些不足，意识到我们所有的文化都有其内在的结构原则在制约其延续下去，认为民族志的方法中应该植入历史学的因素。如埃文思-普里查德（Evans-Pritchard）曾经指出"他们（指人类学家）不能再忽视历史"，① 列维-斯特劳斯（Claude Lévi-Strauss）也曾讲述道："如果说历史学家与人类学家在从研究有意识的内容走向研究无意识的形式的理解人类的道路上所遵循的方向是背道而驰的，那是不准确的。相反，他们全都走着同一条道路……唯一不同的是它们的朝向。人类学家是朝前行走的……而历史学却可以说是朝后行进的……正是这两门学科的结盟才使人们有可能看到一条完

---

① 埃文思-普里查德：《论社会人类学》，冷凤彩译，世界图书出版公司北京公司，2009，第106页。

整的道路。"① 从这些学者的表述中可以知道,人类学的研究不能完全抛弃历史的存在。不过他们的这些表述并没有触及历史本体论层面的探讨,直到20世纪80年代,萨林斯《历史之岛》一书出版。在该书中,萨林斯指出:"历史乃是依据事物的意义图式并以文化的方式安排的,在不同的社会中,其情形千差万别。但也可以倒过来说:文化的图式也是以历史的方式进行安排的,因为他们在实践展演的过程中,其意义或多或少地受到重新评价。"② 进而提出了"历史是由文化所界定"的看法,才真正奠定了"历史人类学"的基础。③ 人类学与历史学的深入结合才成为可能。

与此同时,从20世纪60年代开始,历史学的研究也走上了转型之路,其中史学研究的人类学转向又是这一转型之路的特色之一,代表性学派就是法国的年鉴学派。该学派第一代领军人物马克·布洛赫(Marc Bloch)与吕西安·费弗尔(Lucien Febvre)都曾读过弗雷泽和列维-斯特劳斯的书,并在16世纪心态史的研究中运用了从中学到的人类学方法。④ 第二代领军人物费尔南·布罗代尔(Fernand Braudel)对马塞尔·莫斯(Marcel Mauss)的研究也了然于心,他对文化边界与交流的讨论便是在这一基础上展开的。⑤ 第三代领军人物雅克·勒高夫(Jacques Le Goff)在面对史学的前途这一问题时,曾提出三个假设,其中之一就是:"或许是史学、人类学和社会学这三门最接近的社会科学合并成一个新学科。关于这一学科保罗·韦纳称其为'社会学史学',而我则更倾

---

① 列维-斯特劳斯:《结构人类学》,谢维扬译,上海译文出版社,1995,第29页。
② 马歇尔·萨林斯:《历史之岛》,第3页。
③ 黄应贵:《反景入深林:人类学的观照、理论与实践》,第314页。
④ 彼得·伯克:《法国史学革命:年鉴学派,1929~1989》,刘永华译,北京大学出版社,2006,第74页。
⑤ 彼得·伯克:《法国史学革命:年鉴学派,1929~1989》,第74页。

向于用'历史人类学'这一名称。"①

就史学的人类学转向而言,辛西亚·海伊(Cynthia Hay)曾有过表述,即"是新叙述史的形式之一,即使是在比较小的程度上,这种方法也一定会吸取人类学的立论以作为说明历史问题的资料"②。并进而指出:"'人类学转向'在某种程度上是一种辩证用语,指的是历史学家如何从传统上关注特定政治权力人物的思想和行动的政治史,转向关注那些不具赫赫事功之人的态度与信仰;亦即是'民众史'(history from below)的一种形式,且受到法国'心态史'(history of mentalities)的强烈影响。"③

按照张小军教授的理解:"人类学强调关注下层平民、连续的日常生活世界和当地人的看法,去批评国家和政治精英建构的历史、琐碎的事件历史和外部人强加的历史观。这些强调启发了历史学家的理论革新。"④ 按照萧凤霞的理解,历史向人类学的转向过程为:从政治史(朝代的命运和个别政治人物)、铺天盖地的元叙事,到专注长时段的经济结构(例如年鉴学派的布洛赫和布罗代尔)、旨在发掘边缘人声音的微观社会史(例如 E. P. Thompson),以至"叙述史"的复兴。当法国文化史学家(如勒高夫等)以后现代的敏锐触觉开始关注历史人物的社会实践背后的文化意义时,历史学与人类学的距离愈走愈近。⑤

而在中国,早在 20 世纪 30 年代,著名人类学家林惠祥就曾指出人类学历史方法的重要性。林氏认为,人类学的目的之一是对人

---

① 雅克·勒高夫等主编《新史学》,姚蒙译,上海译文出版社,1989,第 40 页。
② 辛西亚·海伊:《何谓历史社会学》,肯德里克等编《解释过去,了解现在——历史社会学》,王辛慧等译,上海人民出版社,1999,第 35 页。
③ 辛西亚·海伊:《何谓历史社会学》,肯德里克等编《解释过去,了解现在——历史社会学》,第 36 页。
④ 张小军:《史学的人类学化和人类学的历史化——兼论被史学"抢注"的历史人类学》,《历史人类学学刊》2003 年第 1 期,第 1~28 页。
⑤ 萧凤霞:《反思历史人类学》,《历史人类学学刊》2009 年第 2 期,第 105~137 页。

类的历史"还原",历史学与人类学的关系极为密切,所以也很相近,没有确切明显的界限,两者有很多互相交错、互相借重的地方。①受马林诺夫斯基功能主义影响较深的费孝通也在半个世纪以前指出了社区研究与历史的关系,认为社区历史记述模式的基础在于对该社区历史资料的建构。他的《中华民族多元一体格局》堪称历史人类学研究的集大成者。②而近年来,"华南学派"的历史人类学研究取向在国内外产生了一定的影响,华南学派注重民间资料与田野实证相结合的研究方法。在方法上形成了所谓"华南学派"的"文化过程"或"文化实践"的研究方法,它兼顾了对平民史、日常生活史和当地人想法的关注,对以往的精英史、事件史和国家的历史权力话语进行了批评。③其具体做法则是,努力把传统中国社会研究中社会历史学和文化人类学等不同的学术风格结合起来,通过实证的、具体的研究,努力把田野调查和文化分析、历时性研究与结构性分析、国家制度与基层社会真正有机地结合起来,在情感、心智和理性上都尽量回到历史现场去。④本书将借鉴上述研究取向,通过对文献资料的解读,厘清地湖插花地形成与延续的历史过程,并结合田野调查中获取的材料,试图明晰地湖乡民通过日常生活实践而进行的自我表达。

(四)插花地研究

插花地是指某地在地理位置上与所处行政区,或仅一线相连,或隔越他界,但都处于另一行政机构辖地包围之中的地域。插花地现象,不仅古已有之,现今亦然;不仅中国有之,国外亦有。在中

---

① 林惠祥:《文化人类学》,上海书店出版社,2011,第15~17页。
② 刘正爱:《历史人类学与人类学意义上的历史》,《中国农业大学学报》(社会科学版)2008年第3期,第101~107页。
③ 张小军:《史学的人类学化和人类学的历史化——兼论被史学"抢注"的历史人类学》,《历史人类学学刊》2003年第1期,第1~28页。
④ 陈春声:《走向历史现场》,生活·读书·新知三联书店,2006,"历史·田野丛书总序",第Ⅲ页。

国，自明代开始，其流弊就已显现并为时人所认知，清代更置于鸦片、客民、饷项四事之首。① 以至于，无论是历史时期的封建帝王、地方官员，抑或是民国政府及当今部分学者，都竭力主张对插花地实施清理拨正，企图彻底消灭插花地的存在。但事到如今，插花地现象仍然普遍存在于世。

就插花地问题的学术研究而言，在国外，研究成果相对较多，与插花地类似的术语是"enclave"，意译为"飞地"。Russell, J. C. Ronald 对飞地的表现形式做过类型上的划分。澳大利亚学者 Brendan R. Whyte 以印度和孟加拉国边境的 Cooch Behar 飞地为研究对象，并就此归纳出全世界飞地的类型。日本学者吉田一郎对全世界"现存飞地"和"历史上的飞地"做了纵向的比较研究，揭示了飞地的成因及其管理对策。美国学者 Vinokurov, Evgeny 出版的 *A Theory of Enclaves* 一书，堪称飞地研究最全面、最系统的著作。该书涵盖了全世界 282 块飞地，并从政治、经济和社会生活等角度归纳出一套综合性的"飞地理论"。

在国内，插花地问题也持续得到学术界的关注。20 世纪 40 年代，唐陶华曾对贵州插花地问题的成因有过开创性的探讨；史念海对战国时期插花地成因也有过开创性的讨论；近人杨斌对明清以来黔与川、渝毗邻地区插花地展开过个案性的探讨，马琦、韩昭庆、孙涛也有过类似的研究；傅辉则对历史上河南省插花地问题进行过个案研究；郭声波对唐宋以来川滇黔毗邻地带犬牙相入政区格局的形成做过系统的比较分析；吴滔则以章练塘镇为研究对象，揭示其成为插花地的多种原因；鲁西奇、林昌丈则对插花地的定义与内涵做出了明确的界定；等等。

纵观前人的研究成果，聚焦点主要集中在如下三方面：其一，

---

① 杨斌：《历史时期西南"插花"初探》，《西南师范大学学报》（哲学社会科学版）1999 年第 1 期，第 35~40 页。

绪　论

插花地学术术语与内涵的讨论；其二，插花地成因的分析；其三，插花地社会影响的研究。本书拟按照上述三个方面进行梳理，在借鉴前人研究成果的基础上，结合理解，给出评述，让世人进一步了解插花地的实质与内涵。

1."插花地"与"飞地"：术语与内涵的探讨

插花地作为行政辖区中的一种特殊空间分布现象，由来已久，但如何称呼这种特殊的空间分布现象，在术语的使用上至今尚未达致统一规范，因而也不一定被一般的民众所了解。杨斌认为插花地为中国本土术语，国际术语中没有插花地这一称谓。① 在国际术语中，与插花地类似的词是"飞地"（clave）。在一些词典中，又将飞地分为内飞地（enclave）和外飞地（exclave）两种类型。②"内飞地指的是某国家国境之内有块地区的主权属于别的国家，则该地区是这国家的内飞地，也同时是握有主权国家的外飞地；外飞地则是指某国家拥有一块与本国分离开来的领土，该领土被其他国家包围，则该领土称为某国的外飞地。"③

这一表述的价值在于，注意到插花地不仅国内有之，国外也有之，它是行政区划中一种特殊的行政管理事实。若将国家领地、领土等现代概念置于历史分析中加以套用，其内涵并不完全一致或者

---

① 杨斌：《明清以来川（含渝）黔交界地区插花地研究》，博士学位论文，西南大学，2011，第1页。
② 参见梅休编《牛津地理学词典》，上海外语教育出版社，2001，第151、163页。原文为：Enclave 1. A small area within one country administered by another country. West Berlin was an enclave within Eastern Germany between 1945 and 1990. 2. A part of a less developed economy which is regulated by foreign capital and has few linkages with the national economy. Free trade zones may be considered as economic enclaves. Exclave：a portion of a nation which lies beyond national boundaries, as with West Berlin between 1945 and 1990. This type of territory is also an enclave in terms of the host country。
③ 鲁西奇、林昌丈：《飞地：孤悬在外的领土》，《地图》2009年第4期，第26~33页。

"插花地"：文化生态、地方建构与国家行政

理解上存在一定的差异。因而，若要使之适用于历史分析的需要，还需要对其进行进一步分析和阐述。诚如上文所言，插花地乃中国本土术语，之所以将某地称为插花地，是因为该辖地与其所属的行政管辖权在空间分布上相互隔离，插入另一辖地的行政范围内，犹如花朵一般，故称为"插花地"。而国外称为"飞地"者，则是因为在其行政管辖权之内的辖地，在空间上与之不相毗邻，故称"飞地"。若从实质来说，两者实乃异名而同指。类似的事例则遍及世界各国，比如二战以前的东普鲁士区，它属于德国行政管辖下的辖地，但其领土则被包裹在芬兰所属辖区境内，因而东普鲁士对德国而言，是真正意义上的飞地或插花地。再如18～20世纪欧美列强在海外建立的殖民地，其主权属于宗主国，但这样的殖民地辖地与宗主国的主体辖地不相毗连，因而也是真正意义上的飞地或插花地。从目前来看，世界上仍然存在很多飞地，其中，美国的阿拉斯加州为世界上最大的飞地。

具体到中国而言，近代以来，中国深受西方列强侵略之害。19世纪中期，清政府被迫签订《瑷珲条约》、《天津条约》和《北京条约》，中俄之间以黑龙江和乌苏里江为界，黑龙江以东的各屯在行政上属于清政府管辖，但各屯的辖地则被包裹在已经属于俄罗斯的领地之内，是真正意义上的跨国飞地。再如中法战争后，根据《中法新约》，划定了中国与东南亚各国的陆路边界，但云南省所辖纳楼土司的部分辖地却被包裹在法国保护国越南的辖境之内，这样的土地，也成了真正意义上的跨国飞地或插花地。据此可知，真正意义上的插花地或飞地，是一种普遍存在的政治术语，两者应该合并使用，它们都是行政管辖权下的辖地在空间上与主体辖地相互隔离，或一线之连，或既断而复续，已续而又绝。

目前，学界争论的焦点是，插花地和飞地二者是否可以等同起来。一些学者认为，"插花地"等同于"飞地"，二者其实是同一回事；但也有一些学者认为，插花地不能等同于飞地，认为飞地只

能是插花地的一类。民国时期的官府咨文明确将飞地、插花地、嵌地等概念完全区分开来。如民国时期内政部在回复湖南省政府的咨文中指出：

> 查省市县勘界条例第三条第三款所指插花地、飞地、嵌地三项，系历来习惯上一种名称，就其性质，分别解释如下：
>
> 插花地。属于甲县之地，并不因天然界限，而伸入于乙县境内，致使两县间界限，成为穿插不整形状，其伸入之地段，因形势狭长，遂致三面均与乙县辖境毗连，此种地段，如在两部份以上，即构成所谓犬牙交错之地。
>
> 飞地。属于甲县管辖之地，而在乙县境内，其四面均属乙县境界，独该地属于甲县。
>
> 嵌地。与插花地略同，其区别处，则插花形势狭长，嵌地则整段或零段嵌于他县境内，即形势过于曲折，或崎零不整之地。又嵌地多因江河流域变迁构成，例如甲县境域，完全在河之南岸，乃有属地，在河之北岸者，其三面均为乙县管辖地。①

何谓插花地？梳理相关文献可发现，迟至清道光年间才出现"插花地"这一称谓。道光二十八年（1848）十一月，时任贵州省安顺府知府的胡林翼上奏《办理插花地建言书》中首次使用"插花地"一词，并将插花地归纳为三类："华离之地"、"瓯脱之地"以及"犬牙之地"，即"如府厅州县治所在此，而所辖壤土乃隔越他界，或百里而遥，或数百里之外，即古所谓华离之地也；又如一壤本属一邑，中间为他境参错，仅有一线相连，即古所谓犬牙之地也；又如一线之地插入他境，既断而复续，已续而又绝，绵绵延延

---

① 《咨湖南省政府咨复为解释插花地等三项性质分别请查照》，《内政公报》第9卷第12期，1936，第119~120页。

"插花地"：文化生态、地方建构与国家行政

至百十里之遥，即古所谓瓯脱之地也"①。民国学者唐陶华在探讨贵州插花地及其成因时，指出贵州的插花地分为华离地、犬牙地和瓯脱地三种。② 当代学者杨斌博士则根据胡林翼的分类，用示意图（见图0-1）更直观地将三种类型描画出来。

图0-1 插花地类型

资料来源：杨斌《民国时期川黔交界地区插花地清理拨正研究》，《地理研究》2011年第10期，第1921~1929页。

胡林翼虽然很好地将插花地归纳成上述三种类型，但由于其未给出插花地明确的定义，致使后人对插花地的理解也不尽相同，其分歧在于飞地就等同于插花地，还是只是插花地的一种类型而已。

杨斌认为，胡林翼所归纳的三种插花地类型，虽内涵十分清楚，但其所做的类型划分与所给的类型称谓不尽科学合理。其依据在于，（1）"华离之地"实际就是通常所说的飞地，而飞地不仅是国际通用名词，也为国内学界广为接受。因此，主张用"飞地"这一通用称谓更好；（2）"犬牙之地"与"瓯脱之地"密不可分，有犬牙之地必有瓯脱之地，有瓯脱之地必有犬牙之地。二者实际为一个问题的两个方面，可统一为一种类型。他结合中国历史上划分行政区划的"山川形便"与"犬牙交错"两大基本原则，将"犬

---

① 刘显世、谷正伦修，任克澄、杨恩元纂民国《贵州通志·前事志》卷19，贵阳书局铅印本，1948，第299页。
② 唐陶华：《贵州插花地及其成因》，《人与地》1941年第1~24期合刊本，第36~50页。

牙之地"与"瓯脱之地"合并，统一称为"犬牙之地"①，因此认为插花地只有两种类型，即飞地和犬牙之地。从其表述中可以看出，他视飞地为插花地两种类型中的一种，未将二者等同起来，并根据自己的研究，给插花地下了明确的定义："是特定时期、特定历史条件下、特定区域内的各个政区在形成、发展和变迁过程中的各种穿插或各种经界不正之地的总称。"②

将胡林翼的表述和杨斌的论述相互参照比对，不难看出，他们所谓"插花地"也好，"飞地"也罢，与上文所述的跨国飞地显然存在着质的区别。因为它们都不牵涉国家领土主权问题，而是在同一国家范围内各级行政辖境上的空间分布，因此在理解时，必须注意其间的实质差异。不管是胡林翼还是杨斌，讨论的都是国内政治术语，而不涉及跨国政治概念。

至于将"瓯脱之地"和"犬牙之地"合并为一类，则是杨斌博士的首创。这一归类，对于澄清其实质大有裨益，因而应当加以肯定。但如果需要国内外相关术语相互接轨，那么可将胡林翼所称的"华离之地"、杨斌所称的"插花地"以及国外习惯称呼的"飞地"，视为同一概念的不同表述。本书出于行文的需要，将上述三个概念统一为"插花地"。

梳理已有插花地研究可发现，不同学者根据其研究对象，给插花地冠以不同的名字。傅辉指出："插花地亦飞地、嵌地、寄庄地等。"③ 作者的这一提法，虽然列举了多个异名，并且言必有据，但它的实质与插花地无别，因而作为一种历史事实可以加以确认，但在术语的使用上，笔者认为统称为插花地才符合中国本土化用

---

① 杨斌：《明清以来川（含渝）黔交界地区插花地研究》，第3页。
② 杨斌：《历史时期西南"插花"初探》，《西南师范大学学报》（哲学社会科学版）1999年第1期，第35~40页。
③ 傅辉：《插花地对土地数据的影响及处理方法》，《中国社会经济史研究》2004年第2期，第20~28页。

"插花地"：文化生态、地方建构与国家行政

语。吴滔有与傅辉类似的论述，他认为："插花地又称'扣地'、'嵌地'等。"① 马琦、韩昭庆和孙涛三位学者也指出："插花地某种程度上可以被称为飞地，指某些行政隶属关系属于一地，但实际位置却处于另一地的包围圈中，犹如孤岛一般的聚落或政区。"② 他们的这一结论有三点可取之处：（1）肯定插花地是行政建置概念；（2）肯定插花地在空间上相互隔绝；（3）认为插花地的存在和延续具有时间上和空间上的特定内涵。这三点理应成为定义插花地的必备要素。

智通祥和刘富荣也将飞地和插花地等同起来，并将飞地分为"外飞地"和"内飞地"两种类型。③ 郭舟飞则认为："'插花地'是指两个区域间要么没有明确的归属，要么就是两个单位地理相互穿插或分割而导致零星分布的土地。"④ 郭舟飞意识到插花地属于零星分布的土地，这一点准确无误，但说插花地归属不明或疆界不清，则有违事实。事实上，任何插花地在行政归属上都是一清二楚的，插花地的疆界范围其实也是明确无误的。某地之所以成为插花地，仅仅是空间分布上不相毗连或者不连片而已。因而，作者的这一论证不足为据。至于何谓插花地，笔者将根据自己的理解，在下文中给出具体的定义。

姚尚建认为："作为特殊人文地理现象的飞地，使之隶属于某一行政区管辖但不与本区毗连的土地。"⑤ 这一结论恰好是对郭舟

---

① 吴滔：《"插花地"的命运：以章练塘镇为中心的考察》，《史林》2010年第3期，第86~98页。
② 马琦、韩昭庆、孙涛：《明清贵州插花地研究》，《复旦学报》2010年第6期，第122~128页。
③ 智通祥、刘富荣：《农村"飞地"如何管理和利用》，《资源导刊》2010年第11期，第12~13页。
④ 郭舟飞：《由武汉"插花地"看地方政府公共管理》，《科技创业月刊》2009年第9期，第78~83页。
⑤ 姚尚建：《制度嵌入与价值冲突——"飞地"治理中的利益与正义》，《苏州大学学报》（哲学社会科学版）2012年第6期，第61~67页。

飞论证的正面反驳。他明确指出，插花地在行政管辖上不存在疆界不明或归属不明现象，因而归属明确、疆界清晰这一要素也是定义插花地的必备要素之一。

鲁西奇和林昌丈将飞地分为"狭义"和"广义"两种。狭义上的飞地特指一国位于其他国家境内，或被其他国家领土所隔开而不与本国主体相毗邻的一部分土地；而广义的飞地则除了上述国际间的飞地外，还包括国内飞地，如省际飞地、市际飞地、县域间的飞地，以民族、文化等要素划分而出现的飞地，因经济资源分布和分配等因素造成的矿区、农场、林区等飞地。① 这一论述有对有错，将插花地分为狭义和广义，用以区别国际与国内，其实没有必要。因为它都是行政区划中出现的疆土隔离问题，有关情况，上文已经做出了说明，此处不再赘述。可取之处在于，对一国而言，存在各行政级别上的插花地，这倒是真知灼见。与此同时，他还进一步指出飞地的形成与民族文化、经济开发相关，则是其创见性的认识与理解，因而他的这一论述能切中插花地形成的深层次社会原因，理应成为定义插花地术语时吸取的精华。

根据上述学者的论述，笔者对插花地给出如下的定义：插花地是指某一特定行政区划所辖的领地在空间上不相毗连，并被包裹在并行的行政辖地范围之内，这样的孤悬辖地就统称为插花地。具体情况包括飞地、犬牙交错地和瓯脱之地。

在这一定义中，有三点需要补充说明。第一，这里所讲的某一特定行政区划涉及国家、省、府、州、县等不同层面，但在鉴定插花地时必须在同一行政级别上去加以界定，涉及国家层面的插花地可称为跨国的插花地，涉及国内的插花地可根据省、府、州、县等

---

① 鲁西奇、林昌丈：《飞地：孤悬在外的领土》，《地图》2009年第4期，第26~33页。

"插花地": 文化生态、地方建构与国家行政

各种级别使用相应的称呼。第二,认定插花地时,必须注意到被称为插花地者,在空间上与它所归属的行政机构辖地不相毗连或与他境犬牙交错或瓯脱一隅,但其行政归属及疆界其实明白无误。第三,插花地是一个具有明确时间和空间的概念。理由在于,所有的插花地在历史长河中既可能被撤销其插花地的待遇,又可能在行政调整中产生新的插花地。之所以会形成这样的局面,其根本原因在于,插花地确立的主要原因是国家权力主导下的行政建置,而行政建置本身就是一个可变的概念,以时间的推移和形势的需要为转移,插花地既可能重新建立,也可能被裁撤。

2. "插花地" 形成的原因

插花地形成的原因,是目前插花地研究者关注的热点问题。学者们根据自己研究的特定区域,并结合相应的历史文献资料,梳理出各插花地形成的原因。民国学者唐陶华在探讨贵州插花地成因时认为,"贵州府县疆界划分草率、境内山岭重叠以及'苗夷'归化时间不一致导致整理疆界阻力大等是贵州省自明代以来,各县就布满插花地的一般原因。除上述一般原因外,各插花地的形成还更有其具体原因:如:汉人移民择地屯田、长期的土司统治、改土归流不彻底等是其特殊原因"。[①] 史念海在《战国时期的"插花地"》一文中指出战国时期插花地形成的原因主要有如下几类:一是用兵;二是贿赂;三是国外的采邑。[②]

杨斌在梳理明清以来贵州省历史文献的基础上,认为中国西南"插花"的产生不是偶然,而是有其深刻的社会政治原因。历代中央王朝对西南实施的"土流并治"方略与封建土地私有制相结合是导致其产生的必然因素。他指出,土地私有制是"插花"形成

[①] 唐陶华:《贵州插花地及其成因》,《人与地》1941年第1~24期合刊本。
[②] 史念海:《战国时期的"插花地"》,《河山集·七集》,陕西师范大学出版社,1999,第504~519页。

绪 论

之根本，并认为我国土地公有早已确立，只要对"插花"流弊认识深刻，就应不再有"插花"存在。① 以笔者之浅见，杨斌的这一论断显然值得商榷。插花地既然作为一种社会现象，研究其形成的根源，显然需要将其置于社会发展的历史脉络中加以把握。不容否定，国家行政区划确实是插花地形成的主要推动力。但若将插花地形成全都归因于国家行政区划而忽略插花地的历史、社会、文化以及其所处的自然与生态系统的独特性的话，反而会将此问题简单化而无法看到其得以存在的本质。据杨斌的理解，只要国家的政策落实到位，插花地自然也就不复存在。但笔者田野调查发现，插花地问题远非这么简单，插花地之所以得以存在并长期延续，其间交织着复杂的政治、经济、社会、文化等因素，有其独特的历史过程。研究者往往认为，历史时期插花地得以形成，政治目的和军事目的是主要原因，但政治和军事目的的背后，实际上也是为了达到有效管理的目的。因此，在考察不同类型插花地形成之原因时，"立足于发掘区域开发的背景和政区调整的踪迹，或不失为一种可行的路径"。②

插花地的流弊虽多，且早已被世人所熟知。历史时期以来，上至朝廷下至地方官员都曾开展过对插花地的清理拨正工作，其结果是插花地并没有消失，反而又出现了一些新的插花地。在新中国成立后，因经济原因、民族原因抑或是旅游、环保等因素反而致使大量新的插花地孕育而生，这些新出现的插花地则是对杨斌上述观点的有力回击，其立论也就不攻自破了。因此，笔者认为在研究插花地的成因时，除了从国家视角展开讨论外，结合地方社会的历史过程、社会、经济、文化及其所处的自然与生态系统的特征，展开综

---

① 杨斌：《历史时期西南"插花"初探》，《西南师范大学学报》（哲学社会科学版）1999 年第 1 期，第 35~40 页。
② 吴滔：《"插花地"的命运：以章练塘镇为中心的考察》，《史林》2010 年第 3 期，第 86~98 页。

"插花地": 文化生态、地方建构与国家行政

合性研究显得非常必要。

傅辉认为，屯垦政策、卫所制度、藩王赡地及寄庄等现象是河南历史时期插花地形成的主要原因。① 之后，他进一步指出"按籍分民、随民分土"是导致"郡县星分，犬牙相错，而此疆彼界各不相察"的根本原因。② 郭声波则从宏观上将人文、社会两方面视为飞地形成的主要原因，详细介绍了历史上各个时期飞地形成的主要原因。他指出，早期的飞地多出自政治原因；由军事原因形成的飞地政区，主要出现在战国时期；因经济需要而设置的飞地，主要出现在近现代；并将因民族插花分布而形成的飞地政区视为另一种形式。③ 郭声波、王开队认为，唐宋以来川云贵犬牙相入政区格局得以形成，除政治、军事原因外，还较多地掺杂有民族因素在内。④ 他们提出"民族因素"也是插花地得以形成的因素，在一定程度上丰富和深化了对插花地形成原因的认识。民族因素在西南地区表现得较为明显，历史时期以来，西南地区民族众多，且各民族交错盘踞于一隅，在政区划分过程中，若不考虑民族文化差异性的存在，虽行政疆界看似能做到整齐划一，表面上看行政管理成本会得到一定程度的降低，但若仔细分析，单就疆界整齐划一而忽略民族文化的差异性，反而会因民族文化的差异而产生更大的矛盾纠纷，若要平息因民族问题而产生的纠纷，其管理成本也不会少到哪儿去。因此，民族问题确实是王朝统治者在施政时需要重视的因素。郭声波教授的学生许之标在继承导师上述学术思想和理念的基

---

① 傅辉：《河南插花地个案研究（1368～1935）》，《历史地理》第19辑，上海人民出版社，2003。
② 傅辉：《插花地对土地数据的影响及处理方法》，《中国社会经济史研究》2004年第2期，第20～28页。
③ 郭声波：《飞地行政区的历史回顾与现实实践的探讨》，《江汉论坛》2006年第1期，第88～91页。
④ 郭声波、王开队：《由虚到实：唐宋以来川云贵交界区犬牙相入政区格局的形成》，《江汉论坛》2008年第1期，第73～77页。

础上，于2008年完成其硕士学位论文《中国古代飞地行政区研究》。在该论文中，他以秦汉至清代的飞地行政区为研究对象，通过数据统计与分析，就其成因与社会影响展开论述。他认为，在不同时期，飞地行政区的成因有所不同，自然地理环境只是设置飞地行政区的"平台"，因而从社会人文角度探讨了飞地行政区形成的原因。[①]

马琦、韩昭庆和孙涛则借助古地图及地名学等方法，以贵阳府和安顺府为重点复原清末贵州插花地，探讨插花地的分布特征及成因。他们认为，贵州插花地众多与其政区设置的方式有关，贵州府、县政区或在原卫所屯田之地，或在土司所管辖领地，或在剿抚土著居民聚居区设置，由于这些地区原本互相穿插，穿插的部分导致贵州插花地的产生。[②] 贵州的府、县辖区大多来源于早年的卫所防区、土司领地甚至是"生界"，由于这些不同来源的辖地本来就互相穿插，因而在其基础上建立的辖地自然无法连片，插花地普遍存在也就在所难免了。

鲁西奇、林昌丈则从国际国内插花地形成的原因展开分析，指出"国际间的飞地是长期以来国际政治、经济、文化长期演化的结果"，"我国大量飞地的存在及其形成过程也都有着复杂的历史背景。部分飞地是统治者从地方控制的角度出发而刻意设置的"。[③] 郭舟飞认为，武汉插花地的形成，"究其来源可分为历史遗留问题和现实原因。从历史角度看，改革开放以来，我国一直采取的是城乡合治的城市空间设置模式。随着社会的不断发展和转型，城区划界模糊，市辖区区划模糊，城乡之间出现了城乡接合部；从现实原

[①] 许之标：《中国古代飞地行政区研究》，硕士学位论文，暨南大学，2008，第I页。
[②] 马琦、韩昭庆、孙涛：《明清贵州插花地研究》，《复旦学报》2010年第6期，第122~128页。
[③] 鲁西奇、林昌丈：《飞地：孤悬在外的领土》，《地图》2009年第4期，第26~33页。

"插花地"：文化生态、地方建构与国家行政

因分析，'插花地'问题实质上就是由于我国政府的行政管理体制与城市化进程之间矛盾而产生的"。① 吴滔则通过对章练塘镇的调查，认为该地区插花地的"形成与历史时期太湖以东的围湖垦田、政区调整密切相关"，并进而指出"传统社会划分政区的主要依据是户口和赋税，然而，户籍与实际居住地或者赋税责任所在地的分离，并不是形成飞地行政区的充分必要条件。探寻飞地行政区的成因具有相当程度的复杂性"。② 刘伟国则结合我国现行行政区划中的"飞地"现象，指出我们现行行政区划中飞地产生的原因主要有如下几方面：（1）经济原因；（2）市、县分置（或切块设市）原因；（3）民族原因；（4）旅游、环保原因；（5）行政（或人为）原因。③

笔者的田野调查点能成为插花地，既非因改土归流、创建卫所而得以形成，也非因屯垦政策、藩王瞻地及寄庄等因素所致。据目前所能掌握的资料来看，表面上与明万历二十五年天柱改所为县直接关联，但为何于这一年将这一片区的人群划拨到天柱县，则是需要深入探讨的问题。据笔者为期一年的田野调查得知，就民族文化而言，笔者田野调查点的主体居民与天柱县远口区主体居民在民族认同上保持一致，都称自己为酸汤苗；就自然地理结构而言，地湖乡属于山地丘陵地带，与周边侗族居民所属的坝区存在一定的差异，但与远口片区的自然地理结构存在一定的相似性；就宗族认同而言，地湖乡同样与远口片区的吴姓保持一致，都认为自己是迁入远口定居的吴盛公后裔，保持"同宗共祖"的认同关系。因此，

---

① 郭舟飞：《由武汉"插花地"看地方政府公共管理》，《科技创业月刊》2009年第9期，第78~83页。
② 吴滔：《"插花地"的命运：以章练塘镇为中心的考察》，《史林》2010年第3期，第86~98页。
③ 刘伟国：《中国现行行政区划中的"飞地"现象》，《地理教学》2004年第11期，第1~4页。

绪 论

笔者认为，在探究地湖插花地成因时，除国家行政力量的因素外，还需要将插花地人群生存策略、民族文化传统、地方社会建构，乃至自然地理条件及生态结构等因素结合起来考虑。这样做，可望将插花地现象的研究推向深入。

笔者虽然在上文中根据自己的理解，从行政建置的视角，并依空间分布特征给出了形态上的插花地定义，但该定义并不包含插花地形成的原因。至于插花地形成的原因，显然需要另加讨论。综合以上的说明，笔者认为，在行政建置中确认插花地的设置并不完全出于特定时空场域中的行政管理需要，其间还存在诸多深层次的原因。

自然地理结构上的相似性或同质性乃是设置插花地的一大原因。具体而言，某一辖区范围，其自然地理结构与它所处行政区的其他行政辖区如果相同或相近，那么就有可能被设置为插花地。反之，如果不存在这样的相似性或同质性，设置插花地就没有必要了。

生态系统结构的相似性也是设置插花地的另一原因。生态系统结构的相似性导致资源利用方式的相似性，这样的相似性对简化行政管理而言存在诸多的便利。因而，一些行政机构的辖地尽管在空间上相互分离，但生态系统结构相同，也可能成为需要设置插花地的潜在依据。考虑到生态系统的类型在空间分布上往往不一定连片，因而在设置行政区划时，要确保某一行政结构中的辖地生态结构相同或相近，将该辖地设置成为插花地也就变得可能了。这显然是分析插花地的设置时一个值得考虑的潜在因素。

再就是民族文化的相同或相近也是设置插花地的潜在原因之一。如果插花地和该辖区本土辖地相同，那么就意味着语言、风俗、生计方式都具有相似性，将它们划分为同一个行政区，更有利于行政上的管理。因而若存在民族文化相同，而民族的分布又不连片现象，那么设置插花地也就成了行政建置中的一种可行选择。

总而言之，行政建置的需要、自然地理结构的相似、生态类型的相近、民族文化的相同，这四个方面是在行政区划设置或调整

"插花地":文化生态、地方建构与国家行政

时,成为出现插花地的四大因素群。上述四大因素群在性质上分属不同的体系,其间不存在必然的相互重合,因而,立足于行政建置去规划行政辖地的归属,无论古今中外都必然要产生插花地现象。

除了上述四大因素群之外,插花地的确立和延续还与上述四个要素的可变性相关,这又可能成为必然要设置插花地的随机性成因。举例说,如果一个民族因各种原因发生迁徙,它自然要进入与此前不同的地域、生态背景和自然背景,但迁入地和定居地的文化相同,而建立行政区划,又必须以文化为依托,否则就会增加行政管理成本,因而将民族迁入地的范围也确立为插花地是一种必然之举。此外,生态类型在人类的干预下也可能发生一定程度的改变。举例说,在平原上的一个湖区进行围湖造田,那么此前的潜水湿地生态系统必然会变为稻田生态系统,这就使得新开辟的生态系统与此前已有的生态系统出现了生态结构上的同一性,这样新开辟的造田区成为此前已有稻田区行政辖地的飞地也就是必然的了,在太湖周围围垦而出现的插花地就因此而存在。[1] 同样的道理,在沙漠地区实施河流改道,将某些沙漠地带变为沙漠绿洲,那么这些绿洲在生态结构上与其他以后的绿洲存在生态结构的相似性,出于行政建置的方便起见,它们自然也就成为以后绿洲行政建置的飞地。

综上所述,从上述插花地的定义出发,要追溯插花地形成的原因,需要具体问题具体分析,不能做简单化的处理。任何插花地的确立不仅是上述四大因素群的存在使然,还与国际国内形势和实际的需要密切相关。

3. "插花地"的社会影响

(1) 有百弊而无一益处:历朝历代行政官员的评价

在西南地区的历史文献资料中,地方官员将插花地视为颇感头

---

[1] 吴滔:《"插花地"的命运:以章练塘镇为中心的考察》,《史林》2010年第3期,第86~98页。

痛的问题，往往将插花地的流弊写入奏疏。如明代贵州巡抚郭子章在其即将离任请终养之时，怀着"身虽离黔，心未敢忘国"的复杂心情，就贵州省境内地方要务上《临代条陈地方要务疏》。在该疏中，针对重安司插花一事郭子章提道："数年以来，重安土舍张体乾者往往言，赴州遥远，梯山绝江，不便于官司，民亦言赴州纳粮多被劫，畏首畏尾，不便于民。臣以为重安距黄平远，犹马之腹，即长鞭有所不及，属之清平，其近也，只犹舌之唇，唇之厚薄燥湿，舌一舐便知之。"① 在疏中，郭子章指出，重安司若维系现状仍隶属黄平，则犹如马之腹，长鞭有所不及；若改隶邻近的清平，则如"舌之唇，唇之厚薄燥湿，舌一舐便知之"，很形象地将插花地的流弊，以及清理拨正所能带来的益处描述出来。插花地的存在于官于民都极为不利，于官而言"赴州遥远，梯山绝江"，于民而言"赴州纳粮多被劫，畏首畏尾"。

雍正皇帝也曾指出插花地的流弊，"每遇命盗等事，则相互推诿，矿厂盐茶等有利之事，则互相争竞，甚非息事宁民之意"。②

道光年间，时任安顺府知府的胡林翼在通盘考虑插花地情形的基础上，上奏《办理插花地建言书》，在该建言书中指出了黔省地多插花的种种流弊。需要特别指出之处在于，胡林翼提出了"不便于民"的弊端，将插花地的流弊从仅局限于统治阶级的"于吏治有碍"扩展至民众阶层的"不便于民"层面，足见其对插花地流弊认识之深刻。

咸丰年间，时任广西道监察御史的伍辅祥就黔、蜀交界之地地多插花一事指出，"遇有盗窃之案，綦往捕则窜入桐，桐往捕则窜入綦。迨用公文会拿，而贼已远扬无踪矣"。③ 强调插花地的存在

---

① 民国《贵州通志·前事志》卷15，第71~72页。
② 民国《贵州通志·前事志》卷19，第185~186页。
③ 民国《贵州通志·前事志》卷23，第343~344页。

"插花地"：文化生态、地方建构与国家行政

不利于盗窃的治理。

光绪年间，时任贵州巡抚李用清指出插花地的流弊，"于吏治有碍"。光绪三十一年（1905），贵州巡抚林绍年也曾指出，"苗疆之难治，非种族之不齐，实经界之不正也"。① 林绍年的这一论断是否正确，笔者暂且不论，但其将苗疆之难治与插花地的普遍存在二者等同起来，足见他认为插花地的流弊有多严重。

从上述历史文献资料的记载可知，插花地被视为有百弊而无一益处的现象。不过在当今学者的研究中，对插花地影响的认识却分为两种观点，其一是认为插花地流弊很多，从管理角度来讲，成本高，不便管理；从民众角度来讲，给社会生活带来了极为不便的影响，应予以裁撤。其二是认为插花地虽存在一些弊端，但一些插花地的存在反而有其存在的价值，因此应当保留现状。

（2）各抒己见：当代学者的评价

梳理当今学者有关插花地影响的看法，其结论可分为两种：大部分研究插花地问题的学者认为插花地弊大于利，应该将插花地予以清理拨正；不过，也有少数学者认为，只要是现实的需要，不仅应该允许其存在，还可适当地发展一些插花地。

就前者而言，杨斌通过梳理历史时期西南"插花"情形、"插花"形成之原因及其清理拨正，认为："从今天的角度看，'插花'的广泛存在，不仅不利于各级政府之管理，更不利于插花地区社会经济文化的发展，同时给人民的生产、生活亦带来诸多不便。"② 冯贤亮以嘉兴府嘉、秀、善三县为中心的考察，指出错壤嵌田是明代江南争田事件频发的主因；③ 又以苏南地区为例，指出嵌田错壤

---

① 民国《贵州通志·前事志》卷42，第215页。
② 杨斌：《历史时期西南"插花"初探》，《西南师范大学学报》（哲学社会科学版）1999年第1期，第35~40页。
③ 冯贤亮：《明代江南的争田问题——以嘉兴府嘉、秀、善三县为中心》，《中国社会经济史研究》2000年第4期，第24~37页。

现象"从高层政区来说,有利于政府的管理和控制,但对县级政区而言,未必就是好事。疆界管理上出现的'插花'、'错壤'皆不适宜施政,更不宜于地方与政府之间的利益分割"。[①] 傅辉基于历史时期河南省插花地案例的考察,以插花地对土地数据的影响为出发点,指出"插花地的存在改变了文献中土地数据的统计范围,而且使县辖耕地和县域耕地失去了一致性。由此导致的土地数据统计紊乱问题,是影响县域垦殖率分析的最直接原因之一"。[②] 鲁西奇和林昌丈在谈到飞地的影响时指出:"就政治控制与行政管理的角度而言,都不同程度地加大了控制难度和管理成本。"[③] 马琦、韩昭庆、孙涛三位学者认为:"由于插花地土地错杂,轻则导致争田、争土的民事问题,重则影响地区治安,成为社会不安宁的重要诱因。"刘伟国则认为,我国现行行政区划中的飞地存在一些弊病,即不利于行政管理、不利于经济统筹和不利于城市发展。[④]

就后者而言,郭声波指出:"从历史回顾与现代实践情况来看,只要是现实需要,不仅应当允许存在,而且还可以适当发展。"[⑤] 从这一表述中可以看出,郭声波教授对插花地普遍存在一事持肯定观点。他的学生许之标的思想也与其一脉相承,认为由古鉴今,随着近代科学技术的迅猛发展,尤其是信息交通的便利,飞地行政区的设置可以发挥其应有的社会经济功能。[⑥]

[①] 冯贤亮:《疆界错壤:清代"苏南"地方的行政地理及其整合》,《江苏社会科学》2005年第4期,第211~217页。
[②] 傅辉:《插花地对土地数据的影响及处理方法》,《中国社会经济史研究》2004年第2期,第20~28页。
[③] 鲁西奇、林昌丈:《飞地:孤悬在外的领土》,《地图》2009年第4期,第26~33页。
[④] 刘伟国:《中国现行行政区划中的"飞地"现象》,《地理教学》2004年第11期,第1~4页。
[⑤] 郭声波:《飞地行政区的历史回顾与现实实践的探讨》,《江汉论坛》2006年第1期,第88~91页。
[⑥] 许之标:《中国古代飞地行政区研究》,第Ⅰ页。

"插花地"：文化生态、地方建构与国家行政

总之，以上基本上囊括了近代以来中国有关插花地问题研究的成果。这些成果，对深入探讨插花地的定义、实质、成因以及插花地的定位等问题具有重大的借鉴意义。综合前人研究成果，笔者觉得如下一些问题仍然值得我们深思。其一，目前为止，有关插花地问题的研究大部分局限于个案分析，而未对插花地进行综合系统的研究。其二，习惯性从历史文献的角度展开论述，而忽略了从插花地人群的主位视角出发，去了解当地人是如何看待或表达插花地的。其三，插花地的定义有待明确，插花地的实质有待进一步澄清。其四，跨学科综合研究不够。比如，历史学的研究需要借鉴人类学的整体观视角，而人类学的研究则需要学习历史学的纵深感研究范式。其五，对插花地成因探讨的因素单一。在研究中，学者们根据自己研究对象的特殊性而得出插花地形成的具体原因，这些结论很有针对性且具有很高的参考价值，却不能将其放在其他的插花地中套用。以笔者之浅见，插花地并非单一因素所致，往往是多种因素综合作用和多种力量博弈的产物，且需要注意到各种因素发挥作用的时空场域各不相同。除从国家行政视角探究与解释"插花地"问题外，插花地人群的生存策略、民族文化传统、地方社会建构，乃至自然地理条件及生态结构等，都是插花地研究值得关注的问题。插花地并非只是一个简单的政治问题，其实是各种因素综合作用和各种权力博弈后的产物。

二 资料获取与研究方法

美国学者罗伯特·F. 墨菲（Robert F. Murphy）曾说："田野调查是人类学学科的明确特征。"[1] 挪威学者埃里克森（Thomas Hylland Eriksen）也曾明确表示："人类学区别于其他社会科学在

---

[1] 罗伯特·F. 墨菲：《文化与社会人类学引论》，王卓君译，商务印书馆，2009，第268页。

绪　论

于其十分强调把民族志学的田野工作作为获得社会和文化新知识的最重要来源。"[1] 从上述学者的表述中可以认识到，田野调查是人类学从业者获取资料且有别于其他社会科学的重要方法，甚至可以说是人类学学科的标志性研究方法之一。[2] 没有经过田野调查的研究，不能成为真正意义上的人类学研究。因而，田野调查自然成了人类学安身立命之根本，也是人类学家的成年礼，这是由人类学的学科属性所决定的。人类学研究往往是从主观角度出发去探讨社会文化运行的内在逻辑。因此，田野调查将会是笔者在收集资料时重点使用的方法。在对田野调查社区——地湖乡共时面描述的基础上，力求关注社会、文化运行的内在逻辑以及人的活动，并将历时性的材料置于历史的纬度中加以考量与解释。

笔者的田野工作分为三个阶段：第一阶段，2012 年 5 月 1～3 日。时间极为短暂，算是田野踩点期。第二阶段，2012 年 7～10 月，为田野调查的前期阶段。在此阶段，笔者全方位开展田野访谈，系统搜集口述材料，地湖的碑刻、族谱以及档案馆资料。第三阶段，2013 年 3～10 月，田野回访阶段。

其实，笔者研究"插花地"地湖完全是一个意外。在未到地湖之前，笔者根本就不知道有地湖这么一个小小的乡，也根本不知道地湖属于插花地。或许是机缘巧合，或是冥冥中注定与地湖的关系，在一次与同事吴才茂博士随意的聊天过程中得知有"地湖"这个地方，并得知地湖是一块贵州天柱飞落湖南会同辖境中的插花地，里面还发生了很多故事。出于猎奇的心态，2012 年笔者趁"五一"放假期间只身来到地湖进行了为期两天的走访。在这两天的走访过程中，对地湖的人群构成、村落结构、自然环境等基本情

---

[1] 托马斯·许兰德·埃里克森：《小地方，大论题——社会文化人类学导论》，董薇译，周大鸣校，商务印书馆，2008，第 36 页。
[2] 黄剑波：《何处是田野——人类学田野工作的若干反思》，《广西民族研究》2007 年第 3 期，第 66～71 页。

"插花地"：文化生态、地方建构与国家行政

况有了一定的了解，并在与地湖乡永光村老村支书吴 D. F. 的聊天过程中，得知他家现在还藏有 200 多份契约文书。笔者听到这一消息后欣喜若狂，心有"踏破铁鞋无觅处，得来全不费工夫"之感。最后，笔者与其沟通，只将这 200 多份契约文书进行拍照，而契约文书的原件仍保留在他家中。笔者带着从地湖收集到的这些"宝贝"回到了学校，并在一个星期的时间内将这些清水江文书整理完毕，最终决定，将地湖作为自己的研究点，展开村落民族志调查。

2012 年 7 月 3 日，笔者带着行李，怀揣着上次田野经历的美好回忆，试图对地湖开展深入的田野调查，以搜集更多的田野资料，完成相关的研究工作。正当一切事情似乎都会按照预定的计划步步深入的时候，却在刚进入地湖调查的第一天便吃了"闭门羹"。当天到达地湖时已是下午 4 点多，笔者首先考虑的就是拿着学校的"介绍信"去地湖乡人民政府"报个到"，试图说明来地湖的目的以及会在此驻扎多久等问题，当然也希冀能够混到一口饭吃，填充一下饥肠辘辘的肚子。岂料该乡当天的值班干部将笔者视为"江湖骗子"，并坚持说不能留在地湖过夜，任凭如何解释都无济于事。听到此消息后，犹如晴天霹雳，笔者被逼入了绝境，心里一直想着留下或离开的问题。若放弃地湖，就意味着得重新选点，但重新选点又谈何容易。加之，笔者先前所获得的信息和资料也就得抛弃了，实属可惜。若是继续留在地湖，调查能否按计划深入下去？若不能深入下去，那么留在这里又有何意义呢？带着复杂的心情，笔者一直行走在去往远口方向的公路上，心里交织着各种辛酸和痛楚，一直纠结着是留还是走。此时，天色也慢慢暗下来了，肚子饿得"咕咕"直响。在这种饥饿和绝望中继续朝前行走着。但又想到，若要走出地湖，还得花上 3 个小时，起码要到晚上八九点钟。疲惫的身躯完全消磨了继续前行的意志，最后决定还是折回到乡政府，试图进行第二次沟通。经过第二次沟通，还是无济于事，

绪　论

乡政府干部只答应派车送笔者前往地湖隔壁的竹林乡，笔者有一亲戚住在那里。

来到竹林乡亲戚家后，笔者就到底要不要继续在地湖调查这一问题思考了一个晚上，辗转反侧，难以入睡，最后还是决定要重回地湖开展田野调查。但同样也在思考，重回地湖何以可能。就在深感进退两难时，笔者突然想到单位同事李斌教授在天柱县挂职副县长，应该熟悉地湖乡的领导干部，于是就打电话给他，将前往地湖的目的以及经历告诉给他，李斌教授爽快答应帮笔者去处理这件事。第二天，笔者收到了回复，可以继续到地湖去调查了。

就这样，笔者再次来到了地湖，并向乡领导干部进一步说明了来此地调查的目的。前一天当值干部也向笔者进行了解释，不是他们不让我来这里调查，而是在没有真正确认身份以前，不敢让陌生人随意进入地湖，因为地湖乡身陷湖南省会同县的辖境包围中，情况比较复杂，一旦出现什么意外，就涉及湘黔两省的纠纷，当干部的也都有自己的难处，希望笔者能理解，并对昨天发生的事情予以谅解。不管怎样，笔者终于可以留在地湖继续调查了，这一点着实让笔者感到欣慰，接下来的调查自然也就变得顺利起来。

在这一阶段，笔者还是以深入了解当地的社会、文化、经济、信仰等主要内容为主，重点关注当地居民的自我认同，以及插花地因何得以形成等问题。当然，在走访的过程中也不会放弃对清水江文书的收集。

经过3个多月的田野调查，笔者对地湖乡的人群构成、吴姓人群的自我认同、宗族组织，以及有关插花地得以形成的口头传说故事都有了一定的了解。契约文书也越收集越多，据后来统计，共有800多份。白天到地湖乡的各自然寨开展访谈，晚上整理口述材料和契约文书，争取在田野调查前将这些契约文书录入电脑中，形成文字资料，方便正式写作时使用。

除契约文书外，族谱也是笔者重点关注的民间文献资料。在田

"插花地"：文化生态、地方建构与国家行政

野调查中，笔者发现地湖及其周边各个村寨的不同姓氏的人群都有自己的族谱，族谱又分为总谱、分谱等，每年农历六月六这天，都会举行"晒谱"仪式，以防止族谱毁损。这些资料为了解地湖插花地人群的结构关系以及社区日常生活的历史进程提供了有益的帮助。如族谱中记载地湖开基始祖"世德公"的基本情况，为了解地湖插花地"主人"的自我意识提供了可资参考的宝贵资料。

2013年3月初，笔者开始了第三阶段田野调查。重点关注当地社会何以能成为插花地，插花地维系至今的机制是什么？要研究这些问题，就不能只关注共时性的社会事项，而应将视角聚焦于过去。于是，对历史的关注成了笔者绕不开的课题。除了按计划进行田野调查外，笔者还曾去天柱县档案馆查阅有关地湖方面的档案资料。庆幸的是，笔者查找到了民国时期有关地湖插花地清理拨正与田土丈量问题的3卷案卷资料（档案号：777、1644和1645）。但遗憾的是，民国以前有关地湖的相关记载则无任何资料留下。笔者认为，地湖插花地问题涉及贵州天柱县和湖南会同县两地，因此，还一厢情愿地认为会同县档案馆应该会留有类似的档案资料。在结束了天柱县档案馆资料查询工作后，笔者又去了趟会同县档案馆，不过更加让人失望的是，会同县档案馆内新中国成立以前的所有档案资料毁于一次大火，唯一能提供帮助的资料也仅限于民国时期一份"勘划湖南会同、黔阳与贵州天柱省界地图"。

就历史文献资料而言，除了收集档案资料外，各时期正式出版的地方志也是笔者重点搜集的资料。经过不懈努力，笔者收集到了康熙《天柱县志》、光绪《天柱县志》、光绪《黎平府志》、光绪《镇远府志》、《靖州乡土志》，以及民国《贵州通志》、《会同县旧志汇编》、《天柱县旧志汇编》、《天柱县志》、《会同县志》等历史文献资料。

鉴于对上述资料的获取和重视，本书在研究方法上将特别注重人类学田野调查和文献资料解读的有机结合。在人类学学者和历史学学者都试图努力追求跨越学科樊篱的当今社会，用科际整合的方

法进行研究不失为一种有效的尝试。① 而以"打破传统学科框架，结合历史学和人类学的方法，从具体而微的地域研究入手，探讨宏观的文化中国的创造过程"② 为研究取向的"华南学派"则成了这一尝试的直接受益者。近年来，产生了一批相当出色的研究成果，并且在方法论层面上形成了被学者称为"华南学派"的"文化过程"或"文化实践"的独特研究方法，③ 在中外学术界产生了一定的影响。

本书在研究方法上，首先秉持人类学整体观，并借鉴"华南学派"的这一历史人类学研究取向，试图在田野调查与文献资料解读有机结合的基础上，对地湖乡插花地展开历时考察，重点探讨地湖插花地形成及其长期延续的原因。这一方法论上的尝试，将插花地问题置于多学科相结合的背景中加以研究，从而可使其成为多学科共同关注的课题。

三 研究思路与价值

(一) 研究思路

人类学家早就承认了文化的整体观，历史学家也早就注意到国家决策的整体性。那么理所当然地，我们所看到的各种社会现象显然不会孤立地存在，其存在与延续肯定要受到多种因素的制约，延续过程也必然是多重因素的交错作用所使然。作为一种普遍存在的社会现象，插花地也应是如此。但具体到插花地研究而言，如何处理多重因果关系的并存自然成了研究时需率先解决的

---

① 蔡志祥、程美宝：《海外学者的"华南研究"》，《光明日报》2000年12月22日，第C03版。
② 程美宝、蔡志祥：《华南研究：历史学与人类学的实践》，(香港)《华南研究资料中心通讯》第22期，2001。
③ 张应强：《木材之流动：清代清水江下游地区的市场、权力与社会》，生活·读书·新知三联书店，2006，第17页。

问题。此前的众多研究没有注意到不同因果关系存在的时空场域，因而在判定插花地这一问题时，其形成的结论或许存在一定程度的偏颇。事实上，在一个复杂的社会体系中，其存在与延续关联到的因果关系纵然很多，但各种因果关系发挥作用的时空场域则各不相同。也就是说，它们不会在同时同地发挥同样的作用，而是在不同的时空场域中其中的一两个原因发挥主要作用，其他原因则发挥次要作用或者副作用，甚至处于"休眠"状态，不到必要的时候不会明显地发挥作用。如下面这个简单的例子可以比喻性地说明这一问题。

对人而言，呼吸、进食、饮水、精神抚慰、性欲都是生命存在不可或缺的因素，但呼吸是每时每刻都需要，进食是每天分段进行，精神抚慰则是根据需要而对位进行，性欲则是需要到人生的特殊阶段才发挥作用。总之，这些因素不是在同一时段内并行发挥作用，而是在不同的时段内其中的一两个因素发挥主要作用，而其他因素则发挥次要作用甚至"休眠"。而且这些要素发挥作用的空间也是各不相同的。呼吸在任何场合都得进行；进食则要在特定的地方或与特定的人一起进行；饮水也需要有特定的背景；精神抚慰更是要营造特定的氛围；性欲发挥作用的场合更需特殊选择。对这一常识性的问题，泛泛而谈，简单地宣称这些因素对人而言都必不可少，对探讨具体的生命过程其实并无实际意义，我们必须明确地指出这些因素在什么样的时空场域内才能发挥理想的作用。也就是说，因果关系造成的实质性影响必须与它所处的时空场域联系起来，才能把握问题的实质。

年鉴学派的先驱们将影响历史进程的要素区分为长时段、中时段和短时段，[①] 这是一项难能可贵的创意。从这一创意出发，我

---

① 费尔南·布罗代尔：《论历史》，刘北成、周立红译，北京大学出版社，2008，第29~30页。

们在分析插花地存在的动因时,就不会把存在于不同时空场域的要素混为一谈。人类学家注意到文化的空间分布,新进化论先驱们进而注意到文化与所处环境的互动制衡关系,同样是一项难能可贵的创意。因为它可以告诉我们不同文化现象会在什么样的生存空间出现,不会在什么样的生存空间出现,进而可以注意到原因与结果之间离开了特定的时空背景就无法成立。如果把上述两种创意结合起来,我们在多重因果关系并存的状况下就不会迷失方向,就可以在特定的时空场域内找出影响社会运行的主因和次因,以及什么样的原因暂时不发挥作用。只要做到这一点,那么不管是历史上的事实还是共时态的现象,对其成因的分析都可望落到实处。

对插花地而言,由于它是行政管理划分派生的产物,因而显然是一个政治问题,但政治问题同样有其生存的背景。民族文化的客观存在是政策执行永远绕不开的社会事实,年鉴学派的先驱们对此早有论述。文化的存在又必须立足于特定的自然背景和生态背景,新进化论的代表人物也做出了相应的论述。现在需要解决的问题在于,这些足以影响插花地存在和延续的因素具体到不同的时空场域,是谁发挥主要作用,谁发挥次要作用。为此,我们必须找到并存多种因素的碰撞点才能解决问题。

具体到插花地的研究而言,插花地的形成及其长期延续和插花地派生的社会问题三者之间存在不容相混的时空界限。插花地确立之际,行政管理的方便占据主导地位;插花地得以延续,必然要求其利大于弊,这意味着经济生活、社会安定将会占据主导地位,与此相关的因素必然会成为主因,而行政管理的方便则会退居其次;插花地派生的社会问题显然与施政者的初衷和地方行政管理部门的意愿关系不大,而是与插花地所处地域和文化的特殊性直接关联;只要明确了各种因素发挥作用的时间和场合区别,那么在多重因果关系并存状况下,哪些因素在特定时空场域中发生碰撞,就可以顺理成章地得到揭示。

本书正是坚持了上述思路，从文化生态、地方建构与国家行政三个维度，解析地湖乡插花地得以形成及延续的原因，以人的社会实践为切入点探究插花地得以维系至今的复杂性。并将影响插花地确立和延续的各种因素细加分辨，分别确认各种因素最能发挥作用的时空场域及其发挥作用的机制，从而弥合人类学与历史学研究中的话语差异，将插花地纳入人类学研究的视野去展开历时态的归纳与总结。最终发现，地湖乡插花地的形成和延续，是多重因素综合作用和多种力量博弈的产物。除从国家行政视角探究与解释插花地问题的实质，插花地人群的生产策略、民族文化传统、地方社会建构乃至自然地理条件及生态结构等，都是历史人类学视角下插花地研究的题中应有之义。

总之，影响一项复杂社会存在的因素固然很多，但具体到每一因素发挥作用的时空场域时却各不相同。多因素并存不意味着各因素在同时同地发挥同样的作用，它们在不同的时空场域中分别发挥不同的作用。厘清不同因素在具体时空场域中所发挥的作用，对探讨与解释插花地问题的实质将大有裨益，还可将插花地的研究推向深入。

（二）研究价值

就实质而论，插花地是行政区划派生的社会性空间分布事实，而插花地的变迁又必然与特定的历史进程相互关联，致使历史学特别是历史地理学早就开始关注这一现象。不过，其探讨插花地存废变迁史，目的主要是为认识历史提供确凿可靠的空间背景。研究的方法则集中在对文献的认识和解读，其后逐步辅以其他的一些科学手段。比如，借助古代留存下来的遗址、遗迹，去确认特定地域指代的具体空间位置，以至于考古学、生态学、地理学研究方法都获得了一定程度的借鉴和运用，但从客观的研究需要而言，这显然还不够。

绪　论

　　不同时代做出符合自身需要的行政区划，目的当然是方便管理。然而，之所以会显得方便，其制约因素却非只一端，不仅具有自然地理、生态背景等空间要素，还必然包括民族文化、经济生活等内容在其中。这就使得插花地的形成原因必然极其错综复杂，简单归咎于一两项原因的作用，会显得苍白无力，难以接近事实。对此，早年的研究者已经注意到了研究的复杂性，却苦于找不到切实可靠的理论依据和方法论，从而使得对插花地的研究长期停留在纯粹的社会问题层面。但"文化生态学"概念一经提出后，情况则大不一样了。这是因为在文化生态学理论中，人类的活动与他所处的自然和生态背景被作为两个相互关联的体系去加以考量。"文化生态"是两个系统相互作用积淀而成的产物，因而，很自然地兼具社会和自然两大属性。自然与社会两大系统，各自包含的各种因素，都可能在"文化生态"共同体中得到符合逻辑的表达。这就难怪斯图尔德将这样的"文化生态"共同体理解为"文化的内核"了。[①]

　　相当长的一段时间以来，人类学家都是把"文化生态"共同体作为纯粹的文化人类学概念去对待，对由此而引发的社会历史事实却疏于观照。历史学年鉴学派的学人，虽然早就注意到了影响历史进程的因素多元并存，并从这样的认识出发，去重新认识人类的历史，特别是文化史。但要将这样的认识落实到特定的社会文化现象上，比如说，插花地的存废和延续问题上，至今还不多见。其原因正在于，历史学家和人类学家各自关注的重点有所区别。在历史学家看来，插花地的存在与延续对认识历史至关重要。但在人类学家看来，插花地仅是一种文化空间分布不均衡的必然产物，它肯定要以文化分布的空间变动为转移。而这样的变

[①] 朱利安·斯图尔德：《文化变迁论》，谭卫华、罗康隆译，杨庭硕校译，贵州人民出版社，2013，第26页。

"插花地"：文化生态、地方建构与国家行政

动，在时空建构上与历史学家的关注存在极大的差异，因为文化的变迁，显然是一种长时段的社会现象，而历史学家关注的社会变迁则是一种短时段的现象。文化变迁涉及的空间范围极广，而历史事件所能影响到的范围则相对有限。如果不能够弥合时空架构上的差异，将研究聚焦于确凿可考的有限范围，人类学和历史学的对话，就很难相互重合。

有幸的是，某些特殊的地方由于所处的自然环境和生态背景与周边差异太大，而且极其稳定，以至于在这一基础上出现的插花地不仅在今天从自然与生态的角度可以获得直观上的感受，而且在历史典籍的记载中也很少中断。本书探讨的地湖这片跨省的插花地，就属于这种情况。因此，围绕这样的插花地展开研究，恰好可以做到人类学、历史学对话的有利条件，使历史学和人类学的研究得以相辅相成。基于此，本书的贡献具体体现在如下三个方面。

一是明确自然与生态系统是插花地得以形成的终极制约因素。因行政区划而派生出的插花地现象，虽说是纯粹意义上的社会问题，但是出现这样的社会现象，却不完全是行政力量所使然，而是相同或相似的特定自然与生态背景，在空间分布上不连片造成的后果。做出相应的行政区划时，为了照顾到自然与生态背景的一致，就会自然地出现插花地现象。

二是指出插花地是国家行政建置中的一种可行选择。国家进行行政区划，从主观意义上看，总是力求管理的方便，而管理的对象又是人，任何人都必然荷载着专属于自己的民族文化，同一种文化对相似的自然与生态背景，利用方法总会表现得趋同，这是因为他们具有相似的文化生态内核。如果文化在空间上的分布并不连片，而行政区划又要力求行政管理方便，那么听任插花地的存在，同样是一种选择。

三是确认插花地是多重因果关系综合作用的产物。插花地一旦

确立，当事的各方，如国家权力、地方行政机构、当事的各族群众，乃至于与此相关的各种组织，都有属于自己的利益诉求。这些不同的利益诉求交织在一起，必然会形成一个相互制衡的关系网，最终导致在不同的时间和空间，总有一些社会力量支持插花地的延续，同时又有相反的社会力量力图消除插花地的存在。共同作用的结果就会使插花地的存废成为多种社会力量的角逐场，它们共同支配着插花地的延续。

但需重点指出之处在于，上述各种要素发挥影响作用的时间和空间显然有所区别，自然和生态环境的作用力极为稳定，可能发挥作用的时间也极为漫长，民族文化则次之，而当事各方的利益诉求往往只在极短的时间内发生。从这样的角度出发，插花地的出现和存废，其原因和作用机制显然极其复杂，这正好是此前人类学和历史学在这样的问题上难以有效对话的原因所在，也是类似问题在历史人类学研究中长期被搁置的原因。笔者有幸能够碰上这样的研究选题，而且能够从"文化生态"这一基础出发，将历史与"文化生态"衔接起来，虽说带有偶然的成分，但由此而提出的思考，也许能够启发诸多类似的探讨，使历史人类学的研究更贴近文化的本质，更能揭示文化事项存在和演化的深层次原因。

具体而言，不管插花地的形成和延续是出于什么样的原因，作为一种普遍存在的历史积淀现象，它不仅与历史研究直接关联，同时也会对现实生活产生深远的影响。事实上，在我国当前的社会经济建设中，土地的产权纠纷、人群之间的文化认同、生产生活习惯差异引发的社会摩擦与碰撞，都是不容忽视的客观社会事实，而这样的社会事实，又不可避免地聚焦于插花地。就这意义上说，插花地的存在，是一个极为现实的社会问题，也是需要认真对待的社会问题。明白了这一点，那么从形成机制上去探明插花地的由来，自然能够为今天处理插花地问题，提供一套贴近历史和现实的思路与方法。这对化解当前的社会矛盾，协调区域的经济发展，构建和谐社会，显然可以起到一定的作用。因此，本书的讨论，表面上较多地关注了历史，但可资应用的范围却落到了当前的社会现实，与人类学的关注点一脉相承，与历史人类学的主旨相合拍。更何况对与插花地类似的问题的研究至今方兴未艾，作为一种尝试，笔者有充分的理由聊以自慰。

第一章 走进地湖：自然、生态与人文

第一节 行政区划上的"孤岛"

一 地理位置

地湖乡隶属于贵州省天柱县，是身陷于湖南会同县及靖州县境内的插花地。该乡位于天柱县城东南面，东经109°28′~109°35′、北纬26°44′~26°48′，直距县城40.5公里，公路里程54公里，距离远口镇19公里，距离会同县治则仅有26公里。周边与湖南会同县的地灵乡、广坪镇，靖州县的大堡子、坳上镇接壤，从而形成了一块被湖南"三镇一乡"严密包围的"插花地"，从行政归属来看，地湖乡犹如贵州省辖地切入湖南省会同县辖境中的"行政孤岛"。地湖总面积30.5平方公里。2014年之前，辖永光、永兴、江口、岩鼓、中河5个行政村，29个自然村，共54个村民小组。[①]2014年响应"并村"的号召，将原永兴、永光和江口3个行政村合并，取名为"地湖村"；将中河村并入岩鼓村，合称"岩鼓村"。因此，目前地湖乡只辖地湖和岩鼓2个行政村，是天柱县面积最小、村寨最少、人口最少的乡。

从目前的行政归属上来看，地湖乡属于贵州省天柱县管辖，而与地湖乡犬牙交错的新开村、团结村、罗家村、层溪村、蒋家

[①] 以上材料为2013年地湖乡官方公布的数据。2014年并村后，地湖只剩下2个行政村，即地湖村和岩鼓村，面积、人口、自然寨等数字均未变化。

"插花地"：文化生态、地方建构与国家行政

团等村寨则属于湖南省会同县管辖；从民族归属来讲，吴姓人群系苗族，而住在其"隔邻隔壁"的湖南蒋姓人则属于侗族，少数朱姓则系汉族，因此，从民族文化角度来看，地湖乡是被侗文化和汉文化包围着的"文化孤岛"。民族识别前的一段历史时期，只有贵州籍吴姓人群才被视为"苗子"（地湖其他民族对吴姓苗族的称呼），而隶属于湖南会同管辖的蒋姓、朱姓以及湖南籍吴姓人群都被认定为汉族。这就使得被视为"汉人"的吴姓人群很是困惑，他们怎么也想不明白，都是"共祖同宗"的吴姓人，只因自己属于湖南管辖，就与贵州籍的吴姓人群民族归属不一样了。地灵乡团结村的吴姓群众写的如下一首诗则是对当时情况的真实反映，"本祖葬在家门上，分居湘黔是一房。共祖同宗为后裔，唯独民族不一样。兄长为苗弟为汉，我地群众不好想。倘能还我本来族，党的恩情永不忘"。[①] 新中国成立后，随着民族识别工作的深入开展及民族政策的具体落实，至20世纪80年代，被视为汉族的湖南籍吴姓人群重新被认定为苗族，湖南籍蒋姓人群重新被确定为侗族。

笔者虽然在行文表述上是以地湖乡为自己的田野调查点，但实际上，却只将永光、永兴和江口3个村作为自己的核心调查区，而将中河和岩鼓两村作为辅助调查区，未做深入调查。原因在于：其一，岩鼓村和永光村、永兴村、江口村虽都是吴姓人群居住的地方，但据了解，岩鼓村与永光村、永兴村、江口村不是同一个"公"下的后裔。岩鼓村系世雄公下的后裔，而永兴、永光、江口与中河村则系世德公下的后裔。虽同为吴姓人群，但进入地湖的路径及其传说故事不尽相同，下文中所涉及的吴姓人群织造的"世德公地湖卖鱼"等故事与岩鼓吴姓

[①] 中国人民政治协商会议会同县委员会文史资料委员会、会同县民族事务委员会编《会同文史资料》，内部发行，1988，第20页。

第一章 走进地湖：自然、生态与人文

表1-1 2014年以前地湖乡各村民小组户数统计

行政村	村民小组	户数	行政村	村民小组	户数
	龙毛组	17户		社井冲组	12户
	桐油湾组	29户	江口村	内湾组	12户
	三管团组	22户		大树脚组	13户
	石桥组	15户		星子组	27户
	九登街组	20户		龙形组	22户
	月形组	15户		朱家组	23户
永光村	塘坎头组	12户	中河村	下河组	16户
	鱼坪组	10户		桥头组	15户
	甄内组	19户		中河组	18户
	甄外组	17户		中心组	28户
	岩板头组	16户		佑家组	21户
	桥冲组	20户		中兴组	20户
	山背湾组	16户		塘冲组	25户
	独坡组	24户		河边组	25户
	板栗山组	52户		马坪组	19户
	元界脚组	21户		新村组	16户
	李家团组	44户		元山组	16户
永兴村	新屋组	17户	岩鼓村	大坪组	15户
	罗家组	18户		和平组	15户
	老湾组	11户		塘基组	25户
	碾子背组	13户		岩鼓组	22户
	众塘组	24户		大桥组	27户
	竹山脚组	14户		山河组	20户
	江口组	21户		兴家组	23户
江口村	上湾组	18户		埂田组	31户
	桐木塝组	9户		傍山组	19户
	枇杷远组	12户		新田组	19户

注：2014年地湖未并村之前，共辖永光、永兴、江口、中河、岩鼓5个行政村，54个村民小组。其中，永光村辖13个村民小组，228户，1042人；永兴村辖9个村民小组，224户，950人；江口村辖8个村民小组，111户，559人；中河村辖7个村民小组，149户，622人；岩鼓村辖17个村民小组，358户，1564人。2014年地湖实施并村，将永光、永兴和江口3个村合并为地湖村，将中河村并入岩鼓村。

资料来源：据地湖乡计划生育委员会办公室统计整理而成。统计时间：2013年6月20日。

始祖进入该地的联系不大。加之岩鼓村居住着宋姓等外来姓氏的人口，其间虽有很多故事，但很难与永兴、永光和江口发生的故事联系在一起，因此，笔者未将其作为重点调查区域。中河村人口较少，面积也小，在经过几次调查访谈后，所能获取的材料与笔者重点调查的三个行政村大同小异，加之该村距离笔者田野调查住处的路程较远，故也没有将其作为重点调查区域。其二，永光、永兴和江口三村属于"飞地"。从地湖乡现在的行政区划图可以看出，上述三村隔绝会同县经界。若不将这三村作为重点调查对象，对地湖插花地的研究难免会挂一漏万。在综合这两方面因素的基础上，笔者决定将永光村、永兴村和江口村作为自己的重点调查对象，而岩鼓和中河二村则作为辅助调查区。

表1-2　2013年地湖乡各年龄段人口统计

单位：人

村名	总数	0～10岁	11～20岁	21～30岁	31～40岁	41～50岁	51～60岁	61～70岁	71～80岁	80岁以上
永光	1042	161	119	234	156	190	75	52	50	5
永兴	950	125	122	197	170	164	55	73	38	6
江口	559	90	71	122	87	90	45	34	13	7
中河	622	90	97	108	124	101	43	31	24	4
岩鼓	1564	210	191	390	220	244	140	103	49	17
合计	4737	676	600	1051	757	789	358	293	174	39

资料来源：据地湖乡计划生育委员会办公室统计整理而成。统计时间：2013年4月18日。

若想去地湖，现有3条公路可到达，第一，从会同县出发，沿着林城镇318省道向西南方向行走，至广坪加油站时，沿着左边的233乡级公路行驶至208乡道交界处，即会同县地灵乡治所在地附近，再从车身前进方向的右边转向友谊路，3公里后即可到达地湖

第一章　走进地湖：自然、生态与人文

乡治。第二，若从靖州县出发，走的线路则是靖州至锦屏方向的074县道，当车行驶至坳上镇时，再往前走约3公里，右边有一个分岔口，沿着这条分岔路走约7公里后，到达地灵乡政府所在地，再直走约3公里后，可到达地湖乡治。第三，若想从天柱县治到达地湖的话，沿着840县道行驶，抵达远口镇治时，则需要走会同方向，其间会途经天柱县远洞村、黄田村等村寨，车过大拱桥村附近后，就进入湖南境内，再穿越这段路程，沿着318省道行驶至大湾村，就会看到车身右边有一条乡级公路延伸至远方，这条路就是前往地湖的必经之路。进入该路段后，若车上安装有导航系统的话，就会听到提示，您已进入湖南省某某段；之后又会提醒，您已进入贵州省天柱县地湖乡某某村；之后会再次提醒，您已进入湖南省会同县地灵乡某某村；之后又会再次提醒，您已进入贵州省天柱县地湖乡某某村。当听到这一系列的提示时，千万不要怀疑自己的车载导航系统出现故障致使其"胡言乱语"，这实则是对地湖乡插花地行政疆界"孤岛"特性的一个真实写照。从这一基本情况来看，地湖乡完全身陷湖南省会同县及靖州县辖境的包围中，从而可以算是贵州省天柱县被湖南省会同县及靖州县包围着的"行政孤岛"。

　　走在地湖街上，若从乡政府所在地出发，沿着湖南地灵乡方向走去，就会反复在湘黔两省之间的辖地交错穿插，甚至你一只脚已进入湖南，而另一只脚还在贵州，再往前走几步，又回到贵州了。随便去附近的寨子溜达溜达，就会发现，前面一家是贵州省居民的住房，而其左边、右边、后边竟然全是湖南省居民的住房，贵州籍居民和湖南籍居民住房完全交错在一起，若不看房子的门牌号，或没有当地人指引，完全分辨不出哪些是湖南民居，哪些又是贵州民居。更有甚者，同一栋房子的左边是贵州籍吴姓居民的住房，而右边则是湖南籍蒋姓居民的住所。乡政府干部开玩笑说："他们上班在贵州，但上厕所却在湖南。"这句话并非说地湖乡政府办公楼与其厕所距离有多远，而是指两者之间距离虽只相差5米，但厕所却建在湖南省的辖境内。从这句玩笑中不难看出，地湖乡辖地与湖南省辖地之间土地、山林、房屋、道路乃至其他设施相互交错混杂的情况有多么严重和复杂。坐在甄家墓村边的风雨桥上，若问当地人，周边的田地哪些是湖南的，哪些是贵州的，即使是一辈子都生活在此地的当地人也不能完全分辨清楚，山林田土之间没有依照山川形便进行划界，而是相互交错混杂在一起。因此，从行政疆界角度看，地湖乡完全是被湖南辖地包裹其中的"行政孤岛"。

图1-1 街左街右分隶湘、黔两省的地湖街

刚进入田野调查时，笔者被上述情形弄糊涂了。还曾一度担心自己手机办理的是贵州卡，因搞不清哪里属于湖南，一不小心在该地区拨打或接听个电话，那岂不是要收取漫游费了？不过在咨询了地湖移动营业厅老板吴Y.W.后，此担心才被解除。吴兄说，鉴于地湖插花现象严重，随时会在湘黔两省的地盘上穿梭，加之两省的房屋、田土、山林等相互穿插现象严重，若完全按照行政区划实施收费的话，将会给当地的老百姓带来极大的不便。基于这一点，2003年天柱县与会同县移动公司经过沟通探讨，将此地作为免漫

第一章　走进地湖：自然、生态与人文

游特区。在地湖境内，无论是用贵州号拨打湖南电话，还是用湖南号拨打贵州电话，都免收漫游费。

图1-2　湘、黔两省粮田犬牙交错

二　邻家是外省人：村落格局

历史时期以来，因田土、房屋地基等自由买卖盛行，加之陪嫁、过继等原因，地湖境内山林田土相互交错，很难划清哪里是湖南的，哪里是贵州的。而且地湖乡的几个村民小组中都出现贵州人与湖南人杂居的情况，形成了"房前屋后两兄弟分属两省，上坎下田两父子分属两省"的格局，甚至出现一幢房子左边是湖南人住、右边是贵州人住的局面。

据笔者为期一年的田野调查得知，地湖片区①的村落类型大致

---

① 本文中若使用"地湖"一词，指的是笔者调查的3个村落，即天柱县地湖乡永光村、永兴村和江口村；若使用"地湖片区"一词，指的则是包括永光村、永兴村和江口村，以及与上述三村犬牙交错、杂居在一起的现隶属于湖南会同县地灵乡行政管辖下各村落的总称。

"插花地":文化生态、地方建构与国家行政

可以分为三大类:第一类是纯贵州籍吴姓人居住的村落;第二类是贵州籍吴姓和湖南籍蒋姓杂居共住的村落;第三类是既有贵州籍吴姓,又有湖南籍吴姓杂居的村落。为具体呈现地湖片区村落格局的情况,笔者选取甄家墓、三管团、桥冲、桐木埫等几个特殊的村寨为个案,分别说明。

第一种类型在地湖比较常见,这些村寨村民往往基于血缘、地缘或姻亲关系聚族而居。居住在一个寨子的人往往是同一房族下的后裔,如永光村岩板头寨、永兴村板栗山寨等。

第二种类型的村落,以甄家墓最为典型。据田野调查得知,相传,甄家墓原本是甄姓人居住的地方,因整个寨子的地形酷似一块"磨盘",因此被称为甄家磨。历史时期以来,居住在周边的吴姓人群和蒋姓人群不断从甄姓人手里购买田土、房屋地基,加上甄姓人繁衍较慢以及战争等原因,导致甄姓人越来越少。甄姓人认为他们在该地气数已尽,于是就搬去现会同县广坪镇羊角坪甄家居住了。后来不知何时,将该村的名字由甄家磨改为甄家墓了。

图1-3 甄家墓湘、黔两省"友谊桥"

第一章 走进地湖：自然、生态与人文

据现居住在该处的湖南省会同县地灵乡团结村村支书蒋 K. L. 介绍，甄家墓现居住着吴、蒋两姓人群，其中蒋姓人群属于湖南省会同县地灵乡团结村管辖，而吴姓人群则属于贵州省天柱县地湖乡永光村管辖。他担任团结村村支书一职已有 20 多年了，对该村居住有多少户蒋姓及其人口了如指掌。在访谈过程中，他悉数数来："我家一家四口，蒋 Q. T. 一家三口，蒋 K. G. 一家四口，蒋 K. Q. 一家四口，蒋 Q. Z. 一家十口，蒋 Q. S. 一家两口，蒋 K. D. 一家三口，蒋 K. H. 一家六口，蒋 K. Y. 一家五口，蒋 K. C. 一家五口，蒋 Q. C. 一家四口。共 11 户，50 口人属于湖南籍。"至于该村具体住着哪些贵州籍吴姓人群，蒋书记虽一直居住在该村，竟也不能一一数出，只能给出大概 80 人的数字。之后，笔者到乡政府查阅资料后得知，甄家墓村的吴姓人分为"甄内"和"甄外"两个组，其中甄内组 19 户，甄外组 17 户，都系吴姓人。

为进一步了解甄家墓"房前坎后两家人分属两省"的情况。笔者曾多次访谈了蒋书记，并到该村进行了实地查勘。据蒋书记介绍，甄家墓隔邻隔壁分属两省的情况非常普遍。以他家为例，他家属于湖南（图 1-4 右侧人家），而他的邻居吴 Y. T. 家却属于贵州（图 1-4 左侧人家），中间也就间隔一条 40 厘米宽的小排水沟而已，房子上的屋檐瓦片完全连在一起。类似这种情况，在甄家墓村比比皆是。

更有意思的是，20 世纪 80 年代时，该村还有一栋房子左边为湖南蒋姓人住，右边为贵州吴姓人住。在蒋书记的带领下，笔者亲自到这栋房子察看。因这栋房子的主人都已外出打工，未能听到房主亲自解释这一情况的产生，最后也就只能仰仗于蒋书记的回忆了。据蒋书记介绍，民国时期，这栋房子只有蒋 G. C. 一家人居住。由于蒋 G. C. 家庭困难，难以维系，为了生活，就将该栋房子三间中的右边一间半卖给吴 Z. X.，吴 Z. X. 一家就住进

"插花地"：文化生态、地方建构与国家行政

图1-4 房前坎后两家人分属两省

该栋房子的右边，蒋G.C.则住在房子的左边。蒋G.C.没有儿子，在传统汉文化"不孝有三，无后为大"思想观念的影响下，将其房族的蒋H.G.过继为自己的儿子。在蒋G.C.去世后，蒋H.G.继承了左边一间半房子的产权，居住在该栋房子的左边。这种"同住一房，分属两省"的情形一直持续到20世纪80年代。80年代后，由于同住该房子的蒋姓和吴姓人口繁衍较快，该栋房子已无法满足所有人居住了，于是，蒋H.G.提议用几块菜园加现金换取吴Z.X.的一间半房子。吴Z.X.则另立新房，两家也就分开了。

至于为何会形成这样的局面，笔者也访问了很多人，答案比较集中的是，"我们祖先是通过买土地、房屋地基才得以在甄家墓居住的"。另据蒋Q.Z.介绍："甄家墓原是甄姓人居住的地方，后面由于蒋、吴两姓人口繁衍较快，且勤劳肯干，吃苦耐劳，势力发展较大，由于原有土地面积少，因此纷纷从甄家人手里购田买地，最后导致甄家人手里的田地面积减少，加之甄姓人口繁衍速度缓慢，自认为气数已尽，于是干脆搬迁至外地谋生。至于甄姓人具体在何时搬往何地，我们也说不清、道不明，我们也是从我们先辈那里听到这样的故事的。"

上述谈话的真实性我们不得而知，但从故事的背后，可以深究甄家墓村落现有格局形成的原因。笔者认为，历史时期以来，因山林田土、房屋地基等自由买卖，加之地湖地处湘黔交界之地，湖南、贵州山林田土、房屋地基等相互买卖现象比较多，田土流进和流出也就比较普遍，从而形成了如今既有属湖南籍蒋姓人居住，又有属贵州籍吴姓人居住的村落。

图1-5 横跨湘、黔两省的岜溪口"鸳鸯桥"

第二种类型是贵州籍吴姓和湖南籍吴姓杂居的村落。笔者将这种类型的村落称为"同公不同籍"村落。即同样是吴姓人，且都是同一个公位下的后裔，但因社会历史原因，一部分吴姓人被划归湖南，而另一部分人则继续坚守贵州籍的传统。三管团、桥冲和桐木塝为这种类型的典型代表。

"插花地"：文化生态、地方建构与国家行政

第二节 坝区中的"丘陵"：自然地理上的"孤岛"

除了从行政归属上看，地湖乡犹如一片行政管辖的"孤岛"外，其自然地理结构同样可以理解为一座坝区中的丘陵"孤岛"。在会同县广坪镇加油站问去地湖的路怎么走，老乡会指着远处的一片山区，明确地告诉你那就是地湖。地湖所处的位置和周边的平坝区相比，犹如一片坝区中凸起了山区。查阅天柱县地湖乡人民政府党政办相关资料得知，地湖乡境内最高处为秀灵山，海拔690.7米，最低处是江口村，海拔285米。整个地湖乡的平均海拔比周边平坝地区的海拔高。加之，在地湖境内，溪流纵横，地表崎岖不平，与周边的坝区比较，犹如两重天。当地气象资料显示，地湖乡的平均温度要比坝区低几度，雨量也比周围的坝区多几百毫米，常年达到 1000~1300 毫米，气候显得更湿润。不管是地质地貌还是气候都具有低山丘陵特征。作为山地，地湖乡还有一个突出的水文特点，那就是没有任何境外的大河流经此地，该乡的溪流都是发源于本乡而流向坝区。加上山高坡陡，从地湖乡流出的溪流流程短、水流急，从地湖流出的溪流最终都在江口村村口汇聚，并最终流向会同境内的坝区。就这个意义上，地湖乡实际上是周围坝区的一个水塔。不论从自然结构的任何一个角度看，地湖乡与周边坝区存在明显的差异。将其作为一个特殊的行政区去对待，显然有其自然地理结构的特征在其中发挥潜在的作用。

解读地湖乡地名的由来，还可从该乡乡民的语意分析，同样可以发现这里确实是一个自然地理结构上的"孤岛"。在历史上，地湖这一名称经历了多次变更。在文献典籍中，一般将其称为"地湖"，但在田野调查中，当地乡民告诉笔者，该地正确的名称应该叫"地壶"。但奇怪的是，1953年建"岩鼓乡"，因此该乡曾一度

被称为"岩鼓乡"而非"地湖乡"。从汉语语意结构看,这三个名称在语意上完全不相关联,很难想象这三个名称是指同一个地点。然而,当地乡民对"地湖"名称的由来进行了如下的解释。他们认为整个地湖乡从远处眺望,犹如一把酒壶,因而将该地称为"地壶",但这样的命名方式显然与汉语的语法相左。在汉语的语法结构中,修饰词要置于中心词之前,如果真是因地形或地貌像酒壶而得名,那么就应该叫"壶山"或"壶地",而不可能叫"地壶"。不过老乡的这一解释倒是给了笔者一个很好的提示,因为如果从当地苗语的语法出发,就不难发现,其中心词与修饰词位置恰好与汉语相反,修饰词置于中心词之后,因而将壶形的山地称为"地壶",恰好符合当地苗语的语法结构。

图 1-6 地湖得名的那坵"壶形田"

不过,相关文献资料记载,宋时当地苗族的生活习惯不是用酒壶饮酒,而是用大碗喝酒,宋人陆游撰写的《老学庵笔记》就有类似的记载:"辰、沅、靖州蛮……贮缸酒于树阴,饥不复食,惟

"插花地": 文化生态、地方建构与国家行政

就缸取酒恣饮。"① 可见用碗喝酒在苗族地区由来已久，而且至今依然。因此，以酒壶去命名他们自己所居住的地方，在逻辑上也很难讲通。足见，"地壶"一名中的"壶"显然不是指代酒壶。加之，该乡还可以写成"地湖"，"湖"与"壶"在汉语中读音相近，但含义却不同。乡民们也反复申明，他们这个乡境内完全没有湖泊存在，之所以写成"地湖"，完全是为了显得典雅。这样的解释同样不足为凭，但给了笔者很好的提示，此处的"湖"或"壶"，显然是出自苗语的音译，而不是出自汉语的语汇。

咨询了懂苗语的专家后得知，"湖"这一读音在苗语中的语意是砍伐大树后，残留在地下的树桩，含义接近于汉语的"根"或"本"。至于这个名称中的"地"字，也是苗语中习见的地名专用词，其读音接近于 da 或 de，这个词在苗语中专门作地名的中心词使用。直到今天，在苗族分布区中还有打郎、打榜、打梁这样的地名存在就可以佐证。但写成"打"字在汉语中不容易理解，而写成"地"字就容易被汉人理解了，因而，此处的"地"可能是用汉语的近音字翻译的结果。考虑到地湖的所在地是一片丘陵山区，从远处看是一片拔地而起突兀的山地，外形酷似一根巨大的树桩，称之为"地湖"，从苗族的语意出发，恰好合情合理。因此，从这样的语意出发，我们也可以看到地湖从自然地理角度看确实是坝区中的山地"孤岛"。

地湖乡此前又被称为"岩鼓"，其语源也同样一脉相承，"岩"意思是一座巨大的石山。称为"鼓"，是指其外形像一面巨大的鼓，"岩鼓"一词的结构同样遵循苗族语法的习惯将中心词至于修饰词后，因而"岩鼓"的语意是指该乡像一个鼓形的石山区。对比"地湖"和"岩鼓"的含义后不难发现，地湖乃是用苗语称呼当地的音译，而"岩鼓"则是对当地苗语地名的意译。总而言之，

---

① 陆游:《老学庵笔记》卷4，李剑雄、刘德权点校，中华书局，1997，第45页。

该乡在历史上曾使用的3个地名,从汉语的视角看,根本弄不清其含义,但从苗语的视角看,这三者之间却存在严密的内在语意联系。这样去理解不仅弄清了该乡得名的依据,更主要的还在于该乡的自然地理特征是一片孤悬在坝区周边的低山丘陵,证实了它是名副其实自然地理结构中的"孤岛"。

第三节　湿地中的"山地":生态系统上的"孤岛"

要想系统地讨论地湖乡生态系统的变迁,在今天客观存在三重困难。其一,在漫长的历史岁月中,当地苗族居民在其文化的规约下,会有计划地对当地所处的自然和生态系统进行有目的的加工和改造,以至于今天所见到的生态景观与原生的生态景观存在很大的区别。其二,整个周边的大环境随着社会经济的发展和人口的密集定居,也会发生明显的改变,从而影响地湖乡的生态结构。即令不是有意识的人为加工,也会发生一些不容忽视的变迁,比如某些物种会绝迹,物种与物种之间的制衡关系被打乱重组。其三,人类在活动过程中还会从外地引进当地没有的物种,这些外来物种会在当地成为优势物种,从而使地湖乡整个生态结构大大偏离其原有的生态景观。这些问题都是我们在讨论地湖生态结构时必须加以应对的难题。但需要指出的是,不同民族的文化,是一种长时段的社会历史因素,各个民族的文化都存在不容相混的内在逻辑关系。只要遵循文化的逻辑结构,对改变后的生态结构展开综合性的讨论,那么哪些是人为加入的要素,哪些是原生生态系统的固有结构也就不难加以区分了。加之,不同民族对生态系统所做的加工和改造又是并行延续的,以至于不同民族虽对所处的生态结构进行了加工和改造,但长期积累后的生态后果,依然会呈现民族文化的差异。而且这样的差异,又与当地的自然地理结构存在十分密切的关联,因而长期积累后的加工改造

"插花地"：文化生态、地方建构与国家行政

后果依然会表现出明显的文化差异。表现为，民族文化与所处的自然与生态系统的相互渗透和融合。仔细把握相关民族和生态系统相互渗透和融合的事实，那么整个生态系统的递变轨迹依然可以做到基本复原。

经过生态学家的系统研究，学界一致公认，温暖潮湿的低海拔低纬度近海区段，在未受到人类严重干预之前，凡属山区，一般都会发育成常绿阔叶林生态系统；而处在洪泛带的平原坝区，一般都会发育成亚热带湿地生态系统。根据这一结论不难推测，在未受到人类社会冲击之前，地湖乡所在的山区恰好符合上述条件，因而在远古时代这里的生态系统应当以常绿阔叶林为主，只有那些海拔较高、土层较薄的山脊地段，才会长出落叶阔叶树来，并与零星的草地形成疏松草地相间的生态系统。至于围绕地湖丘陵山区的平原坝区，在未受到人类严重干预之前，由于地下水位较高，每年都可能会遭受洪水淹没，因而除了如柳树这样的耐湿植物之外，其他高大乔木在坝区很难生长。乔木的根系会因为水淹而窒息死亡，因而在通常情况下，坝区的主要生物物种是一些湿生的草本植物，整个生态系统表现为连片分布的湿生草本植物群落。换句话说，在人类未干预前的远古时代，地湖乡与周边的坝区本身就存在生态结构上的差异，地湖乡所在地的生态系统可以总称为亚热带常绿阔叶林生态系统，而周边的坝区则是亚热带季风区的湿地生态系统。

在亚热带常绿阔叶林生态系统中，占据优势的树种大致属于樟科、木兰科、山茶科、木犀科，[①] 代表树种有樟树、桂树、柑橘树等等，而各种楠木和榕树则是标示性的植物。除了高大乔木外，这样的生态系统中，还有大量的藤蔓植物靠缠绕高大乔木而生，地表生长的则是极为耐阴的草本植物、蕨类植物和苔藓植物。在这样的生态系统中，大型食草动物不多，却是各种小型杂食动物的天堂，

---

① 蔡晓明编著《生态系统生态学》，科学出版社，2000，第247页。

各种猴子、鹿科动物以及野猪是当地标示性的哺乳动物，还包括各种鸟类和昆虫。只有在森林的边缘地带，或者是山脊的疏松草地中，才会遇到大型的食肉动物，如虎、豹子等，以及雉科的鸟类，如野鸡、锦鸡等。

坝区的生态结构则与此不同，由于这样的区段经常被水淹，因而高大乔木很难顺利地生长，在季节性的水淹带，代表性的植物是禾本科的芦苇和各种竹类，常年浅水区主要生长着莎草科等植物，在深水区则是莲藕、菖蒲一类的挺水植物或浮水植物。由于这一区段食草资源丰富，地势平息，大型的食草动物可在这里生活，如水牛、麋鹿。在旱季，这些动物又成为老虎等大型食肉动物的猎食对象。常年的水淹区则是各种水生动物的天堂，鱼类、龟鳖、虾子都是当地代表性的动物，到了冬季则成为野鸭、大雁、苍鹭等动物的越冬地。

总之，即令是在原始状态下，地湖乡与周边的坝区本身就存在极为鲜明的差异，两地分属不同的生态系统。在其后的历史岁月中，两地虽经过了人类的加工改造，但因自然结构的本地特征，所涉及的物质和能量的规模极大，人类没有能力彻底改造，因而即令经过人类的改造两地依然会表现出根本性的差异，从生态结构角度看，地湖乡依然是一个生态系统中的"孤岛"。

对生态与民族文化之间的互动制衡关系缺乏系统把握，使人很容易陷入一种认识上的误区，这就是，既然维系民族文化的社会合力能对所处的自然生态系统进行加工和改造，那么经过长时间的积累后，地球表面千姿百态的生态系统按理会变得相似或趋同。这样一来，准确地认识不同民族生息地生态系统的原生形态似乎价值就不大了。然而，问题的症结在于，人类对所处生态系统的改造显然必须付出沉重的代价，这样的代价不仅给远古时代的人们造成巨大的障碍，即使到了今天，这样的障碍人类还不能完全摆脱。关于这一点，做过细的分析讨论完全没有必要，因为摆在我们面前的事实

"插花地":文化生态、地方建构与国家行政

就足以说明问题了。地湖乡的低山丘陵显然不能靠人力铲平,周边的坝区也不能靠人力堆积成山。这才导致我们今天能看到的景观山区是山区,平坝是平坝,泾渭分明。原来任何一个民族对所处的生态系统进行加工和改造时,都会自然遵循最小改动原则。按照这一原则,将平坦的湿地生态系统改为连片的稻田,不仅投入小,而且收到的成效很大。对低山丘陵而言,将其加工改造成用材林基地或经济林基地同样可以做到投工投劳少,而成效巨大。相反,强行在山顶开辟稻田,不是不可能,只是投工投劳多,而且成效小;要在湿地生态系统建构连片的森林,同是事倍功半的。正是因为遵循最小改动原则,所以侗族居民一般都会滨水而居,主要仰仗水稻的种植为生,而山区的苗族居民则会很自然地靠山吃山,即使要种植粮食,也往往选择旱生作物,而不会全面种植水生作物。可见,不同民族凭借其文化去改造自然绝不是无原则地背离自然生态系统,而是顺应自然、利用自然。

早在2000多年前,《史记》中对侗族先民古越人的生计方式就有准确的记载,《史记·货殖列传》载:"楚越之地,地广人希,饭稻羹鱼,或火耕而水耨。"[1]该书将侗族先民的生计方式归纳为"饭稻羹鱼",其含义是说他们都种植水稻做饭吃,在水中打鱼做鱼汤喝。书中还将他们的水稻种植方式概括为"火耕水耨",其具体做法是,在初春时用火将地表的杂草连同牲畜的粪便一同焚烧,但不翻动土地,洪水来临时,就引水将耕地淹没,然后种植水稻,则草死而苗无损也,田中的杂草会被水淹死,而稻子则可以顺利地生长。此书的原始记载,仅止于在放水的同时将鱼类放入田中,在收割水稻时也可以一同收获鱼虾。此后《隋书》对这一生计方式还进行了补充说明,《隋书·地理志下》载:"江南之俗,火耕水耨,食鱼与稻,以渔猎为业,虽无蓄积之资,然而

---

[1] 《史记》卷129《货殖列传》,中华书局,2006,第754页。

第一章　走进地湖：自然、生态与人文

亦无饥馁。"① 从这一记载可以看出，侗族先民，除了稻和鱼外，还以采猎野生动植物为食，这些古越人虽因食物的储存不便致使财富不能大规模积累而鲜有极其富裕的人出现，但也不会因粮食短缺而挨饿。

今天我们看到的侗族生计方式，显然是从上述资源利用方式演化而来的，其中技术的进步所带来的变化主要体现在三个方面：其一，农田彻底固定，每片耕地可以做到年复一年地连续耕种；其二，耕地面积由于水利技术的提高而得到飞速的拓展，原先不稳定的河滩地通过河流的改道而形成连片稻田；其三，原先农田中的鱼和其他水产靠流水自然带入，而今天侗族稻鱼鸭生计方式则完全靠人工去完成。水稻靠人工插秧而成，鱼要人工繁殖后放养，鸭子要人工放养，以免鸭群害水稻。尽管这样的方式使水稻和鱼的产量都有所提高，但无论它们如何改造稻田，只是由人工建构的稻田生态系统置换了纯天然的湿地生态系统，改造前后都属于湿地生态系统却是不变的事实。可见，从古越人到如今的侗族虽经历了数千年，但它们对所处自然生态系统的改造却是有限的，遵循最小改变原则，这才使得侗族的文化做到投入小而收益大。

苗族是一个典型的山地丛林民族，按照靠山吃山的信条，他们的古代传统生计同样要遵循最小改变原则。对山地茂密的常绿阔叶林生态系统而言，要把参天大树全部砍伐而开辟成农田，必然要投入很大的人力和物力，即使砍伐后，这些乔木也会再生。因而苗族先民在其生活方式上起初就与侗族形成了很大的差异，要做到投工少而收益大，他们在建造农田时，绝不会对茂密的森林开刀，而是对山地的疏松草地进行改造。由于山脊地段土层薄，植物稀疏，无论是砍伐还是焚烧，都简便易行，因而他们的农耕方式是所谓的刀耕火种。也就是将地表的植物砍伐晾干后用火焚烧，撒播各种旱生

---

① 《隋书》卷31《地理志下》，中华书局，1973，第886页。

"插花地"：文化生态、地方建构与国家行政

作物，如小米、荞麦、燕麦等。由于经过刀砍和火焚后，杂草的生长受到了抑制，旱生作物同样可以得到高产。此外，森林中的各种块根类的粮食作物也是他们采食的对象，如芋头、山芋等。在这样的茂密森林中，他们不强行开辟农田同样是明智的选择，因为只有这样做，才能做到最小改变原则。苗族实施刀耕火种为时久远，事实上直到明清时代各地苗族依然延续刀耕火种的传统。具体到地湖乡而言，苗民开始较多地种植水稻，则是明清两代政策推行的结果，而不是他们的意愿，这是因为在陡峭的山区开辟稻田要付出很大的劳力，水源没有保障，在山区种植水稻其实是得不偿失的做法。仅仅是因为政策将稻米确认为税收的计量对象，为了完纳赋税，他们才不得不种植水稻。

目前，地湖乡和周边的生态系统差异除了受主种作物推广种植造成的影响外，明清两代清水江繁荣的木材贸易和生产所造成的影响也不容低估。

宋人朱辅的《溪蛮丛笑》"独木船"条载："蛮地多楠。有极大者，刳以为船。"[1] 从这一记载中可知，包括清水江流域在内的广大"五溪"地区，在古代盛产楠木。由于楠木材质优越，明清两代的宫殿建筑都要采用这种优质木材。不过楠木的生长期很长，人工培育很不容易，光采集楠木不能满足建材的大规模需要，于是在内地建筑木材日趋匮乏的时候，通过人工手段大规模引种松、杉等针叶树就变得有利可图了。然而要做到这一点，需要克服众多的技术性障碍。

地湖乡生产的高大乔木都属于常绿阔叶林，都能够分泌芳香物质，能有效地防范害虫的侵害和病菌的入侵，这样的树木很少被病虫祸害，因而可以成为最优质的木材。松、杉等常绿针叶树则不然，这些植物的原生地都是在高海拔、纬度较高的地区，如果将它

---

[1] 符太浩：《溪蛮丛笑研究》，贵州民族出版社，2003，第175页。

们移栽到温暖湿润的低海拔地区，它们不具有抗病抗虫的特性，即使栽种成功也容易生病，因而要实现在温暖潮湿地段的规模种植，当地的居民都需采取一定的技术手段，才能培育连片的杉树林和松树林。这些技术包括用火焚列山，多物种混合种植等，整个黔东南杉树用材林的繁荣绝不是自然环境使然，而是由于侗族和苗族乡民一系列的技术创新才取得的成就。这些成就的推广事实上大大改变了当地生态系统的结构，在今天的地湖乡，已经很少看到楠木、桂树和樟木了，它们并不是自然绝种，而是苗族和侗族乡民人为砍伐的结果，砍伐这些树木同样是一种技术操作，因为这些常绿阔叶树会分泌对杉树和松树有害的物质。与此同时，这些乡民还需要将松树和杉树的伴生物种一并引种到低海拔地区，才能确保杉树和松树可以连片种植。森林结构的变化过程，尽管变动幅度大，但究其事实，它们依然是遵循最小改变原则，只是从一种森林生态系统改变为另一种森林生态系统而已，而不是摧毁森林生态系统。

地湖乡进入清代以后，其森林生态系统又发生了另一形态上的改变，其原因与外部市场经济的转型直接相关。为了对建材防腐，桐油这种涂料作物具有极其重要的价值，进入清代以后，桐油价格持续上涨，以至于在潮湿温暖的地带种植桐油比种植建材更容易获利。于是，不仅天柱县境内的林区，就连地湖乡这样的林区也开始大量种植桐油树，其结果使得该乡的森林生态系统又再次发生改变。除了桐油外，油茶这种能提供食用油的经济作物也能获得较高的经济价值，差异仅在于油茶树是常绿阔叶树，它是地湖乡当地的土著物种，它与桐油为外来物种有所不同。地湖乡乡民对上述两种作物的特性了然于心，他们知道，油茶树很少生病，而油桐树则不然，如不与其他树种混种，就容易生病而枯死，因而要培育桐油树，就需要与多种树种配种，其结籽期可延长 3~5 倍。[①] 从这样

---

① 据地湖乡永兴村村民吴 Z. B. 口述。

的本土生态知识出发,当地苗族乡民改造生态系统不是有意为之,而同样是遵循最小改动原则。

粮食作物的结构也发生了很大的改变。对于侗族坝区而言,原先习惯于种糯米,其后在政策的引导下,改种籼米,近年来又改种杂交稻。田中所放养的鱼也发生了变化,早年是购买河中的天然鱼苗进行放养,其后改用人工繁殖的鱼苗放养,但不管怎么改变,以稻田为根基的湿地生态系统依然延续到今天。对地湖乡的山区而言,粮食作物的品种也发生了改变,除了早年种植的旱生粮食作物外,国外传来的番薯、马铃薯也在此进行了种植,这些作物的引进不仅改变了粮食作物的结构,而且还使那些原先不能实施刀耕火种的森林也可以种植这些作物,从而导致森林面积的缩小。

尽管坝区和山区生态系统都发生了改变,而且每一项变化都有各不相同的原因,但不管是苗族还是侗族,都遵循最小改变原则,使得地湖乡的森林覆盖率达到75%,且仍然是以森林生态系统为主的林区;而随着稻田的日益开辟,坝区的森林面积已经明显萎缩了,同样是人为湿地生态区。

综上所述,原有生态结构和人为加工改造后的生态结构从终极意义上说,都明显地表现为一定程度的相似性,各民族所做出的加工和改造,其实并不能改变其生态属性。正因为如此,所以不仅在历史上,就是在今天,从生态系统的角度看,地湖乡所在地依然是一个生态"孤岛",一片被包围在湿地生态系统中的山地丛林。

第四节 侗文化背景中的"苗区":民族文化上的"孤岛"

过去所编写的民族志在描述跨文化的民族分布时,习惯于使用"杂居"一词,然而纵观这些民族志后却不难发现对"杂居"一词的使用,其语意十分含混,若不加以澄清,很难准确把握民族分布

第一章 走进地湖：自然、生态与人文

的实情。通常情况下，前人总是将一个随意选定的区域作为描述的对象，有时是一个县，有时是一片山区，甚至是一整条河的流域。在一个县内，甚至在一个辽阔的地域内，只要生息着多个少数民族，都不加区别地一概称为民族杂居。但实情却远非如此，事实上，在一个有限的区域内，比如一个村庄内，往往只有一个民族分布，并不存在杂居现象。但凡有几个民族共同生息的地段大都属于特殊的区段，如交通要冲、地缘中心等。于是，部分学者不得不对"杂居"一词进行了进一步的修订，将这一情况称为"大杂居、小聚居"。但不管如何修订，对地湖乡的民族分布而言，无论是"杂居"还是"大杂居、小聚居"，都难以切中实情。调查结果表明，整个地湖乡的 5 个行政村中，其主体居民为苗族，其村民中即使存在其他民族成员，一般都不属于世居稳定居民，有的是来自婚姻的配偶，有的则是来自经营耕地的需要，甚至是避祸而来。因而地湖乡实质上是一个真正意义上的苗族聚居区。不过只要一走出地湖乡的管辖范围，情况就会为之一变。从地湖乡出发，一旦进入坝区，就很难碰到苗族居民了，而只能与侗族成员打交道，对此只能将地湖乡准确地称为侗族文化背景中的苗族文化"孤岛"，而不能泛泛地说苗侗杂居。

对地湖乡而言，尽管四邻皆为侗族，但与其遥遥相对的天柱县远口镇各乡却和自己一样，是连片范围更广的苗族聚居带，而且其居民与地湖乡居民不仅都属于苗族，甚至连宗族组织都一脉相承，文化的同质性极高。因而，从天柱远口镇方面着眼，地湖乡的民族结构同样是一个被其他文化分割开来的"孤岛"，远口才是苗族文化的大本营。这正是地湖居民在民族认同时毫不犹豫地认同远口方面居民的理由所在。据此，我们可以说，地湖乡是四重意义上的"孤岛"。从行政视角看，它是一片行政"孤岛"；从自然地理结构看，它是一片山地"孤岛"；从生态结构看，它是亚热带常绿阔叶林"孤岛"；从民族成分看，它是侗文化包围圈内的苗文化"孤岛"。只有将

"插花地"：文化生态、地方建构与国家行政

四重"孤岛"属性综合起来，才足以表达地湖乡民族文化分布的基本面貌。这进一步表明泛泛地称其为民族杂居，并不足以揭示民族分布的实情。但如果从文化"孤岛"这一认识出发，展开进一步的说明，那么地湖乡民族分布的特异性也就变得明白易晓。

众所周知，侗族是一个滨水的坝区农耕民族，[①] 其生息地的标志景观必然是河流纵横的平原湿地，经过人工改造后必然成为连片的稻田。进一步的考察还会注意到，因为在云贵高原的东南边缘，地貌分布本身具有破碎性，因而山区的宽谷平地，也就是当地人俗称的坝子，在实际分布中会呈现一定程度的可变性，各坝子的海拔高度从100多米到800米不等，坝子的面积大则良田超过万亩，小则良田仅数十亩而已。地面的平缓程度也会呈现一定的差异，有的坝子所有稻田的相对高差不超过5米，有的坝子则可能相差数十米。然而在云贵高原的东南缘，侗族生息的坝子不管存在什么样的差异，坝子与坝子之间的山地林区肯定有苗族分布。将这样的格局称为杂居，从行政区划而言，一般不成问题，但从两个民族着生的自然与生态结构而言，这两个民族生息的自然与生态系统从不相混，泾渭分明，根本无法称之为杂居。

地湖乡也面临同样的事实，整个地湖乡的辖地全是崎岖不平的山区，全是茂密的亚热带丛林区，这与侗族生息的坝区从景观上看截然不同。在整个地湖乡，要找到一大片连片的农田区，不是很容易的事情，但一走出地湖乡，连片的稻田所在皆是，这种景观上的标志效果同样可以凸显地湖苗族生息地的"孤岛"性质。在这样的背景下，世代生息的苗族居民其民族文化与周边的侗族产生很大的差异，其实是一件十分自然的事情。这里仅以语言、社会组织、宗族关系、技术技能、生计方式为线索去揭示地湖乡的苗族文化

---

① 罗康隆：《侗族传统人工营林业的社会组织运行分析》，《贵州民族研究》2001年第2期，第100~106页。

第一章　走进地湖：自然、生态与人文

"孤岛"属性。

天柱县的苗族同时通行两种语言，其一属于苗族黔东南方言，这是真正意义上的苗语；其二被称为酸汤话，这是一种苗语东部方言、侗语北部方言和中古汉语的混合语。此前有的语言学家以这种语言中有中古时代的介词为理由，将当地通行的酸汤话归为汉语的一种特殊方言，但仔细探究酸汤话的通用词汇可以发现，其中包含不少苗语词汇，而且所占的比例比中古汉语所占的比例还要大。进一步还可以发现，这种酸汤话中还有侗族词汇，甚至保留了不少侗语的发音特色，比如有长原音和短原音的区别，声母中的送气音和非送气音不明显，等等。而且在语法中，酸汤话不仅有苗语的语法特色，同时还有侗语的特色。[①] 以此为依据，简单地将酸汤话划定为汉语的特殊方言，显然有过分简单化之嫌。如果从客随主便的原则出发，当地居民既然自认为是苗族，用的语言是苗语，同时兼顾这实际上是一种混合语，而语言又不是本书讨论的核心，因而笔者只能尊重当地居民的意愿，将酸汤话也暂定为苗语的一种特殊土语。澄清了这一语言事实后，反观地湖乡语言的通行情况，其文化上的语言"孤岛"性质也就自然凸显出来了。

地湖乡的所有居民在内部交流中一律使用酸汤话，但又有少数人能较为娴熟地使用苗语黔东南方言交流，同样又有少数人兼通侗语。这样的多语种混合使用状况，与远口镇、大样、竹林等地的苗族相同，但与地湖周边的侗族则截然不同。地湖乡周边的侗族居民，在内部使用侗语北部方言，对外都通用当地汉语。特殊之处仅在于，他们都能听懂酸汤话，随着几百年来民族的交流与融合，住在地湖周边的湖南籍侗族乡民也能说酸汤话，但与真正说酸汤话的地湖苗族乡民相比，还是可以听出一些差别来。但若走出地湖片区，到会同县城周边的村寨中，就会发现当地乡民所使用的语言与

---

① 以上内容来自笔者与杨庭硕教授的交流讨论，经笔者整理而成。

"插花地"：文化生态、地方建构与国家行政

酸汤话存在明显的区别。既然地湖乡民是真正意义上的酸汤苗族，与周边的侗族截然不同，那么将地湖称为语言孤岛，显然较为贴近事实。

地湖乡的每一位苗族乡民都明确承认自己是远口吴姓苗族宗族的余脉，每个人都能对自己祖先地湖开基的业绩娓娓道来。其大意是他们的始祖只身来到地湖卖鱼，巧遇侗女婚配后繁衍了地湖整个吴姓的家族。这个传说的真实性虽无法考证，但这样的口传其用意却十分明确，就是要强化自己对苗族文化的认同，而对侗族文化却保持一定的疏离。这种感情上的微妙差异不仅在传说中，而且在他们的实际生活中也得到反映。当地编修家谱、修建祠堂、参与宗族活动，无不表现出对远口方面苗族的认同，而绝口不谈与侗族的血缘关系。其他一些传说故事，如"虎形山柴山纠纷获胜"等故事，则是强调他们如何与当地的侗族相周旋，以便争取在地湖乡的生存权，同时淡化与侗族的婚配关系。单就这些传说和行为本身就不难看出，在他们的思想深处始终认为自己是苗族，而不是侗族。直到今天，尽管他们与侗族的通婚比例非常高，但他们在血缘认同上依然坚信自己是苗族的后裔，即使是他们的侗族配偶，也不得不接受这样的事实。重要的祭祖活动，地湖乡的吴姓人群要么集体出动，要么派代表奔赴远口，以加强苗族宗族认同上的联系，而不是参与当地侗族举行的宗族活动。也就是说，他们当前的通婚实情，与苗族宗族认同的倾向始终不合拍，这显然不是逻辑推演的后果，而是出于强化自己苗族血统的需要而做出的行为选择。

在生活习惯上，他们与周边的侗族也存在很大的差异。就聚居习惯而言，他们喜欢沿山地等高线建房定居，而很少滨水建筑干栏式房子居住。村寨的结构也呈现为松散式，而不是采用密集式。在饮食方面，他们不像侗族那样热衷于水产的消费和食用，而是和苗族一样习惯于猎采多种野生动植物混合烹饪。在侗族社区习见的以

第一章 走进地湖：自然、生态与人文

糯米为主食的现象，在地湖乡却不容易见到，相反对多种杂粮的食用显得十分突出。

此外，在衣着和生活习俗上，他们与周边侗族居民存在很大的不同，就整个日常生活习俗而言，仍然可以鲜明地看到与天柱远口一带的苗族存在内在的联系。

技术技能方面，他们与周边侗族居民的差异更大，地湖苗族乡民都经营刀耕火种，早年小米的种植十分普遍，而侗族常见的稻鱼鸭复合种养，在地湖乡很难见到。地湖乡苗族育林抚林技术最具特色，在清水江下游的侗族地区普遍实行的堆土栽种杉树苗在地湖乡见不到，它们都挖坑种植杉树苗，定植杉树时，不清理林地，而是与其他杂木一并生长。杉树人工林中，其他物种的比例比在其他侗族地区的比例要高。对杉树苗间伐后的再生成林利用比例更高。笔者在地湖调查期间，在现任永兴村村主任吴Z.H.家见到其"关于承包'算塘界'荒山造林合同"。该合同书中，明确标明承包年限为35年。笔者好奇，就问吴Z.H.为何是35年，而不是30年或40年？他给出了自己的解释："当地的话，新造的林，在20年左右即可成林，且每亩杉木林可以产出12~15立方米的木材。20年即可砍伐一次。砍伐完后，可以不用重新栽种木秧，砍伐掉的树根部一般会发出小树木，只要选取较大的小树苗让其生长，这样的话，15年左右的时间又可以重新砍伐一次。"[①] 这一解释道出当地乡民娴熟利用间伐后的再生成林技术问题。从乡民的这一表述中可以看到，坚持次生苗与野生苗定植和人工林的树木砍伐再生，显然成了他们的规范技术匹配套路，而这样的技术套路在黔东南林区的苗族社区中几乎俯拾即是，比如锦屏文斗的苗族乡民植树的技术就与地湖相同，即

---

① "算塘界"为地湖乡永兴村炉家、新屋、老湾、碾子背四个自然寨界邻的一块荒地。2011年3月12日，吴Z.H.、吴S.R.、吴W.H.、吴M.G.、马C.B.五人将此荒地承包，进行植树造林，承包年限为35年。

使两地相隔 100 多公里，而与当地的侗族不同，表现为林粮间作不明显。

图 1-7　地湖赶场日街上待卖的杉树幼苗

侗族林区用材林的规模很大，而在地湖社区，经济林的抚育则大于用材林，当地油茶、油桐的种植成为他们林业经营的鲜明特色。在 20 世纪中期，桐油经营形成的产值一直是他们林业经营的主导内容，并使他们的生活比周边侗族地区更富裕。在桐油生产中，最具特色的技术要领就是坚持仿生式的种植，乡民坚持经营桐油不能清一色，而需与其他物种大比例混合种植，比例最大时超过了一半，他们的经营一再表明，这样的仿生式桐油的产量很高，结籽时间延长 3~5 倍，很少生病，[①] 这样的生计方式不仅与黔东南一致而且与所有苗族地区的做法存在相似性。他们坚持认为种植纯山桐油林是一种有害的做法，不仅桐油树容易生病，而且产量很

---

① 据地湖乡永兴村吴 Z. B. 口述。

小，结籽周期短。

地湖乡苗族乡民尽管与侗族居民毗邻而居，而且苗族与侗族之间的通婚比例很高，但他们的文化认同和生存方式却与周边的侗族存在很大的差异，而与远口方面的苗族保持一致。因而，从文化的视角上看，可称地湖乡为处于侗文化包围之中的苗族文化区。

第二章 从"蛮地"到"插花地":
地湖身份的变化

　　插花地是随着全国行政区划调整而伴生出来的产物,若没有统一的行政辖区和统一的行政管理,插花地也就不会出现。因此,要了解作为插花地存在的地湖,显然需要结合地湖乡所属的行政建置演变才能得以准确地把握。但行政建置也会随客观需要而做出相应的调整,因此,作为插花地的待遇也会随之发生变化,由跨县插花地变成跨府、跨省插花地,这一切都与插花地及其并行行政辖区的行政归属存在关联性。要了解插花地的待遇变迁,需要综合考虑插花地本身的行政归属,以及与插花地并行行政辖区的归属问题。

第一节　作为"蛮地"的历史及其记忆

　　历史时期以来,地湖以及周边广大的少数民族地区一直被中央王朝视为荒蛮之地。秦汉时期,将生息在这一片区的所有少数民族统称为"武陵蛮""五溪蛮"。唐宋以后,随着中央王朝对苗族认识的加深,"苗"从若干少数民族混称的"蛮"中脱离。[①] 元明之际,虽继续沿用以前的"蛮""僚"等统称,但开始出现"苗瑶""崮苗"等合称与混称。随着民族族称基本明朗化,开始出现

---

① 贵州省地方志编纂委员会编《贵州省志·民族志》,贵州民族出版社,2002,第15页。

第二章 从"蛮地"到"插花地":地湖身份的变化

"苗""洞"("峒"或"崀")等专称。①

汉文典籍对苗瑶各民族历史的记载,尽管表面上模糊不清、其说不一,但汉族文人对这批所谓"化外之民"的认识却一脉相承。代表性的记载以《后汉书》《梁书》《隋书》等为代表。《后汉书》着重介绍了有关盘瓠蛮由来的传说,"昔高辛氏有犬戎之寇,帝患其侵暴,而征伐不克。乃访募天下,有能得犬戎之将吴将军头者,购黄金千镒,邑万家,又妻以少女。时帝有畜狗,其毛五采,名曰槃瓠。下令之后,槃瓠遂衔人头造阙下,群臣怪而诊之,乃吴将军首也。帝大喜,而计槃瓠不可妻之以女,又无封爵之道,议欲有报而未知所宜。女闻之,以为帝皇下令,不可违信,因请行。帝不得已,乃以女配槃瓠。槃瓠得女,负而走入南山,止石室中。所处险绝,人迹不至。于是女解去衣裳,为仆鉴之结,着独力之衣。帝悲思之,遣使寻求,辄遇风雨震晦,使者不得进。经三年,生子一十二人,六男六女。槃瓠死后,因自相夫妻。织绩木皮,染以草实,好五色衣服。制裁皆有尾形。其母后归,以状白帝,于是使迎致诸子。衣裳班兰,语言侏离,好入山壑,不乐平旷。帝顺其意,赐以名山广泽。其后滋蔓,号曰蛮夷。外痴内黠,安土重旧。以先父有功,母帝之女,田作贾贩,无关梁符传、租税之赋。有邑君长,皆赐印绶,冠用獭皮。名渠帅曰精夫,相呼为姎徒。今长沙武陵蛮是也"。②《梁书·张瓒传》载:"州界零陵、衡阳等郡,有莫徭蛮者,依山险为居,历政不宾服,因此向化。"③《隋书·地理志》也有关于"莫徭"的记载:"长沙郡又杂有夷蜒,名曰莫徭,自云其

---

① 秦秀强:《纳粮向化:主动接受王朝权威与封建制度——万历二十五年天柱建县前后的深层社会原因分析》,《原生态民族文化学刊》2011年第2期,第39~46页。
② 《后汉书》卷86《南蛮西南夷列传》,中华书局,1965,第2829~2830页。
③ 《梁书》卷34,中华书局,1973,第502页。

079

"插花地":文化生态、地方建构与国家行政

先祖有功,常免徭役,故以为名。"① 这两书的记载,从"莫徭"一名的汉文字意做解,认定这部分居民无须服徭役、无须对国家承担租赋,因而才将他们通称为"莫徭"。其实,这样的认识与《后汉书》所言"无关梁符传、租税之赋",在含义上并无二致,都是把他们理解为所谓的"化外之民"。值得注意的是,尽管将他们称为"化外之民",但其中并未包含贬低、歧视之意,这是因为按照儒家传统的"家国天下观",这样的居民也是修身、齐家、治国、平天下需要关照的对象,因而不对他们征收赋税和徭役。就实质而言,是从"天下一体"的视角出发,才给予他们这样的待遇,承认的仅是他们文化和生活上的差异,但对他们实施教化和齐政,则不仅必要,而且还必须。苗瑶体系的民族正是在这样的背景下进入了汉文典籍的记载。就历史认识而言,尽管不能道其详,但他们在历史的演进过程中所占据的地位和发挥的作用却一清二楚。

若要从概念性的理解进入真正的历史表述,则要以机遇和时代的演进为转移。具体表现为,越是接近历史上不同时代交通要道的苗瑶居民,就越早进入直接表述的历史范畴。具体到天柱地区的苗族先辈而言,由于所处的自然生态背景所使然,进入历史记载的时间为时甚晚。其原因在于,天柱地区所处的区位有其特殊性。清水江和舞阳河都是沅江上游的大河,但舞阳河从镇远以下水势平缓,通过拉纤大船可以直抵镇远城下。清水江则不一样,由于水流落差大,河水湍急,船舶拉纤上行只能抵达洪江一带,而天柱所在区位恰好在洪江以西的更上游地区。在历史上,通过水路是很难进入这一地区的,以至于在唐代以前的典籍中没有对该地的记载,当地的苗族居民当然也无从提及。

事实上,汉族文人最早认识到清水江及清水江地区的人文地理,时间要追溯到南宋时代。宋人朱辅在《溪蛮丛笑》一书中记

---

① 《隋书》卷31,中华书局,1973,第898页。

第二章 从"蛮地"到"插花地":地湖身份的变化

载:"西溪,接靖州境,出铅。铅中有银。银体差黑,未经坯销,名出山银。"① 符太浩研究认为,此处所讲的"西溪"实为清水江。② "西溪"一名,显然无法从汉文字面求解,因为沅江所有支流都发源于西面,从南宋时代的中原腹地着眼,沅江所有的支流都可以被称为"西溪"。正因为如此,清代编修《四库全书》,收编《溪蛮丛笑》时,编修大臣就对此提出了质疑,认为《溪蛮丛笑》所称的"西溪",应当是"五溪"③ 之一"酉溪"的误写,④ 这就更加偏离事实和朱辅的本意了。直到今天,通过对苗语的初步了解后才发现,该书所称"西溪"一名中的"西",原来是苗语的音译,在苗语中,"西"字的含义是"愤怒"。考虑到清水江水流湍急,声震山谷,有如江水愤怒,称之为"发怒的河流",恰如其分。⑤ 因此,朱辅偶然记录到这一河流地名,完全可以从另外一个侧面表明,南宋时代的人们对这一地区人文地理的了解极其贫乏。这一地区的人,仍然被视为"化外之民"。这才是南宋时代天柱地区的历史真相。

更值得注意的是,该书提到"西溪"附近产银,只不过所产的银质量低,含铅量重,因而特意称之为"出山银",而出产这两种矿产正好是天柱地区的实情,至今仍然可以找到实证。至于对当地苗族的了解,由于南宋时代将山区居民通称为"山锹",在苗族地区尚未直接设置地方行政机构,该书不能道其详,亦属实情。

元代统一全国后,在天柱周边一带相继设置了行政建制,相关的记载也随之见诸典籍。其中,距离天柱最近的"九寨"一名最

---

① 符太浩:《溪蛮丛笑研究》,第149页。
② 符太浩:《溪蛮丛笑研究》,第149页。
③ 通常所称的"五溪"包括:雄溪、满溪、酉溪、沅溪、辰溪。但迄今尚无定论。
④ 符太浩:《溪蛮丛笑研究》,第149页。
⑤ 符太浩:《溪蛮丛笑研究》,第150页。

"插花地"：文化生态、地方建构与国家行政

值得注意。《元史·成宗本纪》载："戊戌，平伐九寨来降，立长官司。"① 所谓的"九寨"，正好位于天柱地区以南的山区。这正好表明，天柱所在的这一地区，在当时已经引起朝廷的关注，朝廷曾一度致力于招抚当地的苗族，结果虽未见诸记载，但这个地区开始引起外界的关注，却从中得到了实证。

中央王朝正式对天柱地区用兵，时间更迟。可考的记载见诸《明实录》和《明史》。洪武后期，天柱附近的侗族爆发了反明事件，明太祖派楚王朱桢和湘王朱柏统兵前往征缴。但当时的天柱县"僻介荒服""遍地杉木"，为了平息这一地区的暴乱，明廷官军不得不由舞阳河附近的沅州（今芷江）"伐山开道抵天柱，遂步苗境营县西之小坪"②。明军从沅州出发，伐山开路两百多里，才抵达天柱。不言而喻，这些地区直到明初，还一直被视为"化外蛮地"。事后，正是考虑到天柱地区的险要和关键，明廷才下定决心，将靖州卫下属的左千户所迁往天柱设防，从而开创了天柱地区的军管时代，天柱地区也因此作为军事管制的插花地而进入了官方文书的记载。

明初将天柱地区配制为军管插花地则另有考虑，大致是沿袭另一套线索的历史记忆而来。天柱地区一直是侗族和苗族的杂居带，与苗族的历史记忆不同，侗族是将自己的文化渊源定位为对远古英雄杨再思的记忆。值得注意的是，杨再思的原形是一个真正意义上的历史人物，而不是传说中的神。他生活的时间是五代十国，当时的侗族地区恰好介于南汉、楚和化外蛮夷之地的交界带。杨再思利用国内政权不统一的特殊时期，整合侗族各部，建立了一个地方势力，将他所征服的侗族地区分由他的十个儿子统辖，并因此形成侗族地区的基本社会格局。以后继起的历朝，尽管随着国家的统一，

---

① 《元史》卷19《成宗本纪》，中华书局，1976，第412页。
② 爱必达：《黔南识略》卷15，道光二十七年罗氏刻本。

082

第二章 从"蛮地"到"插花地":地湖身份的变化

各据一方的小政权虽说已经不复存在,但侗族地区的基层社会建制依然得到了较好的延续。他们将杨再思奉为始祖,并设置飞山庙加以祭祀,还延伸出有关杨再思的各种神话和传说,在整个侗族地区广为流传。靖州由于是杨再思的老根据地,因而在侗族地区备受尊崇。明代将靖州卫左千户所迁往天柱设防,显然是考虑到天柱地区的侗族十分尊崇飞山大王,而且与靖州地区的侗族存在谱系上的联系而做出的决定,飞山传说在这一过程中发挥了意想不到的作用。这样的军事安排,客观上是将侗族作为设防的依赖,而将当地的苗族居民定位为该千户所的招抚对象,也就是依然将当地的苗族作为"化外蛮夷"对待。至于将当地苗族居民纳入规范的行政管辖,则是天柱正式设县后的事了。

第二节 从湖广"内陆"到湘黔"边地"

一 行政区划与地湖插花地的关联性

元朝首次在全国范围内设置了"行中书省",也就是史书简称的"行省"和今天简称的"省",是中国行政区划中的一大变革。但元代所设的行省,其辖地范围比后世类似的行省要大得多,这里仅以与地湖乡行政沿革关系最密切的湖广行省建置演变略加说明。《元史》记载:"留右丞阿里海牙等,以兵四万,分省于鄂,规取荆湖。"[1] 据此可知,在征服南宋的过程中,最先设置了"荆湖等路行中书省",不过,当时的行省范围仅限于今天的长江中游地区。其后,随着军事势力的南移,在最终剿灭南宋后,又把今天的湖南和两广大部分地区纳入了这一行省的管辖范围,省名也相应改

---

[1] 《元史》卷127,第3103页。

"插花地"：文化生态、地方建构与国家行政

成了"湖广行省"。① 其后，至元二十年（1283）元朝又对南海周边各地发动了军事行动；至元二十年到二十三年，湖广行省官员阿里海牙等兼职经略安南和占城事宜之际，将"湖广行省"这一名称临时性地改成"荆湖占城行省"，② 当时湖广行省实际上的管辖范围相当于今天湖北、湖南、广西、海南、贵州的大部分地区，③真可以称得上是不能再大的行省了。而天柱连同地湖在内的所有土地和居民都处于湖广行省的管辖范围之内。因而在元代，不要说是地湖，就是整个天柱县都不存在插花地问题。

明朝统一全国后，鉴于湖广行省的辖地范围太大，内部的自然生态背景和民族结构差异太大，根本无法实施有效的管辖，明廷在继续延续行省建置的同时，将湖广行省辖地范围作了大幅度的削减。先是将原江西行省的南部和湖广行省的滨海部分合并成广东省，然后又将湖广行省的西南部划拨出来，设置广西行省，从而使明代的湖广行省成为真正意义上的内陆省。明洪武十四年，明廷西征云南并大获全胜，而当时湖广行省在这次军事行动中发挥了前沿战略基地的作用。但随着云南行省的建立，湖广行省的战略基地地位逐步演化成了一种不甚重负的包袱，大量的人员和战略物资都要穿越湖广行省才能得到转移，而从湖广行省通往云南的通道则要穿过云贵高原的崇山峻岭，不仅运输线长，而且道路崎岖难行，这就成了明代边防上的一道难题。明太祖在晚年时为确保这条运输路线的畅通，曾多次试图对贵州境内的各级土司采取软硬兼施的措施。④ 但直到其去世，后勤补给上的这一被动格局始终没有得到有效的改善。

---

① 李治安：《行省制度研究》，南开大学出版社，2000，第246页。
② 李治安：《行省制度研究》，第246页。
③ 李治安：《行省制度研究》，第250页。
④ 罗康智、王继红编著《〈明史〉贵州地理志考释》，贵州人民出版社，2007，第27页。

第二章 从"蛮地"到"插花地":地湖身份的变化

明成祖即位后,一方面致力于稳定内务,积极北伐,以削弱北逃的元朝残余势力;另一方面则致力于伺机改善云贵后勤补给的被动局面。最后终于在永乐十一年(1413)找到了一个言之成理的借口,以湖广行省下辖的思南宣慰司宣慰使田宗鼎、思州宣慰司宣慰使田琛违制自相攻伐为口实,罢废了这两个土司,将他们的领地全部没收,以思州宣慰司地分设思州、黎平、新化、石阡四府,以思南宣慰司地分设思南、铜仁、乌罗、镇远四府,并在此基础上创设了贵州行省。[①] 这样一来,天柱和地湖的战略地位也就随之一变,他们原先是湖广行省的内地,随着贵州行省的建立,却成了湖广行省和贵州行省之间的边地,为插花地现象的出现奠定了空间分布上的基础。

在整个明代,随着贵州行省的建立,湖广通行云南的通道,由于这个新的行省在其中发挥调剂作用,因而能长期保持通畅,西南边防上的后勤补给从而得到了最大限度的改善。但派生的后果却超过了此前的估计,原因在于,这个新建的贵州行省其辖地范围要么是土司领地要么是生界,基本上没有直辖的编户齐民,[②] 省级财政不仅不能养活省内二十多个卫,就连省政府的日常开支都供应不上,以至于自成祖以后的历代皇帝都不得不责令贵州沿边各省出资协济贵州,贵州所辖的各卫所也不得不靠邻近各省出资供养。湖广行省要替贵州养活平溪、清浪、镇远、偏桥四卫的官兵,而四卫统辖权却由贵州主管,[③] 而且湖广都司所辖的五开和铜鼓两卫虽然设置在贵州境内,也得由湖广行省供养。[④] 值得一提的是,上述六卫都位于贵州境内,而且他们的防区都涉及天柱,但在明代,天柱地

[①] 贵州省地方志编纂委员会编《贵州省志·地理志》(上),贵州人民出版社,1985,第34页。
[②] 赵平略、尹宁编著《〈黔记·大事记〉考释》,贵州人民出版社,2013,第320页。
[③] 赵平略、尹宁编著《〈黔记·大事记〉考释》,第333页。
[④] 赵平略、尹宁编著《〈黔记·大事记〉考释》,第348页。

"插花地"：文化生态、地方建构与国家行政

区却是会同县负责招抚的地带，会同县的责任与权力极不相称，天柱地区不断发生的动乱，也就是不可避免的事情了。

康熙《天柱县志》记载："明洪武二十四年，苗人猖獗，楚王率领官军征进大坪、小坪等处，始撤靖州卫左千户所以守御之，此天柱所之所由来。"① 从这一记载来看，朝廷为了改变这一被动的局面，将湖广行省所辖的靖州卫左千户所迁到天柱的大坪和小坪，将整个天柱地区连同地湖在内都作为该千户所的防区，战略目的就是分担会同县治安维护的责任。但这一军事设防布局的改变，却造成靖州卫的左千户所防区自身也就成了军事设防中的插花地，该千户所的防区与靖州卫的防区相互隔离。这种格局一直延续到明万历年间，其间左千户所防区政治动乱连绵不绝，朝廷一直穷于应付，其原因都在于，单一的军事征剿根本无法平息天柱地区的民族纠纷和社会动荡。"越万历二十五年，本所吏目朱梓抚苗向化，申详兵备道徐公榜、分守道郑公锐、分巡道陈公樟临、贵州巡抚江公东之、湖广巡抚李公得阳、巡按赵公文炳，会疏请照武冈城步例，改所为县，照山东费、郯二县例，以吏员升县令，遂改为天柱县。割会同侗乡、口乡、汶溪并本所苗寨以成县治，爰设知县。"② 最终朝廷下定决心，裁撤了靖州卫左千户所，将该千户所的军人军籍改为民籍，并将该所和汶溪所的防区以及周边地区合并设置为天柱县。

天柱县当时仍归湖广行省统辖，是湖广行省下辖靖州的属县，但值得注意的是，这一行政区划的变迁，直接导致地湖真正成为行政区划中的插花地。地湖周边的侗族地区归湖广行省属下的靖州会同县管辖，而天柱连同地湖则归湖广行省属下的靖州天柱县管辖，

---

① 王复宗纂修《天柱县志》上《沿革》，台北：成文出版社，1968，据康熙二十二年刻本影印。

② 王复宗纂修《天柱县志》上《沿革》。

第二章 从"蛮地"到"插花地":地湖身份的变化

这就使得地湖成了湖广行省辖境中的跨县插花地。

清朝初年,朝廷对整个西南地区的统治基本上处于脱控状态。因而,省级的行政区划调整,迟至雍正时代才得以正式实施。其原因在于,当时盘踞在青藏高原的漠西蒙古和硕特部和准噶尔部长期与朝廷抗衡,朝廷出于稳定内务的需要,难以分心惩治两部的动乱,直到雍正皇帝时,朝廷才能展开有利的反击。为了巩固西南边防,雍正皇帝果断对西南地区实施了"改土归流",并顺势接管了残存的"生界",省级的大调整就此拉开了序幕。其中对贵州省行政疆界的调整,如下几次最具代表性:其一,雍正五年,将原属于四川的遵义府划归贵州;① 其二,雍正十年,将原来属于广西的荔波和南盘江以北的疆域划归贵州;② 其三,雍正五年,将原属湖广的天柱县划拨给贵州,先由黎平府管辖,雍正十一年改归镇远府管辖。③ 经过这样的行政划拨,贵州省的辖境几乎扩大了一倍。

与地湖乡插花地地位最为密切的行政辖区的变动为天柱县的划拨。天柱县原有的行政归属是湖南省下辖的靖州属县。《天柱县志》记载:"以天柱县与黎平府接壤而分属两省,不便治理,将天柱县由湖广靖州改隶贵州省黎平府。"④ 这一记载显然是一套官方话语,需要指出之处在于,天柱县的特殊性在于它正当清水江木材集散的要冲之地,而雍正朝开辟黔东南苗疆需要在新辟苗疆大规模驻军,军费的支出极其浩繁,不仅相关各省的资助无法解决,就是朝廷的财政补给都难以应付。为此,主持苗疆开辟的张广泗不得不在制度外敛财,在清水江下游沿岸设置了弹压局收取木材流通税以

---

① 爱必达:《黔南识略》卷30。
② 爱必达:《黔南识略》卷11。
③ 爱必达:《黔南识略》卷15。
④ 贵州省天柱县志编纂委员会编《天柱县志》,贵州人民出版社,1993,第49页。

"插花地"：文化生态、地方建构与国家行政

补充军饷。① 于是清水江沿岸的锦屏、天柱两县的经济地位得到了最大限度的提升，可是天柱县若属于湖南省，就会极大地影响税收的来源。因而，鄂尔泰、张广泗不得不奏请朝廷，要求将天柱县划归贵州，以便支持对苗疆的用兵。在这样的形势下，朝廷最终不得不接受这一要求，终于在雍正五年将天柱划拨给了贵州。经过这一划拨后，作为天柱县插花地而存在的地湖就不仅仅是跨县的插花地，而且升级为跨府、跨省的插花地。这一地位的变化，从表面上看是出于当时用兵的需要，但若就实质而言，却是自然地理结构、生态结构、文化认同作用下的一种必然结果。

进入民国后，鉴于插花地普遍存在的副作用，政府也曾一度开展大规模的插花地清理拨正工作。在这一过程中，与地湖相似的小片插花地陆续被划入了会同县，失去了插花地待遇。地湖乡虽然几经周折，但最后仍然作为插花地延续至今，究其原因，依笔者田野调查中所获取的信息判断，自然生态和民族文化在其间发挥了重要作用。

省级的行政区划变动虽说是全国政治需要的一种反映，但由此而产生的插花地问题却超出了政治的范畴，自然、生态与文化的相似程度是最终导致插花地产生并长期延续的关键因素。

二 地湖插花地"待遇"的变迁

通过上文的分析，我们不难看出，插花地的形成虽是行政建置中派生出来的问题，但国家之所以会确认插花地的存在，却并不完全取决于行政建置本身，而相关地区自然地理、生态结构和民族文化的相似性会在其中发挥终极性的制约作用。这就意味着若没有这些非政治的前提条件，朝廷确认插花地的存在就完全失去了意义。如果这些前提条件继续存在，那么朝廷要轻易裁撤插花地也并非易

---

① 贵州省编辑组编《侗族社会历史调查》，贵州民族出版社，1988，第67页。

第二章 从"蛮地"到"插花地":地湖身份的变化

事。而且进一步的研究还会发现,随着国家权力的深入,以及相关前提条件的变化,插花地在国家政治生活中的待遇也将不可避免地发生一系列的变化,而且会在渐进的过程中不断改变那些作为插花地存在的前提条件,进而影响国家做出相应的决策。从这样的认识出发,具体到地湖乡而言,我们可以将地湖插花地的待遇划分为四个不同的时期。

第一个时期为插花地确认的准备期。该时期始于南宋,终于洪武二十四年,以天柱守御千户所建置为标志。第二个时期称为插花地军管期。持续的时间从洪武二十四年到万历二十五年,标志为天柱建县。第三个时期可以称为府、县级插花地时期。时间从万历二十五年到雍正五年,标志是天柱县从湖南行省划拨到贵州行省。第四个时期可称为省级插花地时期。时间从雍正五年开始,一直延续到今天。以下仅以这一划分为线索,讨论地湖乡插花地待遇的变迁与演化。

在准备期,尽管国家权力并没有对地湖乡插花地的地位加以确认,但由于地理区位和民族文化的特异性早就存在,因而地湖乡与天柱县其他地区的苗族在接受国家政策的作用时,存在很大的差异。宋朝南迁后,为了巩固其西部边防,一方面强化了沅江流域的"溪峒"建制,将进入农耕生活较早的侗族居民编入"溪峒"建制,招募侗族居民充当"侗丁",将他们编入朝廷的"乡兵"编制,让他们就地设防,兼顾和防范苗族骚扰内地的汉族居民。[①] 当这样的乡兵不足以应对苗族居民的挑战时,不得不从内地抽调正规部队扼守其要害,指导和控驭乡兵,加强防御成效。同时,"在洪、辰州地区,宋廷为了协调中原汉族与侗族、苗族等各民族关系,多次出面为侗族和苗族划定了生产区域,调整侗苗的生存空间纠纷。规定平旷宜农耕之地为'峒民'世代耕种,沿坡而上至三

---

① 符太浩:《溪蛮丛笑研究》,第23页。

"插花地"：文化生态、地方建构与国家行政

锹的广袤山区为'三锹之民'所有，以供狩猎采集之需"①。上述各项措施虽都是围绕边防的军事需要而采取的措施，但执行的后果却导致侗族居民与苗族居民之间的冲突、摩擦和对立。会同地区由于紧靠清水江干流，正当苗族居民潜入内地的要冲之地，因而驻军的数量和侗兵的势力都得到了加强，从而形成侗族与汉族居民长期杂居的格局，南宋朱辅《溪蛮丛笑》"十庄院"条对这样的军事格局有所记载，"数十年前，瑶獠侵占虾蟆行寨。省地土人申请招致靖州犵狫防。托借田买屋以居。名十庄院"②。这样的军事布防，表面上是为了扼守要隘，防范苗族偷渡进入内地，但实际执行的后果却在不经意间超出了原有的估计。

其原因在于，当时的溪峒地区，社会结构基本上处于宗族村社阶段，若遇到各家族村舍之间需要共同处理的事务，或内部的纠纷需要解决，会临时性地建立盟约关系，并没形成号令一致的联盟，更不能组织起强大的军事联盟。③ 各家族村舍即使要偷渡进入内地，也只能分成小股单独行动。在这样的军事对垒下，被动设防根本无法收到理想的成效。苗族的军事活动更灵活，更容易偷渡，进攻的速度因没有后勤拖累，比朝廷军队的速度要快得多，对提高防范成效，获取苗族内部的情报，有重要的作用。这样一来，像地湖这样孤立的苗族区域就很可能成为朝廷高效利用的突破口。对地湖这样的小规模社区，朝廷可以凭借武力的优势，轻而易举将其彻底包围，胁迫当地苗族居民就范。而地形又使得当地的苗族难以逃脱朝廷的控制，再加上官方实施了一系列的优惠政策，最终都会使地湖这样的小规模苗族社区倒向朝廷，为朝廷出谋划策，提供情报，从中获得一定好处。与此相关的军事活动，《溪蛮丛笑》中的其他

---

① 天柱县志编纂委员会编《天柱县志》，第 147 页。
② 符太浩：《溪蛮丛笑研究》，第 198 页。
③ 符太浩：《溪蛮丛笑研究》，第 330 页。

第二章 从"蛮地"到"插花地":地湖身份的变化

条目还可资佐证。事实证明,当时的南宋朝廷几乎将类似地湖这样的文化生态孤岛区作为情报站和前沿阵地加以使用,其结果使得这里的苗族居民比苗族大本营地区的苗族居民更早接受朝廷的影响,而且更早、更多地从朝廷获取好处和利益,甚至有可能得到朝廷的允许进入内地。陆游《老学庵笔记》对这一情况能提供可资参考的凭证。

但是我们也必须注意到地湖乡在当时所得的特殊待遇与南宋经营西南的策略直接关联,因为南宋始终坚持不轻易进入云贵高原腹地,对苗族势力的防范长期处于单向的被动境地,因此对延伸到内地的苗族生态特区可以不惜代价地进行收买和利用。继起的元朝则不同,其用兵的策略是反其道而行之,先控制云贵高原,再向东和向南进军,威胁南宋的后裔。灭宋以后,元朝对这一地区苗族的影响自然随之而得到改变,朝廷不仅可以从东面溯河而上深入苗族区,还可以从西面顺河而下,利用朝廷已控制的思州、思南土司威胁苗族分布区的后裔,从而使得整个苗族区四面都处于朝廷的影响下。由于这一形式的变化,苗族腹心地带所受的武力威胁就可想而知了。在这样的背景下,苗族居民一旦有所反抗,最先受到武力威胁的是苗族分布区的大本营,而不是地湖这样的插花地,而且这样的文化生态孤岛,即使朝廷对苗族用兵,也能对战火做到有力的规避。因而,无论是在宋朝还是在元朝,地湖这样的文化生态孤岛受到的武力威胁都比苗族大本营所受到的要小得多,获得的利益要比大本营大得多。这样的待遇显然与朝廷的主观意愿无关,而是与当地特殊的自然地理和文化背景密切关联。

明初,朝廷之所以委任汤和、周德兴这样的名将大规模对黔东南侗族地区重兵弹压,[①] 其原因并不完全是当地侗族居民的反叛,

---

① 黔东南苗族侗族自治州地方志编纂委员会编《黔东南苗族侗族自治州志·政权志》,贵州人民出版社,2002,第4页。

"插花地"：文化生态、地方建构与国家行政

更关键的还在于这些地区的背后还存在大片的苗族生界，以至于朝廷的敌对势力可以轻而易举逃避征剿，只要窜入生界，朝廷就对他们无可奈何。这一情形，在《明实录》中就有确切的记载，《太祖洪武实录》载：

> 思州诸洞蛮作乱，命信国公汤和为征虏将军，江夏侯周德兴为之副，帅师从楚王桢讨之。时蛮寇出没不常，闻王师至，辄窜匿山谷；退，则复出剽掠。和等师抵其地，恐蛮人惊溃，乃于诸洞分屯立栅，与蛮民杂耕，使不复疑，久之，以计擒梁魁，余党悉溃。师还，留兵镇之。①

从这一记载中可知，汤和在局面初定后，让明朝的军队和当地的侗族居民一道耕种，以便取信侗族乡民。但这显然不是一个根本性的解决办法，如何彻底控制住其间的"生界"始终是一个严峻的考验。因而，随着明洪武十八年，汤和讨平古州吴勉起义，明廷在生界沿边创建"卫制"就成了必不可少的军事对策。② 其中靖州卫、五开卫和铜鼓卫的作用是要严密地控制生界的南部，而平溪、清浪、镇远、偏桥四卫则是要控制生界的北部。

然而清水江干流始终是一个敏感地带，因为这条干流的存在，生界的苗族可以顺江而下，而沿途设防代价又太大，其中最大的困难在于清水江两岸河岸陡峭，河谷狭窄，可供开辟为稻田的区段十分有限，沿途设置卫所粮食难以自给，不设置卫所又控制不住生界苗族的骚扰。综合考虑的结果，洪武后期最终决定将靖州卫的左千户所和右千户所迁到天柱县设防。做出这一决策的基本考虑在于大

---

① 《太祖洪武实录》卷172，转引自贵州民族研究所编《〈明实录〉贵州资料辑录》，贵州人民出版社，1983，第48~49页。
② 黔东南苗族侗族自治州地方志编纂委员会编《黔东南苗族侗族自治州志·政权志》，第4页。

第二章 从"蛮地"到"插花地":地湖身份的变化

坪、小坪等地,尽管海拔较高,但土地平坦,灌溉条件较好,足以开辟成宽阔的稻田,供养一个卫虽然不足,供养一两个千户所还可以勉强做到,不过,将兵力做出这样调整的后果超出了朝廷的预料。笔者在田野调查时,当地老百姓吴 Y. L. 告诉笔者:

> 现在从湖南会同方向进入天柱境内的路径不再取道地湖了,这都是由于新中国成立后天柱至会同两地的公路不再走地湖所导致的,若要从湖南会同方向进入天柱境内,就必须经过地湖境内,其大致路径为:从湖南会同县广坪镇进逆溪坳,过白龙潭,上牛角界,过哨坡界,进永兴元界脚至地湖(指现地湖乡治所在地的几个村寨,而非指地湖全境);再从地湖上朝阳界,过射旗冲,进羊角坪,上和尚坡,过大垮,过老黄田,至远口,再上天柱县城。[①]

从当地乡民的这一回忆中,笔者推测,在此之前,朝廷要招抚大、小坪之间的侗族、苗族,都得取道会同,通过地湖这样的中间地带去发挥影响,但左千户所迁入大、小坪后,地湖这样特殊地段的特殊价值也随之消失,最终使得整个天柱地区都成了靖州卫军事设防的插花地。这就使得地湖插花地进入了一个新的时期,朝廷确认的不是地湖的插花地地位而是整个天柱的插花地地位,地湖对朝廷的作用和影响力因而降到了最低点。

始料不及的结果在于,随着时间的推移,地湖这样特殊的地段反而因祸得福。原因在于,明廷经历过一段时间的繁荣后,从明中期开始,政治趋于腐败,卫所军纪日益下降,下级军弁欺凌少数民族、教唆少数民族叛乱的不法事件层出不穷,天柱地区由于防区边远,又远离卫所本部,因而这样的不法事端表现得更加明显,不仅

---

① 据笔者对吴 Y. L. 的访谈,访谈时间:2013 年 5 月 15 日。

"插花地"：文化生态、地方建构与国家行政

使得当地的苗族深受其害，就是与朝廷关系密切的侗族居民也受害无穷。尽管如此，朝廷为了维护自身的权威，对卫所屯军往往不得不姑息，这正是对类似事件的处理一拖再拖的原因所在。事实上，守御千户所在天柱地区的不法行为由来已久，明廷直到万历二十五年才做出果断的裁决，原因在于，类似事件太多，认真清理会动摇军事力量的根基。至于万历二十五年采取的行动，则与明廷平定播州土司杨应龙叛乱有直接关联。在平定杨应龙叛乱的过程中，黔东南地区的部分侗族和生界内的苗族（即史料记载的九股苗）都配合了朝廷的行动。朝廷在平定杨应龙的叛乱后，乘势收服了参与叛乱的侗族和苗族，彻底稳定了黔东南的局势。至此，朝廷才得以腾出手来认真惩治不法的卫所屯军，果断决定裁撤靖州卫左千户所，改设天柱县。天柱"改所为县"表面上只是一次政区改革，但这一政区改革的实质却值得我们深入剖析。明代的卫所屯军待遇较为优厚，不仅可以领到屯田作为家属的供养，还可以从国家定期领取军饷，生活有充分的保障，而且在当地驻防也十分稳定，真正作战的时间不长，风险也不大。现在要将屯军改为民籍，不仅今后拿不到军饷，还得像普通民众一样为国家提供赋税，待遇的反差犹如两重天。因而，"军"改"民"实际上是一种严厉的惩处措施，只不过这样的惩处来得太迟，天柱地区的侗族和苗族乡民所受到的残害实在是太深重了。

幸运的是，地湖这样特殊的地区由于距离左千户所所治较远，又孤悬在会同县的管辖范围内，卫所屯军为非作歹很难波及这里，而且它们还可以通过会同县取得一定的政治庇护，就这一意义上说，地湖的苗族乡民说得上是因祸得福了。

明万历二十五年，天柱县正式设置后，地湖乡作为湖广行省跨府、跨县的插花地随即得到了朝廷的确认。可是对于新设置的天柱县而言，遗留下的问题依然很多，一方面，那些军籍改为民籍的军人不会轻易安分守己；另一方面，新设的天柱县各项经济和政治负

第二章 从"蛮地"到"插花地":地湖身份的变化

担会有明显的增加。加上天柱县远离湖广行省的政治中心,管理难以到位,由此引发的问题,显然非止一端。但地湖这样的特殊地区,同样因为远离县城,可以在一定程度上免受其祸,作为朝廷承认的插花地,对乡民而言总是利大于弊。

以后的时局变化更是如此,天柱设县不久,明朝政权走入没落,天柱县所在的地区陷入了政权更迭的旋涡之中,明王朝的反清活动、清廷对南明朝廷和农民义军的征剿、吴三桂的割据等都给西南地区带来了严重的祸患,而天柱县因为其偏离交通要道,受祸较轻。

雍正五年,清廷在开拓苗疆生界时,将天柱县从湖南行省划归贵州行省管辖。这一事件,对地湖乡而言是一项重大的变革。这一划拨的结果使地湖乡成了跨省的插花地。但真正获利的不是插花地本身,而是这一次疆域划拨所引发的木材贸易。上文已经提及,鄂尔泰等人力举将天柱县划归贵州,其目的在于控制清水江木材贸易的税收权。天柱划拨到贵州省后,因为有木材贸易的税收这笔额外收入,贵州的财政状况有所好转,贵州省才得以腾出手来在苗疆开辟后着手地方建设。其中,跟天柱县与地湖乡关系密切的是清水江航道的疏浚和相关体制的强化。上述两项重大举措,都刺激了清水江沿岸的木材贸易,使之趋于鼎盛。天柱县由于占据了控制清水江出口的有利经济地位,因而能在这一轮的木材贸易大繁荣中获得众多的经济实惠,成了木材贸易中的直接受益者。地湖这样的跨省插花地也在其中获得了极大的经济利益,乡民们可以通过参与木材贸易和放排获取利益,也可就地经营木材而获利,还可以利用他们熟悉清水江沿岸的情况,提供商业信息而获利。也正因为如此,地湖乡民才会那样竭力采取不同的措施维护插花地的存在。

总之,跨省插花地对国家统一实行行政管理而言,弊大于利;但对插花地当地的居民而言,反而是利大于弊,正是因为当时各方

"插花地"：文化生态、地方建构与国家行政

的利益诉求各不相同，所以地湖这片跨省插花地才可能超长期的延续。

地湖乡被确立为插花地并不是一个孤立、偶然的事件，而是全国行政区划派生出来的产物，其中行政建置的确立始终发挥着极为关键的作用。在本章中，笔者梳理了地湖乡如何从化外之"蛮地"演变成湘黔"边地"的插花地，以及随着行政疆界的不断调整，地湖如何从跨县插花地变成跨府、跨省插花地。纵观整个历史过程可以发现，插花地的形成与国家权力主导下的行政区划的调整密不可分。因此，可以说插花地之所以得以确认，国家权力在其间发挥了主导性的作用。但插花地一旦确立以后，必然会增加国家的管理成本，降低其施政成效。这就必然会使当今的研究者追问，是不是国家施政上的一时疏忽才导致插花地的形成呢？要回答这个问题，需要将其置于当时特定的社会背景及其历史过程中加以讨论。以笔者田野调查的感受并结合相关历史文献的记载来看，其实并不是这样。表面上看，国家在调整某地的行政规划时，政治、经济、军事的原因表现得极为明显，但结合目前地湖乡主体居民的民族属性及其所处的自然与生态背景不难发现，文化、生态等因素也是使地湖成为插花地的潜在因素。以地湖为例，地湖乡之所以会与天柱县的行政归属紧密相连，其原因在于地湖乡与天柱县远口乡所处的自然与生态系统相似，都属于山地丛林生态系统；在族群认同上，地湖与远口也保持一致，都认同自己属于苗族支系——酸汤苗。

诸多的相似性才导致国家在行政区划的调整过程中，宁愿让地湖成为插花地也要使其保持与远口行政归属的同质性。可以看出，国家行政其实与地方社会是一种相互因应的关系。从这一角度出发，我们就不难理解为何朝廷在调整行政区划时将地湖一道划归天柱县了。

第三章　插花地"主人"的自我意识：
　　　　以地湖吴氏宗族为例

作为插花地的地湖，吴姓人群一直是居住于此的"居民"。调查期间，当地老百姓告诉笔者，若没有"世德公"来地湖开基，地湖就不会形成如今的插花地。这一随意性的话语中，隐约透露出吴姓人群与地湖插花地形成之间的某种关联。不过老百姓的这一随意性的说法是否准确，需要将其置于吴姓人群迁居于此的历史过程中加以把握。本章将通过梳理吴姓人群入住地湖的历史过程，并利用当地乡民的口述材料以及笔者所收集到的契约文书、族谱等民间文献资料，以吴氏人群的日常生活实践为切入点，厘清吴姓人群在族群互动过程中，如何利用国家的象征符号来对其插花地"主人"这一角色进行自我表达，并进而建构起当地社会。

第一节　祖先谱系与观念表达：吴氏地湖
　　　　 "开基"与"入住"

从目前来看，地湖是一个典型的宗族村社，当地社会主要以吴姓人群为主。据现有的人口构成来看，每个村寨绝大部分是由吴姓人群组成，即使一些村寨中居住着个别杂姓，也只是因土改前，或以佃户或以长工或为了逃避抓壮丁来到地湖，新中国成立后，分到田土才定居此地。地湖吴姓人群都视"世德公"为开基之始祖，之后又裂变为几个房族，其裂变则是以"房"为原则渐次展开。

自清乾隆丙辰年（1736）至新中国成立后的"文革"时期，

"插花地"：文化生态、地方建构与国家行政

地湖吴姓人群有自己的祠堂——鳌山祠，吴氏人群的日常生活往往受到宗法制度或宗族关系的影响。鳌山祠被视为远口吴氏总祠的分祠之一，之所以称为分祠，其原因在于，"远口吴氏宗祠"是为了纪念迁居远口地区的吴氏始祖吴盛公而建，而鳌山祠则是为了祭祀迁居地湖的吴盛公六世后裔楚缙公[①]（当地人称世德公）而建。各祠堂的修建，都是远口片区的吴姓人群共同努力、群策群力的结果。每年都会举行更大层面的挂大众亲以及吴氏族谱修纂等宗族活动，将周边各个公下面的吴氏人群结合在一起。通过这种联宗关系，从而将以远口为中心的周边所有的吴姓人群联系在一起。具体到地湖而言，若要了解地湖吴姓人群的来历及其定居地湖的相关历史过程，我们需要从地湖开基始祖吴世德的故事说起。

一　"世德公地湖卖鱼"：开基传说

自笔者进入地湖进行田野调查开始，凡问到吴姓人群何时及为何会在地湖定居下来时，答案会出现惊人的一致性。"我们祖上有四大公，即世禄、世德、世铭、世雄公，我们地湖人是世德公的后裔"，"世德公是来地湖卖鱼后与蒋氏太婆结婚才在地湖定居下来的"。就连问到周边的蒋姓或朱姓等外姓人群时，也都会说："地湖吴姓人群是他们的太公'世德公'来地湖卖鱼后定居此地，才慢慢发展壮大的。现在地湖的吴姓人群都是他们'世德公'的后代，若他们的'世德公'不来地湖卖鱼，吴姓人群也不会在地湖繁衍壮大的。"

"世德公地湖卖鱼"的故事，在地湖片区人群中家喻户晓、耳熟能详，但世德公为何许人也？单凭老百姓的记忆，无法说清其详细情况，也不知他于何年来地湖卖鱼而迁徙至此。幸运的是，当地

---

① 若将吴盛作为迁入远口的第一代的话，吴世德则是吴盛六代之后的后裔。

第三章 插花地"主人"的自我意识：以地湖吴氏宗族为例

还保存着各式各类的族谱，不管是《吴氏总谱》还是《吴氏族谱·地湖分谱》，抑或被当地人称为"火炉谱"（小房族谱）的族谱，都对世德公的"生辰八字"有明确的记载。1987年《吴氏族谱》记载："世德，字楚晋，生元太（泰）定丁卯。至正甲午，领印绶本处总管府佥事。大明更历，革府设州，由是弃官归里。洪武三年卒，葬地湖虎形寅山申向，永不许附葬。元配地湖蒋氏，葬猪形；继罗氏，葬大山凤形，生子尚林、尚彬；次继李氏，葬月冉，生子尚忠、尚聪；又继印氏，葬吉羊坪鳅形，生子尚机。共有五子。"目前，世德太公的坟墓依旧保留在地湖虎形山中。世德太公墓前碑文（见图3-1）上写道："官任元总管府佥事，由远口徙地湖开基。讳世德，字楚瑨。乾隆四十五年庚子岁季冬月四房孙子公立，吴公基。"查阅相关史料后得知，这里所指的"元总管府"，指的应该是元朝时隶属于湖广行中书省的靖州路总管府。

图3-1 地湖开基始祖"世德公"墓碑

"插花地"：文化生态、地方建构与国家行政

2000年新修纂的《远口吴氏通谱》对世德公则有更详细的记载：世德公，六七公三子（昔谱居二①）。字楚晋，生元泰定丁卯年（1327），元至正甲午（1354），令印绶本处总管府佥事。1368年奉命北上，至陕西华阴任主簿。大明更历了，革府（总管府）设州。时值吾祖抱病，由是弃官归里。待至洪武三年（1370），德祖寿终正寝，享凡43岁，安厝于地湖虎形山之阳，寅山申向。后人立誓："太祖茔地，永不许附葬！"元娶蒋氏，无子，葬猪形，其碑镌"皇封诰命夫人"；次娶罗氏，葬大山凤形，子二：尚林、尚彬；三娶李氏，葬螺丝井月形，子二：尚忠、尚聪；四娶印氏，子一：尚机，葬吉羊坪鳅形（今早禾田对门桑冲口）；五娶储氏，子二：尚青、尚云。

较之于1987年修撰的《吴氏族谱》，2000年新修纂的《远口吴氏通谱》的变化不在于歌颂世德公的丰功伟绩，而是首次将尚青、尚云两个房支加入地湖世德公位下。至此，世德公位下，由原来的5个房支增加到现在的7个，即"尚林""尚彬""尚忠""尚聪""尚机""尚青""尚云"。前5个房支在稍早前编纂的各类族谱中都有明确的记载，"尚青"和"尚云"房支在2000年以前修纂的各类吴氏族谱中均无记载。据参与此次族谱修撰的吴Z.Z.老人家介绍，2000年修谱时，根据此前修撰的《吴氏族谱》提供的线索，修谱委员会成员通过各种途径，与"尚青"和"尚云"两房支的后裔取得联系，并最终认定他们是世德公的后裔，因此，将他们编入《远口吴氏通谱》中。至于为何要将这两个房支也加入地湖吴氏宗族中，2000年修纂的《远口吴氏通谱》（第5

---

① 据地湖片区的吴氏宗族族长及参与修撰2000年《远口吴氏通谱》的人员介绍，六七公共有五子，除世禄、世德、世铭、世雄居住在远口片区的四大公外，还有长公即世清公由于差事派遣，后长居山西。在修撰2000年《吴氏族谱》时，溯本清源，认为世清公是从远口迁徙去山西的，因此需要将世清的后裔加入远口吴氏宗族，因此，世德公原先排名第二的位置被挪到了第三。

100

第三章 插花地"主人"的自我意识：以地湖吴氏宗族为例

卷）中有说明，即"尚青在元代随父去陕西省华阴，其父任知县，卸任后，晚年随子由陕西返乡时，定居三穗县，为下德明开基祖"。① 对于为何将尚云公也列入世德公位下的房支，2000 年修纂的《远口吴氏通谱》（第 5 卷）中同样有记载："自元末随父世德公住陕西省华阴县定居华阴以后，子孙绵绵，年代久远，早无联系。"②

虽然"尚林""尚彬""尚忠""尚聪""尚机"五大公在 2000 年以前修纂的《吴氏族谱》中被视为世德公位下的五大房支，不过这五大房支中，并非所有的后裔现都生活在地湖。据对当地人的访谈并结合族谱记载，笔者发现，现居住在地湖的吴姓人群，主要为长房"尚林公"和四房"尚聪公"的大部分后裔。具体分布如下，"尚林公"大部分后裔现居住在岩板头、仓管团、板栗山、独坡、桥冲、桐油湾、中河、下河等地；"尚聪公"大部分后裔现居住在甄家墓、桥冲、中河、下河、罗家湾、新寨团、龙转塆、墨园团、早禾田、桐木堧、江口、大树脚、众塘、射旗冲；其他公的后裔因各式各样的原因迁徙它地。从地湖吴姓人群的现有认同来讲，他们都认同世德公为其始祖。在基于同属世德公后裔的前提下，吴姓人群也会按照房支细分为尚林公和尚聪公两大支，即尚林公后裔也会进一步认同其是尚林公的后裔；而尚聪公的后裔也会认同其是尚聪公的后裔。

前文已说，地湖吴姓人群视世德公为地湖开基始祖。至于世德公为何要到地湖开基，因缺乏可靠的历史材料记载，具体情况不详。不过吴姓人群都会讲世德公是来地湖卖鱼后，留在地湖的。于是就有了"世德公地湖卖鱼"的故事。该故事在地湖家喻户晓，且人人都认为这个故事是真实的。故事内容大致为：

---

① 远口吴氏通谱编纂委员会编《远口吴氏通谱》第 5 卷，2000，第 13 页。笔者抄录于地湖乡永光村岩板头组吴 D. F. 家中。
② 远口吴氏通谱编纂委员会编《远口吴氏通谱》第 5 卷，第 13 页。

"插花地": 文化生态、地方建构与国家行政

　　世德太公原本生活在清水江边的远口,家有世禄、世德、世铭、世雄四兄弟。世德太公在家排行第二。在20岁左右的一天,世德太公从远口挑着鱼来地湖卖。当时,地湖主要居住着蒋姓人,其中,蒋姓人群中有一户大户人家,蒋父曾做过官,当时在地湖很有势力,掌握着大量的山林和田产。但唯一的缺憾是家中育有一已长到18岁还不会讲话的"哑巴女"。蒋家想了很多办法,都无济于事,最后偶遇一算命先生,告之该女乃要"见夫才能说话"。说来也巧,就在世德太公挑着鱼经过地湖岩板头路段时,被蒋姓"哑巴女"看见,并跑回家告知其父亲"有人卖鱼来了"。蒋父见女儿能开口说话,高兴至极,并联想到算命先生所讲该女要"见夫说话"这一"预测"。于是就特意将吴氏世德太公留下来,雇其当长工,开荒种地。后见吴老实能干、心地善良,就将其女儿许配给吴姓世德太公,吴姓世德太公也就成了蒋家的上门女婿,并赠送这对夫妇一块柴山(虎形山)。世德太公坟墓就在虎形山。

　　这个故事的可信程度很值得商榷。我们暂且相信世德公确实来地湖卖过鱼,但世德公一到地湖,蒋姓财主的"哑巴女"即能开口说话,这一点很难让人信服,且吴姓宣称世德公曾任湖广行省靖州路总管府佥事与上文的"卖鱼"人、"长工"的身份显然不符。因此,从整个事情的前后逻辑分析,此故事很有可能是世德公后人有意建构出来的。但即使是一个被人刻意建构出来的故事,为何会一直在地湖片区流传至今,且当地人都信以为真呢?若要深究这一问题,显然需要将此故事置于插花地这一特殊区域中加以把握。

　　在前文中,笔者已指出,地湖自明万历二十五年以来,已经成为天柱县身陷会同县辖境中的插花地,虽然其后天柱县的行政归属由湖广行省靖州管辖改隶为贵州省黎平府及之后的镇远府管辖,但

第三章 插花地"主人"的自我意识:以地湖吴氏宗族为例

只地湖也只是由县一级插花地变成了省一级插花地而已,其属于插花地这一实质性的情况并未改变。而插花地社区中,最大的问题则是土地权属确定的问题,若吴姓人群在地湖没有获取土地的所有权,插花地格局也只会是空中楼阁而昙花一现。在梳理相关文献后,笔者发现地湖在经历多次"劫难"后,属于插花地的"命运"一直未变。我们先抛开其他复杂的层面,仅从土地权属层面讲,吴姓人群获得地湖土地的所有权是不容忽视的因素之一。至于吴姓后裔的土地所有权是如何获得的,土地自由买卖、过继、祖遗等方式都可以实现,但一定要溯源世德公是如何获得当地土地所有权的,显然非常困难。于是,为了表明世德公到达地湖后获取土地的"合法性",或更直接地讲,世德公后裔为了确保其插花地"主人"的身份,需要利用有影响力的故事来进行自我表述,因此,"世德公地湖卖鱼"的故事也就随即被建构而生。

但故事终究经不起推敲,其间也存在众多疑点,尤其对于蒋姓人来说,更不能容忍吴姓人群就这样轻易"窃取"了本该属于他们的土地。为了能进一步表明吴姓人群入住地湖的合法性,地湖坊间流传着第二个故事,即"虎形山柴山纠纷获胜"。笔者将在下一小节中详细讲述并进一步分析故事背后的意义。

二 "虎形山柴山纠纷获胜":入住权的获得

若上文所述"世德公地湖卖鱼"是地湖吴姓人为表明身份,有意建构出来的故事,旨在说明吴姓人群进入地湖合法性的话,那么这种合法性必须基于土地权属的获取才站得住脚跟。于是,当地人在讲述"世德公地湖卖鱼"的故事后,往往会接着讲述第二个故事,即"虎形山柴山纠纷获胜",其故事内容大致为:

世德公与蒋氏"哑巴女"结婚后,经几代人下来,人丁越来越兴旺,占有的土地越来越多。蒋姓人认为吴姓人对他们构成了

"插花地"：文化生态、地方建构与国家行政

威胁，且认为吴姓人之所以能发展得这么快，是因为他们把原本属于他们的风水宝地"虎形山"要去了。于是蒋姓众等商议，要求吴姓人归还"虎形山"。在吴姓看来，虎形山是自己的祖坟山，自世德公葬下之日起，这一片山地就注定了永久属于吴姓，因为在这一区域的文化逻辑里，宣称自己占有某一块土地最有力的证据，莫过于将家里过世的男人葬在这片土地上。而且这片山是世德公岳父赠送给他的"礼物"，赠礼者将自己赠送出的"礼物"索回，完全违背了礼物流动的逻辑。而且赠礼者和受赠者都已故，谁——即便是双方的后代，都没有资格再次更改这片山林的归属。世德公的几个妻子都没有与他同葬在这片山上，不能不说是一种远见。这样就引起了一些纠纷，但蒋姓有势力，而吴姓有道理，纠纷很难解决。

经双方协商，最后的判决方式是，双方同时砍一棵大树，依据树最后的倒向来判定哪方获胜。吴姓砍该树的上边，蒋姓砍下边，树被砍断后若倒向了上边，算吴姓赢，反之则蒋姓赢。按正常来说，蒋姓肯定会赢，因为树的长势已经严重往下边倾斜。但说来也巧，就在树快倒的时候，突然吹来一阵"神风"，将树吹倒在了上边，结果吴姓赢了。此后，吴姓人更理直气壮地宣称该山是自己的了。

上述故事的结局是吴姓人获得了最终的胜利，且获得了"虎形山"的土地所有权，当地吴姓人认为："我们吴姓是在神灵的保护下才得以获胜，这是天意，既然天意都这么判决的话，那么本该属于吴姓人的东西，蒋姓人再怎么争也是争不去的。"基于这样的解释，吴姓人在地湖居住的"合法性"地位进一步巩固了。但若再结合第一个故事，有两点值得注意：一是需要与家谱记载相呼应，从这两个故事的内容来看，与《吴氏族谱》的记载存在脱节的现象；二是两个故事都依托于神灵强化吴姓人群定居地湖的合法性。从两

第三章 插花地"主人"的自我意识：以地湖吴氏宗族为例

个故事的前后逻辑来看，都是一套精心设计的话语操控，目的是使吴氏宗族在地湖这块插花地的合法性得到周边居民的承认。但周边各民族能接受这样的人为建构并不是因为他们愚蠢，而是另有深层的政治、社会等原因隐含其中：其一，吴氏出任靖州路总管府佥事之后，声望实力大增，周边的侗族居民不得不接受这样的既成事实；其二，地湖本身就是孤悬在坝区的丘陵，对主要从事农耕的侗族来说价值不大，即使争到也获利不多，如果在此时能得到外姓吴姓的支撑反而更有利；其三，随着明廷对全国的统一，朝廷有余力对侗区叛乱发动多次大规模征剿，吴姓家族在这一过程中倒向朝廷，实力更趋稳固，周边居民自然顺应事实，接受地湖吴姓的各种建构，使这块插花地形成的社会基础更趋稳固。

若上述两个故事是人为建构而成的话，那么历史时期的地湖吴姓人群在宗族的发展实践过程中，利用文字的表达，将地方认同与国家象征结合起来，从而建立起地方社会所谓的"正统的"秩序。笔者在调查中，就收集到明万历三十七年德祖位下八世孙吴仲华撰写的《德公墓碑记》，其原文如下：

> 我祖讳世德，字楚瑞，盛公之六世孙，月溪公之次子也。生元太（泰）定丁卯，至正甲午，领印授总管府佥事，由远口徙地湖，生子四：林、彬、忠、聪，洪武三年卒，葬虎形寅山申向。迄今二百余载，历代子孙蕃衍，人号望族，虽豪杰间生，代不乏人，然墓志未备，终为缺典，一旦六世孙道新，七世孙均全，八世孙子汉、子远等，诸谓生日，万物本乎天，人生本乎祖，我祖创业垂统，启佑后人，延及今日，衣冠济美，人文翘兴，倚欤盛哉！为子孙者，既不能建庙以隆孝思，又不能勒碑以志不忘，第恐传世已远，人心玩愒，祖功宗德，谁其念之。诸生曰：诚哉是言，敢问勒之，将何如？佥曰：碑铭记载，大率有三：曰颂祖德也，时祭扫也，戒侵犯也。如斯而

"插花地"：文化生态、地方建构与国家行政

已，诸生遂忻然，唯诺相与，敷陈其词，镌诸石以垂久远。
一颂祖德

　　缅思我祖，至德流芳，创业垂统，贻谋多藏，积攻累仁，匪居匪康，开先启后，弥久弥昌，螽斯庆衍，长发其祥，棉心世泽，惠我无疆，凡我子孙，永世不忘。
一时祭扫

　　孝先报本，礼重明禋，清明挂扫，自古皆然，追思我祖，世远年湮，礼制未备，寸衷缺然，自今伊始，议为条编，庚戌之岁，长房居先，次及二房，三四接连，四年一转，毋得推延。
一戒侵犯

　　我祖佳城，伏地虎形，龙真穴正，水秀山明，发我财产，旺我人丁，保我悠久，佑我文明，前后左右，讵容侵惊，四围乔木，自古培成，勿剪勿伐，用籍其荫，倘有故犯，灾祸随侵，立此盟誓，世世遵承。

　　明万历三十七年孟春之吉　　德祖位下八世孙仲华，字文斋，盥手敬撰①

　　吴仲华在撰写《德公墓碑记》时，首次明确了"世德公"生辰及其在远口吴氏大宗族系谱中的位置。以目前的情况来看，包括地湖在内的湘黔边境片区的吴姓人群都视远口为吴氏宗族的发源地，将吴盛认定为远口吴氏宗族的开基始祖，至世德公时，已属吴盛六世孙的后裔了。记载世德公"由远口徙地湖"，旨在强调与远口片区人群的同宗认同。不过据吴仲华的记载，德公位下只有四子，即尚林、尚彬、尚忠和尚聪，并未将"尚机"纳入世德公后裔中。作者为何会遗漏尚机公，因资料阙如，笔者不得而知。

---

①　地湖乡永光村岩板头组吴 D. Y. 家藏《吴氏族谱》（1987 年修）。

第三章 插花地"主人"的自我意识：以地湖吴氏宗族为例

通过分析吴仲华的这一记载，有两点值得注意，其一，世德公由远口徙居地湖确有其事，且在吴仲华撰写《德公墓碑记》的万历三十七年已经历了200多年。至于世德公是不是如后人所说的因到地湖卖鱼后决定迁徙地湖，我们不得而知。其二，强调了地湖与远口同宗共族的关系。碑记用很直接的系谱关系将二者联系在一起，即世德公为吴盛公的六世孙月溪公的次子，而吴仲华本人则是德公位下的八世孙。这样的线性系谱关系，更能让人信服两者之间确实存在关联性。不过，以笔者的判断，明万历二十五年时，天柱改所为县，地湖成了天柱县插入会同县境内的插花地。在日常生活中，吴姓面对的则是侗族等民族的危胁和挑战，为了强化自身的势力，万历三十七年才有意通过《德公墓碑记》将地湖与远口建立起"同宗共祖"的联系来，从而将远口片区广大的吴姓人群作为自己的靠山，使周边民族尤其是侗族居民不敢轻举妄动，侵占其土地。

此外，吴仲华云："为子孙者，既不能建庙以隆孝思，又不能勒碑以志不忘。"从这句话中可知，在万历三十七年时，包括地湖在内的广大地方社会还没有获取建立祠堂以祭祀先祖的权力，从而可知，即使到了明代中后期，祠堂也没有在这些地方出现。至于原因，则与中国古代的祭祀礼仪制度直接相关。详细情况，笔者将在本章第三节中详加讨论。

三 "宁舍阳地不弃阴地"：地权观念的自我表达

张应强教授指出："在传统中国社会结构中，地权关系是王朝典章制度背景下社会关系构成的重要基础，是标识地方社会土地所有权来源合法性及其关系转变的关键性因素。"[①] 张佩国教授也曾有过类似的论述："地权是乡村社会历史变迁的全息元，即地权蕴

---

① 张应强：《木材之流动：清代清水江下游地区的市场、权力和社会》，第8页。

"插花地"：文化生态、地方建构与国家行政

涵了乡村社会历史的全部信息含量。"① 从他们的表述中可知，地权作为一种长期存在的关系结构，一直影响着地方社会的自我建构，以及在日常生活实践中进行自我表达的方式。吴姓人群扎居地湖的过程，在不同的历史时期需面对来自国家、社会、经济、族群等不同外来力量的影响。当不同层面的外来力量逐渐渗入地湖社会后，地方社会与之进行多层次互动，在互动的过程中，会根据自己的能动性选择使用不同的策略加以应对，来构建自己的社会生活，从而使插花地延续至今。但社会生活的背后，实际上交织着各种权力和利益的博弈与获取，其中有关土地关系以及以此为核心的各种财产所有权和继承权等的界定与维护问题，又是所有问题的核心。我们可以大胆地反向推断，若吴姓人群没有地湖土地的所有权，那么地湖插花地格局也就不会形成。因此，要深入了解地湖插花地何以延续，需要关注其内部人和土地的关系是怎样的，以及土地在流转过程中的机制是什么。

在地湖人的土地分类体系里，土地被分为"阳地"和"阴地"两大类。"阳地"一般来说指活着的人居住的地方；而"阴地"则专指用于给死去的人进葬的地方。从功能角度来说，阳地可以给当地人提供物质或经济方面的保障；而阴地则是亡人"入土为安"的空间基础。从表面上看，阴地的存在似乎占据了人类的生存空间，但对地方社会来说，阴地除能安厝先祖之外，还具有某些象征性的意义。香港中文大学科大卫教授结合华南地区的研究，提出了"入住权"这一概念，指出，所谓"入住权"，是在一指定疆域内享有公共资源的权利。② 拥有"入住权"的居民才是本村真正的居民，而这些人之所以有"入住权"，是因为他的祖先住在这里，而

---

① 张佩国：《近代江南乡村地权的历史人类学研究》，上海人民出版社，2002。
② 科大卫：《皇帝与祖宗——华南的国家与宗族》，卜永坚译，江苏人民出版社，2009，第5页。

第三章 插花地"主人"的自我意识：以地湖吴氏宗族为例

他和这块土地的关系，也因祖先而来。① 科大卫的话指出了地方社会的实情，但他没有对祖先为何能在这里进行深入分析。笔者在地湖乡的田野调查发现，吴姓人群之所以能成为当地社会的"主人"，原因之一是他们具有在该地的"进葬权"。因此，阴地对当地老百姓来说具有特别的意义，即使搬出去的人，若想保存地湖"合法"居民的身份，阳地可以放弃，但阴地则极力争取保留。笔者在田野调查中就见到一张同治十三年（1874）订立的墓地"封禁字约"②（见图 3-2）。

  立合同封禁字约人甄家墓吴修祠、吴修复、吴顺珍、吴顺银、吴顺贤、吴顺文、吴顺熙。由甄家墓徙居塘冲者受富、受贵、顺淮、顺章、修堡；徙居众塘顺理、顺礼、顺成、顺鸿，人虽徙居，老屋地基尚存甄家墓，不朽屋背龙形阴地一穴开辟以来，无人进葬。前数年顺焠兄弟将显妣蒋氏老孺人葬此正穴，众等准情相让，不与计校，但恐顺焠兄弟得寸入尺，又恐人皆效尤，定然有伤地脉，乃请四房族长合同封禁，顺焠兄弟子孙只许祭扫现葬显妣蒋氏一坟，不许再葬，亦不得许于本山迁上、迁下、团中及团外，人皆不得于妣坟上下左右乱葬，庶几阴阳两穴，发福无疆，爰勒封禁碑一块，竖立鳌山祠堂，违者，祖宗降罚，大书合同字约一样四纸，互执为据。

  凭族长 顺朝 顺海 顺仁 源性 源江 源高
  长 房 顺亲 笔

            大清同治十三年三月十五日

---

① 科大卫：《香港新界乡村联盟与中国社会的架构》，台湾大学华南宗族演讲纪要，1998 年 5 月 12 日。
② 天柱县地湖乡甄家墓吴 Y.Y. 家藏。

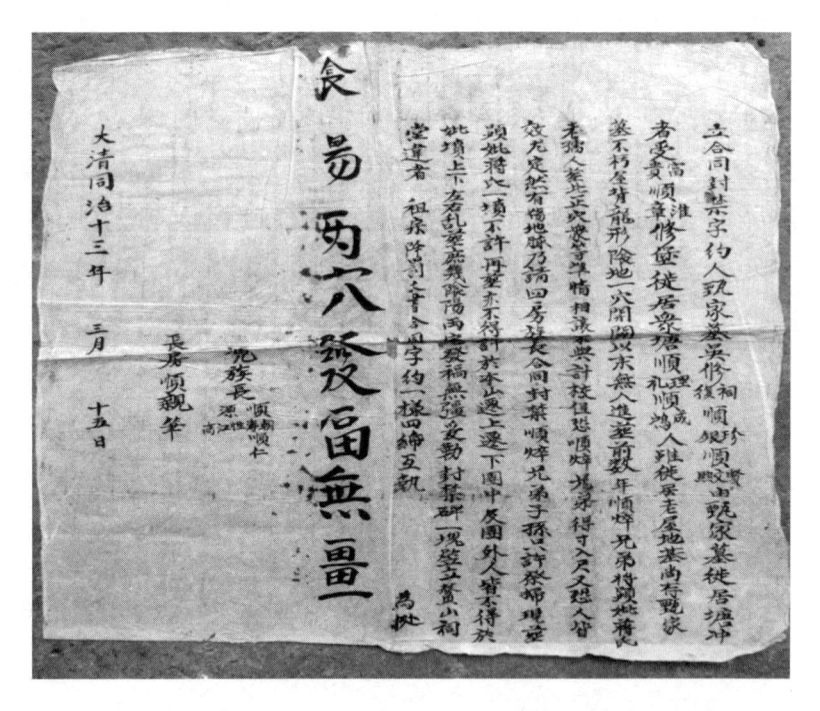

"插花地":文化生态、地方建构与国家行政

图 3-2　同治十三年三月十五日吴修祠、吴修复、吴顺珍等封禁字约

从该契约中可知,吴受富、吴受贵、吴顺淮、吴顺章、吴修堡从甄家墓迁居塘冲,吴顺理、吴顺礼、吴顺成、吴顺鸿等人则由甄家墓迁居众塘。迁居塘冲的吴修堡等人以及迁居众塘的吴顺理等人是否各自是一家人,仅从这份契约内容来看,我们无法得知,但他们可以共同拥有屋背"龙形阴地"的进葬权,从而可以得知,这些人应该是一个房族下的亲属。而契约中所提到的吴顺烊兄弟,可能与上述人等非同一房族下的亲戚,因而不具有该阴地的进葬权。至于为何要立封禁字约,契约也明确做出了说明,即同治十三年以前,吴顺烊兄弟已将蒋氏老孺人葬于此地,迁居塘冲及众塘人等怕吴顺烊兄弟得寸进尺,同时也怕其他人等乘机乱葬,为保存其阴地的所有权,以立字约的方式,将该阴地封禁起来,以留后用。

110

第三章 插花地"主人"的自我意识：以地湖吴氏宗族为例

表面上看，立订上述"封禁字约"的目的是防止他人在属于他们的阴地上乱葬坟墓，不过这一事实的背后折射出当地人对阴地所有权的重视，若失去阴地所有权，则意味着他们彻底与甄家墓脱离关系；若继续保存该阴地的所有权，则可以保证他们继续是当地的"合法"居民。

笔者在江口村上过堷调查时遇到过相反的事例，这个事例讲述的是非吴姓人群在新中国成立后虽然取得了该地阳地的所有权，但因一直未取得当地的进葬权，因而一直被当地吴姓人视为外来人，也就是被当作非当地乡民所理解的"合法"居民。

上过堷寨是地湖乡最东边的村寨，只要再往东走 1 公里就完全进入湖南省辖区了。该寨现有人口 80 余人，共计 23 户，其中属贵州的有 18 户，属湖南的 5 户。属贵州管辖的这 18 户全部姓吴，是世德公下的一个分支；而属湖南管辖的 5 户则全部姓魏，相传是在 1890 年前后，从湖南省会同县白龙潭搬迁来此地定居的。据吴 Y. L. 介绍：

> 清朝时期，吴姓有三家人从现地湖街搬迁至上过堷开荒，后定居此地。而魏姓先祖先是来上过堷帮助吴姓开荒，后见其勤劳、肯帮忙、人品不错，就与吴姓一女儿结亲，结亲之后，魏姓先祖也在此开荒，开荒所得土地均属于自己所有。因此，也就长期在此地定居下来了。魏姓是通过开亲的方式，或者说通过做上门女婿的方式，加之自己的辛勤劳动，获得了土地。到目前为止，魏姓从先祖来此开基以来，已经繁衍了四代，其中有两代生于解放前，而后两代则是解放后出生的。解放前获得的土地大部分是靠开荒所得，而解放后的两代人获得的土地则是通过土改所得。虽然魏姓在上过堷寨获得了土地，有了自己的家业，平日里，与吴姓人和和睦睦，每逢红白喜事，都相互帮助。但魏姓却一直未能获得在此地的进葬权。

在问到为何会出现这种情况时，吴 Y. L. 老人说道："反正按照祖宗的规矩，不允许魏姓在上过塆进葬，现在我们也只能这样办了，具体是什么时候定下此规，我们也无从得知，只是照办而已，且双方也都照此规矩办事。"

从这段材料中，我们可以得知，魏姓人群即使拥有该地的阳地，但由于其没有获得该地的进葬权，事到如今，都还不能在此地进葬。老百姓解释这一事情时，习惯上从保"风水"的角度加以理解，认为本族的阴地都是"风水宝地"，若外人进葬此地的话，会破坏本族的风水，从而给本族人带来诸多的晦气。因此，阳地可以划给他们，但阴地是千万不能送给他们的，阴地一般也只能在同姓人群间流动。不过从深层意义上讲，有了阴地，也就意味着拥有在当地居住的合法性，当地人怕外姓人抢走其阴地，事实是为了不容外姓人真正成为当地的合法"主人"，从而维系自己在当地的地位。

第二节　国家权力的地方性延伸：吴姓宗族的维系

吴姓人群在地湖定居后，需要面对周边蒋姓、朱姓等其他姓氏的压力，为了能使其在地湖生存的根基更加牢靠，吴姓人群借用国家的符号象征体系，以地方的宗族组织体系形式维系内部成员。具体做法是修建祠堂、创建族产、制定族规等，其目的在于加强地湖吴姓人群的内聚力，以维护其在地湖生存和发展的主导地位。祠堂的修建，将在下节中详细论述，本节将只围绕族谱、族产及族规事项进行分析。

一　族谱

族谱，在当地人看来是一件非常重要的物品。一般都会将族谱视为家里的宝贝，在保存族谱的时候，都会选择将族谱放在一个用

第三章 插花地"主人"的自我意识：以地湖吴氏宗族为例

木头制作的木柜中，以免虫蛀和水浸。人们也将族谱定位为"亲宗睦族者谱也，入孝出悌者行也，有守有为，光前而裕后者，才与学也"。每年农历六月六都会举行"晒谱"仪式，在这一天中，人们会将族谱拿出来晒一晒。

图3-3 1987年修撰的《吴氏族谱》

截至2000年，《吴氏族谱》共进行了十九次修撰。《吴氏族谱》始成于何时，查阅族谱得知，其最早应该成于宋代。南宋咸淳甲戌吴氏十四世孙吴京拜在《吴氏族谱·叙》中记载："吴氏谱，先君子尝取而修集之始于壬申，成于甲戌。"类似的记载也可见于1987年十八修《吴氏族谱》序言，"我吴氏家谱远自宋嘉定壬申光祖公创修以来，已历七百七十有四载，近乎一十三个壬申"。

不过，这两则记载存在自相矛盾的地方，即《吴氏族谱》到底始成于南宋咸淳甲戌（1274），还是60多年之前的南宋嘉定壬申（1212）？此问题还曾一度引起过争论，幸运的是，咸淳甲戌春

"插花地"：文化生态、地方建构与国家行政

十一世孙贡士吴醇乡曾写过《醇乡光春贡士与宋之辩谱先后之叙》① 一文，该文中有这样的记载："咸淳甲戌当是嘉定甲戌，既以书辨先后，何得迟至六十之久再观，廉里老人复城都书，谓从醇乡之确论，不吝改正，又观京公再修序称，光祖公为先君子，则是嘉定甲戌无疑，十五修人所以严讹错之例。"经过这次考究，吴氏后人都将《吴氏族谱》始创时间定于嘉定壬申，而咸淳甲戌则是重修，1987年十八修《吴氏族谱》将吴氏始修族谱的时间定于嘉定壬申想必也是基于这次考辨的结果。关于《吴氏族谱》的修纂时序问题，民国三年吴宝臣有较详细的梳理，之后，吴姓人群还根据各期修谱的情况，额外编纂了"修谱三字经"，悉数将《吴氏族谱》修纂情况记录下来。原文如下：

考纂修，自泰伯，庙堂碑，绵世泽，得谱系，自炉山，四万卷，书籍间。光祖公，宋嘉定，壬申年，修家乘。宋咸淳，京再修，文山序，六百秋。元元贞，有仁叟，三修全，命侄手。元至元，有焕文，甲辰年，四修勤。② 元大德，五修录，刘辰翁，序文属。第六修，元至元，咏祖德，有汝言。七分修，馆三里，炫堂公，兄弟起。明洪武，有茂初，八修录，重谱书。第九修，有嘉绩，天顺中，敦伦纪。第十修，有昭章，赠谱序，守益翁。十一修，元孙铎，嘉靖谱，述不作。十二修，号访公，大成谱，康熙中。十三修，分远洞，流宗派，分伯仲。十四修，馆地湖，赠序者，张学苏。十五修，两宗绵，馆地湖，馆黄田，忠孝备，节义全。十六修，德祖房，独分修，世系详。十七修，有宦堂，民国末，共和强。十八修，缔各房，与松桃，并款场，联后裔，迪前光。我基业，四千年，

---

① 地湖乡永光村岩板头组吴 D. Y. 家藏《吴氏族谱》（1987年修）。
② 此处"甲辰年"原文抄录有误，应系戊寅年。

第三章　插花地"主人"的自我意识：以地湖吴氏宗族为例

承让德，亘古传。①

结合上述各类文献记载，《吴氏族谱》历次修纂的时间大致如下：宋嘉定壬申年由光祖公始修；宋咸淳甲戌年京公再修；元元贞乙未年（1295）仁叟公三修；元至元戊寅年（1338）汝言公四修；五修和六修虽没有具体的时间，民国三年甲寅岁三十八世孙吴宝臣给十六修《吴氏族谱》所做的序言中指出："五修则有赞公之序可考，六修则有继宗公之诗可凭"，则将吴氏族谱修撰的前后顺序连接上了；明洪武丁巳年（1377）七修，明天顺己卯年（1459）八修；明成化癸卯年（1483）九修；明嘉靖甲午年（1534）十修；明嘉靖丙寅年（1566）十一修；康熙戊戌年（1718）十二修；乾隆己卯年（1759）十三修；道光丁亥年（1827）十四修；同治壬申年（1872）十五修；民国三年（1914）十六修；1947年十七修；1987年十八修；2000年十九修。

《吴氏族谱》自1212年始修以来，其后经历了十八次重修，结合历次修谱情况来看，清康熙戊戌年十二修吴氏族谱时，远在西南边疆地区的吴姓人群依旧与中院、上院等谱系人群联合起来修纂，此次修谱可算是"吴氏族谱之大成者"。然"乾隆己巳，有中院派讳勉之者，千里来黔，倡约合修，不数月而稿成，无如云山远隔，未克成功，此固我族姓，所无如何，而不能旦暮释然者也。是为之计，合修甚难，分修较易。于是各房议立执事之人，各清本支始末，踊跃分修，以毕己巳年集稿之心，绍千百世修谱之至也"。②从这一记载中可看出，乾隆己巳年时，修谱的情况出现了新的发展取向，即强调以远口为中心，涵盖周边地区的吴姓人群开始以远口

---

① 地湖乡江口村吴Z.K.家藏《吴氏三字经》。
② 《远口吴氏分修族谱序（十三修）》，远口吴氏通谱编纂委员会编《远口吴氏通谱》第5卷，第13页。

"插花地"：文化生态、地方建构与国家行政

开基的始祖吴盛为起点，通过在各房中立执事人，各清其本支始末，经过十年的时间，于乾隆己卯年，《远口吴氏分修族谱》得以告成。笔者将这种新的发展取向理解为由原先的重系谱关系转变为重地缘关系。至于为何要脱离中院、上院吴氏谱系，而以迁居远口始祖吴盛为起点修纂《远口吴氏分修族谱》，文献的解释则是"无如云山远隔，未克成功"。

类似的记载也可见于民国三年吴宝臣撰写的十六修《吴氏族谱·序》中，"吾族历代之谱实与庐陵、永新、安成、万安、永宁、泰和、远口合修，而族谱之大成者也，乾隆己卯文公倡修十三修，道光丁亥张学苏赠序十四修，此吾祖盛公由江西徙远口，其中院、上院各派远隔云山，惟与大制公禄公、德公、铭公、雄公而合修者也"。从这一记载中可以看出，在乾隆己卯十三修时，以远口片区为中心的《吴氏族谱》主要以由江西徙远口的盛公为起点，并将盛公六世后裔禄、德、铭、雄四大分派的子孙合修在一起，从而形成了以远口为中心，涵盖其周边区域吴氏人群的《远口吴氏分修族谱》。为何只以远口为中心修撰族谱，而不与中院、上院等江西族众联系在一起呢？吴宝臣给出的解释同样是"中院、上院各派，远隔云山"，所以不予考虑。

两则材料都指出了在乾隆己巳时，因与中院、上院等江西族众"云山远隔"，给合修《吴氏族谱》带来了不便，不过后则材料明显有抄袭前者之嫌疑。"远隔云山"能否作为始修《远口吴氏分修族谱》的理由，笔者对这一记载很是怀疑，怀疑的理由在于，康熙戊戌年十二修时，同样在"远隔云山"的情况下，远口吴姓与中院、上院等江西族众合修族谱于一起，而成为《吴氏族谱》之大成者。到了乾隆年间十三修时，为何就出现了"云山远隔"而不能合修的情况呢？笔者推断，路程遥远，应该不会致使远口吴姓不能与中院、上院吴姓人群合修族谱。要真正回答此问题，需要将其置于乾隆时期清水江周边地区的社会、经济发展的历史脉络中加

第三章 插花地"主人"的自我意识：以地湖吴氏宗族为例

以理解。

随着清康熙、雍正两朝的励精图治，清王朝国力得到明显增强，原本无暇顾及的西南边陲，由于其重要的军事战略地位，逐渐进入了清王朝的视野中。其间清廷采取了一系列的措施旨在办理苗疆事务。其中的几件事情或许与上述《远口吴氏分修族谱》一事有关，其一是"平定三藩"；其二是雍正年间西南地区的大规模"改土归流"；其三是"清水江河道疏浚"。清王朝"平定三藩"以及在西南地区大规模"改土归流"，使其对西南地区的统治力量得到进一步加强，从而能将国家意识形态更深入地渗透到清水江流域的广大地区。地方社会在面对强大的国家力量时，主动借鉴国家的象征符号，并利用文字的表达而达致对国家的认同以及地方社会的再创造。清水江河道的疏浚，从两方面影响到清水江流域地区，一是河道的疏浚使朝廷官员更直接、更频繁地深入西南苗疆地区，致使官民接触与互动频繁；二是清水江河道的疏浚，直接地促进了清水江木材贸易的繁荣。远口作为清水江木材贸易的重镇，其间来自朝廷政治、经济等方面的冲击比较大。

面对这一系列来自政治、军事、经济、社会等方面因素的影响时，重视以地缘关系为主的人际关系的建构，比重视系谱关系的网络建构更实用。可以从族谱的修纂中窥见社会人际关系的变化以及社会关系的变革。地方社会的建构并非一成不变。在面对不同情况时，地方社会会采取不同的策略加以应对，从而体现其能动性的一面。

地湖吴姓人群的族谱修纂情况，是"自明嘉靖丙寅、清康熙戊戌，仍与江西族众同修；乾隆己卯、道光丁亥、同治壬申复与远口族众同修"。从明嘉靖至清康熙，都与江西吴姓总谱同修在一起，到了清乾隆年间，地湖吴姓人群则直接将谱系与远口吴姓人群的联系在一起。以笔者的判断，其理由应该与远口族众脱离江西族众的原因相同。从而可知，吴姓人群在面对不同的社会、经济、政

"插花地"：文化生态、地方建构与国家行政

治背景的时候，会利用不同的策略加以应对，从而体现了地方社会建构自主性的一面。

二　族产

族产是维持宗族组织的经济基础，一般包括土地和宗祠。[①] 族产的存在，有利于开展各项集体性的宗族活动。历史时期以来，地湖吴氏宗族以鳌山祠的名义，创建了相当数量的族产，1987 年修撰的《吴氏族谱》记载，1947 年时，地湖鳌山祠有香田（祠堂田）十八处，田三十五坵。有关祠堂田的具体内容如下：

地湖鳌山祠堂香田产业记

语云，前人创之，后人守之，守之诚是也。然或为时势艰难所迫，或为宗族利益攸关，亦有不能尽守者，此届修谱类是。我族鳌山祠，自前人创置祭田贰拾肆处，以供粢盛而隆祀典，旧谱记载綦详。凡我后人，本宜世守勿败，奈因修谱期间，物品价值逐渐腾贵，生活程度逐渐增高。遂到派定之烟丁、名款等于漏卮，决算数倍于预算，所入不敷所出，办事殊多掣肘。我等再三筹划，知艰难迫于时势，加派既不能，而利益关于宗盟，停办又不可，爰集阖族，公同议决，权将小旺背香田六坵，黄丹壁香田壹坵，射段香田四坵，傍山香田壹处，土地坳香田一坵变卖，以资补助，方使一十七修之谱继续□事，兹值谱功告竣，谨叙数语于谱端，俾后起者，有所征，庶无故浪败之诛。

计开香田产业于后：
一处　狗冲田大小三坵
一处　黉学堂田一坵（旧有乔冲田一坵，后变卖以换此田）

[①] 周大鸣主编《当代华南的宗族组织》，黑龙江人民出版社，2003，第 60 页。

第三章 插花地"主人"的自我意识：以地湖吴氏宗族为例

一处　黄虎寨脚田一坵
一处　竹脚田一坵（旧系二坵，合为一坵）
以上田产道光丁亥谱所载

一处　沙子塝田三坵
一处　上田冲田一坵
一处　羊屎岩田一坵
一处　楼梯磴田三坵
一处　大树脚田二坵
一处　小旺背田大小六坵（修民国丁亥谱亏款公议售卖）
一处　墓冲油山一块，荒山在内
一处　祠堂左边园数磴，下抵鱼形来往小路祠，右祠后均有余地，在外一处祠前义学堂屋三间，其地基上下三磴，左抵路，右抵坎，后抵修汉屋基，并抵卖主园场，基前至庙门口，直抵蒋姓园场基。此处屋宇地基均已变换一义学，有田数处，系聪公位下朝器公于前明崇祯年间捐出，载天柱兴文里一甲东周户税捌亩六分，碑立梓潼宫。今收入以资当火以祀帝君，现在不资，膏火不祀帝君，族众合议收入祠堂，以供□盛。
以上田园产业同治壬申谱所载

一处　社段田一坵（修丁亥谱公议售卖）
一处　古楼坪田四坵
一处　丁角冲田三坵
一处　杨梅田段鹅盘坵田二坵
一处　桐木塝隔溪牛三坵石宽上田一坵
一处　桐木塝青龙背田一坵
一处　土地坳田一坵（修丁亥谱亏款公议售卖）
一处　岩板头早禾田一坵

119

"插花地"：文化生态、地方建构与国家行政

  一处 破镡子冲田二坵
  以上九处系民国甲寅以前所置

  一处 地灵连塘田三坵
  一处 受钟捐黄土冲田二坵
  一处 黄丹壁田一坵（修丁亥谱亏款公议出卖）
  一处 傍山田拾坵（修丁亥谱亏款公议出卖）
  一处 社段田三坵（修丁亥谱亏款公议售卖）
  以上五处系民国丁亥以前处置

  通共鳌山吴氏祠堂香田贰拾肆处，共田坵伍拾柒坵，修丁亥谱公议售去陆处，计贰拾贰坵，实有香田壹拾捌处，田坵叁拾伍坵，共载会同新文亩，又天柱新文吴氏鳌山祠户贰拾贰亩分，又补登虎形山荒山一块，上抵蒋姓荒山，左抵龙转塆园场基下，右均抵古路阴山，上抵白庙直上阳山，上抵聪共坟墓上坳颈。

  民国三十六年丁亥岁 三十九世孙显卿 经首谨记
          四十一世孙永杰

  上文记载的是 1947 年时，地湖鳌山祠所拥有的"香田"产业，但对于这些"香田"是如何获取的，文中并无记载，因此，笔者只能仰仗当地乡民的历史记忆对其做出说明。据吴 Z. J. 老人家介绍，族田来源于如下三方面：第一，购买得来。宗族内部会将未使用完的经费用于购置田地等财产。一年中，宗族需要花费的款项大致而言包括四方面：其一是挂亲时的费用。其二是晒谱时的费用。每年举行挂亲、晒谱活动时，所有地湖吴姓男丁都参加，吃喝所产生的费用由祠堂负责。由此可知，祠堂若不具有相对较多的田产的话，是无法满足每年举行挂亲、晒谱活动所产生的费用的。其

第三章 插花地"主人"的自我意识：以地湖吴氏宗族为例

三是维修祠堂的费用。其四是修谱需要的开支。每重新修一次谱，都需花费很大一笔开支，若族产没有太多剩余，祠堂也会根据情况，卖掉一部分财产。

第二，无后人继承的田产，也可归入祠堂。这一情况具有浮动性。虽然旁系亲属也可以得到这些田产，但需要支付一定的费用，若拿不出这笔费用，则会由祠堂来管辖。

第三，未能判定下来的纠纷田、地。对于存在纠纷且经过多次调解而无法确定其产权人的田、地，也可由祠堂进行管辖。

族田一般是租赁给宗族成员，据当地人介绍，族田按田的肥瘠收租，田肥的话，按四六开收租，耕种者得四成，祠堂得六成；若田贫瘠，且在偏远地段的话，则会按照六四开收租，耕种者得六成，祠堂得四成。祠堂通过收租，获得大量的粮食，这些粮食一般有专人看管，每逢举行挂亲、晒谱等集体性的活动时，所有的开销都由祠堂支付，因此，当时的人也非常乐意参加这些宗族活动。现在不行了，祠堂田在土改时析分了，祠堂也在"文革"时被人为拆毁，因此现在举行宗族活动时，参与的人也没有往日多了，整个活动也就没有热闹了，当地人无比感慨地向笔者"申诉"。

从乡民们的这些表述中可知，族田等族产在地方宗族活动中扮演着重要的角色。

三 族长：地方社会的领导权威

1. 族长：个人何以可能

周大鸣教授认为："宗族制度的体现，一是辈分，二是用族谱明确辈分关系，三是按辈分的高低确定个人在宗族中的地位以及权利和义务。"[1] 从权力结构上来讲，族长可视为地方社会的领导权威，但族长权威的获取并非依靠世袭而来，也并不需要用武力拼个

---

[1] 周大鸣主编《当代华南的宗族组织》，第59页。

"插花地"：文化生态、地方建构与国家行政

你死我活后才确定。辈分、年龄以及个人能力往往是确定族长的重要条件。

就地湖而言，辈分的确定是按照房支派系而来的，现在吴氏族谱主要以世清、世禄、世德、世铭、世雄几大公为房支派系的起点，确定不同房支派系的辈分情况。查阅"远口吴氏各房班辈用字总表"后发现，各房支派系班辈的前五辈都是相同的，即"尚、应、与、朝、道"，之后各房支的班辈用字就各不相同了。笔者调查的田野点大部分是世德公下的后裔，其辈分用字为："尚应与朝，道均子希，孟克盛定，集修顺受，明宗得宜，麟兆玉书，百瑞连坤，慈让素著，养学兼长，发扬种族，生聚全球，树勋海宇，丹桂芬芳。"① 现居住在地湖的人群主要由"明、宗、得、宜、麟"这几个字辈的人构成。以笔者的观察来看，辈分的确立，可以发挥两方面的作用。

其一，可使吴姓人群知道自己是哪个房支派系的后裔，在修纂族谱、溯本清源时，可以一目了然，不会因为人口众多、人群关系复杂而找不到自己的"根"，从而可以加强本房支派系之间的人群聚合。

其二，辈分往往也决定了社会中的称谓关系。日常生活中，处于什么样的辈分结构位置，就需要按照其谱系来确定如何称谓别人，年龄在称谓关系中的"决定性"地位似乎被辈分给"抢占"了，但年龄也不会完全起不了作用。例如，以地湖现居人群的辈分情况来说，属于"宜"字辈的碰到比其高一辈的"得"字辈的人该怎么称呼呢？若碰到这种情况，会出现两种称谓方式：（1）若"得"字辈的人年龄比"宜"字辈人的父亲的年龄还要大，那么该"宜"字辈的人就称呼其为"大爹"，即伯伯；（2）若"得"字辈的人的年龄比其父亲年龄小，甚至其年龄比"宜"字辈人自己的

---

① 地湖乡永光村岩板头组吴 D. Y. 家藏《吴氏族谱》（1987 年修）。

第三章 插花地"主人"的自我意识：以地湖吴氏宗族为例

年龄都还要小，这时，就依据辈分统一称呼为"nan ya"，意指叔叔。若碰到高其两辈的"宗"字辈或以上班辈时，就不管年龄大小，统一称其为"公"。因此，在日常生活中，经常会见到胡须斑白、年过古稀之人称呼年轻小伙子为"公"或"nan ya"的有趣现象，这时就是辈分关系在决定着彼此之间的称谓。

同样需要指出的是，辈分似乎是影响称谓关系的决定性因素，但年龄大小也同样具有影响作用。以上述事例来说，年轻小伙子不会因为自己的辈分高而直呼辈分低的长者其名，出于礼节，则会根据年龄大小，在称呼这位年长者时，统一称其为"哥"，这样就化解了很多尴尬。可以推断，辈分关系确实是影响当地称谓关系的决定性因素，但年龄也会在其中起辅助性作用。

在日常生活中，辈分虽然直接决定了人与人之间的称谓关系，但对于族长的确定问题，辈分似乎又并非唯一要素。笔者在田野调查中就班辈、年龄与族长选定之间的关系问题，访问了当地人。在被问到是否辈分大就会被选为族长这一问题时，当地人会回答，"这个不一定，还要看他年龄大不大。一个小孩，即使辈分再大，也不会选他当族长的"。笔者又问："那么是不是年龄最大的，就可能被选为族长呢?"得到的回答又是"这个不一定，年龄大的一定会成为他们小房族的族长，但不一定能成为整个地湖吴姓人的族长"。如何才能被选为地湖吴姓人的族长呢？吴 D. F. 老书记的话或许更具概括性：族长也并非人人都可以当选，要想成为族长，起码要具备以下条件：(1) 德高望重；(2) 势力强大，乐于奉献；(3) 要识字，能文能武；(4) 事事要具有带头作用。

从这一回答中可知，族长的权力并非来自世袭，也并非简单地取决于年龄和辈分，而是需要将辈分、年龄以及个人能力等要素综合起来加以考虑，在确定辈分和年龄这两大前提下，个人的能力往往是决定该人能否胜任族长一职的重要因素。

作为一族之长，其权力也只限于处理与宗族有关的内外事物。

"插花地"：文化生态、地方建构与国家行政

对外方面，负责与外族人协商纠纷问题如何解决，保护族人的财产安全免受外人侵占；对内方面，调节整个族人内部的各项纠纷事宜，负责召集族人参加集体活动（如清明节挂亲、六月六晒谱等），负责制定族规，带头处理违反族规的行为。族长本宗族内部各成员举行宗族活动，甚至可以以宗法形式惩罚违反族规的人，但族长的权力也只限定于宗族内部，对宗族以外的事情则无法干涉。族长不会包办日常生活中的一切，如决定何时犁田、哪家该喂几头猪、哪家该种几亩地、哪家该造几亩林子等事情。

在权力结构中，当地社会除了有族长外，每个房族中还存在小房长，与族长产生的过程不同的是，房长往往是依靠年龄来确定。当地人介绍说，一般来说，同一个直系血缘下的最长者，就成为一个小房族的房长，房长的确定是看该直系房长中谁的年龄最大。简言之，小房族的成员就是房长直系血缘关系下的所有儿子、孙子等，管辖的范围也就是以自己为最高点，管理自己的儿子、孙子。

房长在管理自己家务，以及析分财产、买卖田土、小规模的祭祀活动等具体的社会生存活动中，往往拥有很大的权力。房长的权力是依照其年龄而来，这就是所谓的结构性权力。但房长若去世后，其权力也随之消失，他不能把权力直接传递给他想指定的人。新的房长又得重新从老房长的儿辈中产生，但这时就会出现分化，若老房长有4个儿子，那么就可能分化成4个房长，每个新房长直系血缘关系下的儿子、孙子们又会将他作为房长。如此下来，地方社会中往往会出现很多小房长，即每个直系家庭中都会出现一个小房长，小房长负责管理家庭内部事宜。因此，从权力结构角度来说，作为整个吴氏宗族的族长与作为小家庭的房长的权力不存在必然的冲突，房长更多是起中介作用，将族长的一些相关精神在小房族内部推行实施，从而使族长的权力能更好地渗入每个人的社会实践中。

2. 族长与甲长：权力结构的分立与共生

费孝通先生认为，传统中国乡土社会的权力可以分为三种：横

124

第三章 插花地"主人"的自我意识：以地湖吴氏宗族为例

暴权力、同一权力、教化权力。而依据权力来源，又可分为正式权力和非正式权力。正式权力来源于国家政权，是政府权力在地方的代理，是自上而下的；非正式权力来源于习惯和传统，是自发、自治组织所具有的权力。前者属于大传统（Great Tradition），后者属于小传统（Little Tradition）。

麻国庆教授认为："中国国家的运行机制除自身的一套逻辑外，在民间社会也有一套自行的逻辑，这一逻辑并不是孤立的，它本身的一些社会实际又能对国家的运行起到推动的作用。因此，国家与社会，大传统文化和小传统文化的关系，并非仅仅为由上到下，由大到小的问题，有时也是一种由下贯上，由小到大的'折射'关系，这一视角置于对中国文化和社会的研究中，无疑是有一定意义的。"[①] 地方社会生活的后面，其实隐藏着各种权力的交错与博弈，也正是这些权力的存在，直接影响着地方社会的建构。以民国时期地湖社区为例，从权力结构来分，社区中存在两种权力，一是来源于国家政权的正式权力——保甲制度（大传统）；二是来自地方基层社会的权力结构——宗族组织（小传统）。从调查的结果来看，这两种权力并非从属关系，而是一种共生与分立的辩证关系。有关保长、甲长权力和族长权力的关系问题，笔者也曾与当地的乡民有过交流。

在简单地问保长和族长在民国时谁的权力大时，大部分乡民认为，族长的权力要大些。乡民们认为：（1）族长所管辖的人多些，人多势众；而保长所能直接管辖的人则有限，因此，不足以撼动族长在地方上的权威。（2）族长所办的事，都是老百姓需要解决的实事，且决定下来的事，老百姓都信服。而保长表面上可以起到维护当地社会安定的作用，实际上，所能起到的作用微乎

[①] 麻国庆：《宗族结构与村落政治：集权、分权及自治》，周大鸣主编《当代华南的宗族组织》，黑龙江人民出版社，2003，第30~31页。

"插花地"：文化生态、地方建构与国家行政

其微。保长一般负责派款、抓壮丁之事，保长和甲长被当地老百姓视为"政府的走狗"，整天只知道从老百姓身上榨取点东西，而不为老百姓做点实事。尤其涉及本地与外面纠纷事情的处理时，保长更是无能为力。而族长则不一样，他们不仅可以直接处理这些事情，而且所说的话具有较重的分量。因此，综合比较起来，还是族长的权力大。

在问到有族长好些还是没有族长好些的问题时，吴 Z. N. 说道："当然是有族长好些，在原来有族长时，人心都齐一些，老百姓做任何事情时，都以族规作为行事准则。即使发生一些小的纠纷，只要族长到场处理，纠纷双方都乐意听取族长的调解方案，因此一些纠纷问题也容易得到解决。虽然现在地湖也有族长，但那是虚名，没有真正的权力，老百姓都不听他的话，大家也不把他当族长看。"吴 Z. N. 还以现有事例对其观点进行了佐证。他说："现在地湖这里，有些子女很不孝顺，若在以前，族长就会将其带至祠堂，对其进行教育，经教育之后，还不悔改，那就根据族规实行处罚。一般人经过族长的教育后，都会认识到自己的不足，进行反思。因为这不孝之子意识到，族长的话代表着当地整个吴氏宗族的意见，因此很有效用，除非自己不想在当地生存了，那就可以无视族长甚至是吴氏族规的存在。"他还说道："另一个现象是同姓开亲问题。虽然吴氏族规中明确规定不允许吴姓同姓开亲，但现在就有几个在同姓之间开起了亲。三管团、三背坳、元界脚、众塘、江口等自然寨都已出现了这种现象。虽然其他人都认为同姓开亲这种做法不对，但也没有人敢直接去干预这种事情的发生。要是在以前，若发生这样的事情，族长定会进行处理。族长的做法是，首先会对双方当事人进行批评教育，若教育之后还要强行同姓结婚，则会受到相应的处罚，并会受到族人的唾骂。因此，以前几乎没有同姓开亲的情况发生。"

吴 Z. N. 的话不无道理，指出了非正式权力在推进地方社会发

第三章 插花地"主人"的自我意识：以地湖吴氏宗族为例

展时所起到的作用。但同样需要注意，除了非正式权力外，来源于国家政权的正式权力也同样影响着当地社会的发展，只不过在不同的历史时期，各种权力在不断互动和博弈中，其所处的地位有所不同罢了，明白了这一点后，我们也就可以知道族长与甲长之间的关系了。

族长作为地方基层权力的代表，一般是由宗族内所有族人通过选举的方式而产生，体现其产生的民主性一面，族长一般由一些德高望重、办事公正，且有一定知识的人担任。若族长在任期有不负责任、贪污腐败等情况，族人则会随时弹劾他。若族长高度负责、办事有魄力、任劳任怨地为宗族办实事，其任期则不限长短。

保长则由政府委派，是管理权力的代表。保长的权力一般由政府部分赋予，但担任一地方社会保长职务时，其并不能为所欲为，其权力反而受地方宗族势力的制约。吴 Z. J. 说，一般保长由政府委派下来后，都需先与族长搞好关系，否则办不了事。从这句话中可知，保长作为国家权力的代表，具有正式权力，但深入地方社会后，还是需要协调好与地方权力结构的关系，否则其所具有的权力会失去效用。正所谓"强龙难压地头蛇"。

第三节 "鳌山祠"：吴氏宗族的文化象征与礼仪中心

上文已说，吴姓人群通过修撰吴氏族谱、控制族产而得以将地湖吴姓人群维系起来，但为何通过修族谱、控族产就能维系当地人群呢？要回答此问题，需要考虑礼仪中心——祠堂的存在。地湖鳌山祠堂并非在吴姓地湖开基始祖迁徙地湖时就存在，而是在社会历史发展的过程中，在明嘉靖后国家礼仪改革、国家意识形态渗透，以及当地社会政治、经济发展之后才形成的。鳌山祠堂的出现，是地方社会政治、经济等综合发展的表达。

"插花地"：文化生态、地方建构与国家行政

一 鳌山祠的历史与记忆

清乾隆丙辰年至新中国成立后的"文革"时期，地湖吴姓人群一直有自己独立的祠堂，曰"鳌山祠"。为何将此祠堂称为鳌山祠，道光七年吴氏三十五世孙吴集性撰写的《地湖鳌山祠堂记》中载："祠在地湖鳌山之巅，颇赡深山之胜，前对鹫岭，后枕三山，二水合流，环绕前后，体状如鳌，以鳌名之取，似也。"① 可以得出，鳌山祠堂之得名是因其所处之山形似"鳌鱼"，故取名为鳌山祠。笔者在刚进田野时，曾提出能否去鳌山祠看看，以一睹其风采的想法，但老百姓说鳌山祠已不复存在了，在"文革"时期被毁，且该祠地基已被后建的"地湖学校"所占据，笔者对此甚感惋惜。虽现实中的鳌山祠已不复存在，但鳌山祠庄严雄伟的形象仍清晰地留在当地老百姓的记忆中。前几年，当地文人吴 M. B. 撰写"地湖四十八景之二——鳌山祠"时，就曾据其记忆对鳌山祠有如下描述：

> 祠的正面高大雄伟，光彩夺目。"德祖茔灵朝鹫岭，吴氏宗族跨鳌山"的大幅对联和多处板幅诗词文选，魅力文人欣赏。精工装饰的龙凤舞剧，历史名人塑像、生态动物界的各种形象。双龙抢宝，龙飞凤舞，八仙过海，各显神通。多种多样雕刻艺术，琳琅满目，栩栩如生。祠内五龙抱柱，宽畅文雅，大厅小厅，厨房宿间，整洁干净。堂前是吴族先祖的巨幅画像和灵位，神奇灵应。内做宾馆式样的四合天景和三让堂的大镜屏，标志至德崇高。两侧各种装饰和功德千秋的名碑。我记得，鳌山祠堂用砖块做成的大窨子屋，是劳动人民智慧的结晶。走进祠堂，仿佛进入仙境，就像走进神奇壮丽的世界。举

---

① 地湖乡永光村岩板头组吴 D. Y. 家藏《吴氏族谱·朝松公分谱》（1987 年修）。

第三章 插花地"主人"的自我意识：以地湖吴氏宗族为例

头仰望，肃然起敬。①

吴 M. B. 的这一描述虽有夸张之嫌，但结合当地老百姓的记忆可知，未毁之前的鳌山祠确实雄伟壮丽。道光年间的吴集性也曾对鳌山祠的形状有过描述："其址高爽宽平，周正轩豁，即登眺之，倾亦足怡神，诚吾祖所遗之胜地也。其祠宇四进，为堂、为室、为两廊、为前厅，其右为会馔所，前为高门，低昂合度，体制攸宜，诚吾祖栖灵之所也。"② 吴集性于道光七年撰写此《地湖鳌山祠堂记》。撰写此记时，鳌山祠堂应该还存在于地湖鳌山，因此，他对鳌山祠的描述应更接近于实情。

鳌山祠堂建于何时，《地湖鳌山祠堂记》同样有明确的记载："建祠之期，始于乾隆丙辰年（1736）也，复修于乾隆壬寅年（1782）也，至润屋、集化、元秀、玉彰、仕浚等，嘉庆庚午年，复修前厅之首士也，是皆有劳于祠，故并纪之也。"③ 至于吴集性为何要写这一"祠堂记"，他本人也说明了原因，即"余尝考诸前谱，自永新祠，以致萃和诸祠，皆有记，而中团、黄田，亦有图记，以附诸谱，独吾鳌山祠之祀楚缙公者，而无记以纪之，是忘祖宗集恩之德，没前人创造功也，可乎?"从这一层面来讲，若没有"祠堂记"，似乎有点愧对老祖宗的恩德。"无祠则人心涣，涣则爱敬不周，上毋以获祖考之权，下毋以联宗族之谊也。"吴集性也讲述了祠堂的重要性，没有祠堂的话，则人心涣散。这表达了多数人对没有祠堂一事的看法。

乾隆二十五年拥有进士身份的世铭公后裔吴先昇，为纪念由庐陵安塘迁徙远口的盛祖所撰写的《远口吴氏大宗祠记》中也曾对为何要建"远口大宗祠"以及"鳌山祠"等分祠一事有过记载："然乾隆丙

---

① 据吴 M. B. 手稿抄录而来。
② 吴 D. Y. 家藏《吴氏族谱》（1987 年修）。
③ 吴 D. Y. 家藏《吴氏族谱·朝松公分谱》（1987 年修）。

"插花地"：文化生态、地方建构与国家行政

辰，有堂伯讳承傅字习翁者，念切本源，爰约通族倡议建祠，占卜远口城西门内得地基一副，平衍爽垲，脉钟峰灵，向迎清水，宅中族处道均……亦兴文之胜地，祖之所贻，乃祖之所栖也。今虽二房德祖位下，以道远疏祭为虑，就地分建于地湖之鳌山；大制祖祠别设于中团村右河岸，兹乃祖禄、铭、雄三公后裔合建斯祠。"① 之所以要建立"远口大宗祠"，表面上看是"念切本源"，而实际上是想通过修祠达到维系吴姓人群的目的。至于为何要在地湖建立"鳌山分祠"，则是基于"以道远疏祭为虑"。

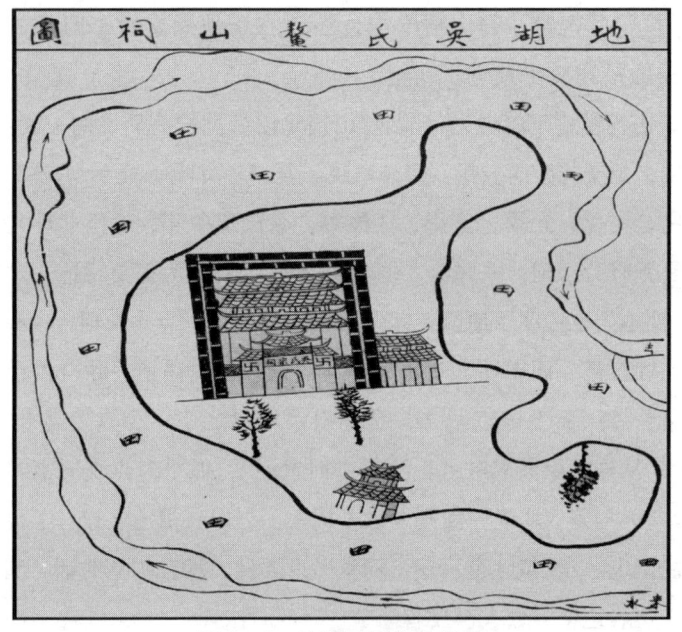

图 3-4 地湖吴氏鳌山祠图

资料来源：《吴氏族谱》（1987 年修）

据当地人回忆，未毁之前的鳌山祠里供奉着地湖吴姓人列祖列宗的灵位牌，在老百姓心目中，鳌山祠极为神圣。每逢集体活动，

① 吴 D. Y. 家藏《吴氏族谱》（1987 年修）。

130

第三章 插花地"主人"的自我意识：以地湖吴氏宗族为例

吴姓人都会在祠堂里面举行，若是本族人犯了族规，也都来祠堂里裁判，并宣判结果，犯错之人也服从判决。笔者追问，为何在祠堂里判决后百姓都信服呢？当地人解释说，在祠堂里宣判，是当着列祖列宗宣判的，代表的是祖先的旨意，不服不行呀。

又据吴 D.F. 老书记介绍，鳌山祠里曾长着一棵很大的桂花树，每年秋高气爽之时，是乘凉的好地方，吴氏宗族的族长每次召开宗族会议、惩罚违反族规的成员时，都选择在桂花树下进行。对于惩处罪大恶极的人，要么将其捆在桂花树上，要么将其吊在桂花树上，以示惩罚，因此，后人往往用"上桂花树"代指接受宗族的惩罚。

20 世纪 60~70 年代，"文革"的风波也波及地湖插花地社区，在"破四旧、立四新"的影响下，地湖鳌山祠与契约文书等一道被视为革除的"对象"而遭到拆毁。而此时，正值吴 D.F. 任村支书，为了响应号召，他与当时的村主任不得已而为之，带领当地群众将鳌山祠拆毁。据其介绍，当时从祠堂卸下来的纯铜菩萨像就随便丢弃在马路边，里面陈放的地湖吴氏宗族列祖列宗的牌位也被一把火烧掉了。当时有些激进的人认为这还不够彻底，于是，为了做到彻底，干脆将鳌山祠的整个楼宇也都拆毁了。现在想想，甚是可惜。

近年来，随着宗族活动的复兴，当地老百姓对鳌山祠的思念与日俱增，且天柱县城附近的宗祠都未在"文革"风波中遭到毁损，现在成了县级文物保护单位，两相对比后，吴 D.F. 老书记自然成了当地人口诛笔伐的对象，认为是他一手将鳌山祠毁掉的。每每与笔者谈起此事，吴 D.F. 老书记都心存歉疚，总觉得对不起地湖吴氏宗族的列祖列宗，但他同样也深感无奈，认为在当时的政治及社会局势下，人的个体思想在革命的浪潮中完全消失了，认为只有这样做才符合当时形势发展的需要。

"插花地":文化生态、地方建构与国家行政

图3-5 地湖岩鼓新修的"吴氏宗祠"

二 作为礼仪中心的鳌山祠

科大卫和刘志伟两位教授根据华南地区宗族的研究,指出:"明清以后在华南地区发展起来的所谓的'宗族',并不是中国历史上从来就有的制度,也不是所有中国人的社会共有的制度。明清华南宗族的发展,是明代以后国家政治变化和经济发展的一种表现,是国家礼仪改变并向地方社会渗透过程在时间和空间上的扩展。宗族的实践,是宋明理学家利用文字的表达,推广他们的世界观,在地方上建立起与国家正统拉上关系的社会秩序的过程。"①两位学者的研究摆脱了以往视宗族为"血缘群体"或"亲属组织"的局限,将明清时期华南地区宗族的发展置于国家政治与经济发展的脉络中加以把握。在面对明清时期宗族组织为何可以成功维系社

---

① 科大卫、刘志伟:《宗族与地方社会的国家认同——明清华南地区宗族发展的意识形态基础》,《历史研究》2000年第3期,第3~14页。

第三章 插花地"主人"的自我意识：以地湖吴氏宗族为例

会和推动经济制度时，科大卫认为："要回答上述问题，必须与同时期的礼仪运作联系起来。"① 并以华南为例，进一步指出："华南地区的所谓大族，不只是通过修族谱、控族产就能维系社会，更通过张扬的家族礼仪来维系。"② 而作为家族礼仪的中心——祠堂在其中扮演着重要的角色。科大卫通过史料的爬梳，认为在明后期，在国家礼仪改革中，虽没有通过法律明确赋予庶人建家祠的权力，建家庙的条件则相对放宽了很多，只要可以找到一个五代前有资格建家庙的祖先，即使庶人，亦可以这个祖先为核心，建立有合法依据的家庙。③

笔者将延续上述两位学者的研究旨趣，指出地湖吴氏族谱的修纂、族规的制定、族产的控制，在实践层面中有利于推进当地宗族组织的发展，利用宋明理学的意识形态在地方社会的渗透与发展，致使地方社会借用国家的象征体系，能动地对地方社会进行了整合。除了利用上述制度性的层面进行整合以外，如何将这些制度性层面的意识形态渗入个体的意识中，作为地方社会的礼仪中心地的祠堂发挥了重要的作用。在祠堂里举行隆重的祭祀仪式，夸张的仪式过程，强化人群的凝聚，从而整合了地方社会。利用宗族使地方社会达致对国家的认同，并在国家认同这一前提下，创造自己的历史、社会与文化，其最终也获取国家对地方社会的认同，即地方社会与国家是一种辩证的关系。具体到地湖而言，通过这种辩证关系的维系，使其能通过宗族的手段维系吴姓人群，最终确保了插花地格局的存在。

---

① 科大卫：《祠堂与家庙——从宋末到明中叶宗族礼仪的演变》，《历史人类学学刊》2003年第2期，第1~20页。
② 科大卫：《祠堂与家庙——从宋末到明中叶宗族礼仪的演变》，《历史人类学学刊》2003年第2期。
③ 科大卫：《祠堂与家庙——从宋末到明中叶宗族礼仪的演变》，《历史人类学学刊》2003年第2期。

"插花地"：文化生态、地方建构与国家行政

笔者研究的地方并非华南地区，上述两位学者基于华南研究而得出的结论可否用于身处西南地区的插花地社区，也曾是笔者认真思考的问题。但在了解田野点所在地区的历史发展过程中发现，地区的差异性固然存在，但国家通过礼仪改革后将其意识形态渗入笔者的田野调查点的过程与华南地区有很多相似之处。因此，上述学者的研究思路对于此处的探讨不无启发。

吴宝臣撰写的《重修远口吴氏大宗祠记》中有云：

> 古者庙制，自大夫以下士二，官司一，庶人无庙则荐于寝，后世宗法不行，恐人之流为僭也，改庙而祠之，则无论士庶均得立祠，以奉其祖宗。盖今之祠堂合数世为一庙，比之古人二庙三庙之规模，既为简略，而所谓祭者，亦非复鼎俎豆笾之盛，则虽祀及远祖，固不嫌于越分，且礼缘义起，不如是，子孙之心不安，祖宗之灵爽不萃非，所以重本根、宏孝道也。①

从这一记载中可知，吴先昇所记载的祭祀礼仪规定与《周礼》所规定的天子七庙，诸侯五，大夫三，适士二，官师一，庶士、庶人无庙，祭祖称于正寝之列的祭祀礼仪制度相吻合。结合这两则记载可知，古代的祭祀礼仪有严格的规定，一般的平民百姓并无权利建庙即后之"祠"以祭祀祖先。据科大卫研究，明清以后，在地方社会广泛出现的"祠堂"，是南宋以后，朱熹及其他人在礼仪改革的过程中，鉴于"庙制不见于经"，但"士庶人之贱，亦有所不得为者"，因此倡议把士庶祭祀的场所不称为"庙"，而改称为"祠堂"。②结合上述记载及研究可知，"祠堂"

---

① 吴 D. Y. 家藏《吴氏族谱》（1987 年修）。
② 科大卫：《祠堂与家庙——从宋末到明中叶宗族礼仪的演变》，《历史人类学学刊》2003 年第 2 期。

第三章 插花地"主人"的自我意识：以地湖吴氏宗族为例

并不是古已有之，而是随着南宋以后礼仪改革而出现的产物。但即使从南宋以后就允许士庶建立"祠堂"作为祭祀祖先的场所，但并不是每一个庶官都有权利建立祠堂，而是必须拥有相当品级的官职后才可以为之。明嘉靖年间，夏言奏疏改变祭祖礼仪，并获准通行，从而将建立家庙的条件大大放宽了。科大卫教授认为，夏言疏议改变有关祭祖和建立家庙的礼制规定之后，品官建家庙获得了明确的合法性。虽法律上并没有赋予没有任何品官的庶人建立家庙的权利，但只要可以找到一个五代以前有资格建家庙的祖先，即使庶人，亦可以这个祖先为核心，建立有合法依据的家庙。[①]

从这一系列的变化中可以知道，明清以后所能见到的祠堂，是宋明理学思想以及明嘉靖年间礼仪改革之后才出现的。不过祠堂出现的意义，并不在于这美轮美奂的建筑本身，而在于透过这一建筑物所反映出来的社会生活的演变。这是国家意识形态向地方社会的扩张和渗透，同样也是地方社会利用符号象征整合进入国家的过程。

具体到地湖而言，鳌山祠修建于清乾隆年间。而在此之前，地湖并无"祠堂"可言，明万历三十七年吴仲华撰写的《德公墓碑记》可资佐证。但原本这些"不通声教"的苗民为何会在乾隆年间要建立祠堂？这其实与当时的整个国内形势有关。其一，经明嘉靖年间的礼仪改革后，朝廷大大放宽了建立"祠堂"的条件和要求，使士庶建立祠堂成为一种可能。其二，经过顺治康熙两朝的励精图治，清王朝的统治势力得到了极大的巩固，原本无暇顾及的西南地区，出于战略目的的考虑，被重新纳入中央王朝的视野。随着雍正年间西南地区"改土归流"的实施，黔东南广袤的"生界"

[①] 科大卫：《祠堂与家庙——从宋末到明中叶宗族礼仪的演变》，《历史人类学学刊》2003年第2期。

被陆续纳入中央王朝的版图之中，从而有利于国家的意识形态在这一地区渗透。其三，从明中后期开始，清水江流域的木材贸易逐步走向繁盛，民与民、民与官之间的互动变得可能，文化之间传播也就更加频繁了。当地人在与外来民族，尤其是与汉族接触、交流与互动中，吸收了汉民族思想，从而为鳌山祠于乾隆年间的修建提供了可能。

总之，鳌山祠是地湖吴姓人群在当时国家政治变化、经济发展的过程中，寻求利用国家的象征而达致自我认同的一种表现形式。

三 鳌山祠复修筹备

由于地湖鳌山祠毁于"文革"时期，在当今地湖人心目中失去了根基，加之20世纪80年代以来，拨乱反正、改革开放思想的深入发展，各地方都出现了宗族复兴的迹象。周边吴氏总宗祠及其他分祠都还保存着，唯有鳌山祠已不复存在。为重建鳌山祠，近些年来，地湖籍（湘黔）吴姓人群成立了"地湖吴氏宗祠筹建委员会"，从2006年开始，一直积极筹划鳌山祠的重建工作。就鳌山祠重建一事，笔者访问了主管此事的现任吴氏宗族族长吴Z.Z.。他介绍说，鳌山祠恢复重建工作正在朝着有利的方向发展，地湖吴姓民众对此事的积极性很高，但同时也面临一些困难，主要表现在地基和资金两方面。针对这两方面的困难，以他为牵头人，地湖吴氏宗祠筹建委员会全体成员商议后，主要从如下两方面着手处理。其一，民间筹款。这一方面又分为两种情况，一是希望地湖籍的吴姓人群踊跃捐款，捐款数额达100元以上者，将其名字刻在碑上，使其流芳百世，遗美后人。二是按照地湖现有人数，不分男女老少，按20元/人的标准收取费用，用于祠堂重建工作。其二，向政府部门打报告，希望给予地基和资金方面的帮助。就地基方面来说，因地湖鳌山祠堂原地基已经被地湖学校占据，不可能把学校给拆迁了，再在上面修祠堂，为了使鳌山祠继续留存在鳌山上，希望把学

第三章 插花地"主人"的自我意识:以地湖吴氏宗族为例

校周边的空地批下来,当作祠堂地基。资金方面,因重建鳌山祠的花费起码在百万元以上,若光靠地湖老百姓筹集到的资金是远远不够的,因此,希望政府部门也给予资助。笔者也很有幸见到了"募资倡启"①和"请求重建地湖鳌山祠的报告"②,具体内容如下:

募资倡启

尊敬的地湖籍(湘黔)吴氏宗亲贤士们:

您们好!

古云:"外物本乎天,人生本乎祖。"祖之行我,又得一报,报之何所?祠宗也,祠堂也。

承建鳌山祠,不肖者毁之,致臻痛极,欲复宗祠,恐成蒙昧。岂知今日,党政仁明,励我庶众,修复文明景迹。此举诚促,德祖来孙,光复鳌山祠,契机至矣!各族之大喜即至,吾辈之夙愿已遂!情不自禁,鳌山吴氏宗祠万事长青。

远吾近谓,今我祠建委会议决定:"高贵贤士主动助资(不分男女),每户每丁献币20元经资筹建(当今法定人口不分男女)。众之血汗,务必珍惜,誓杜浪贪之行,乃会之重责。在此,敬望德祖位下之贤裔敏孙,趁当今太平盛世,切莫坐失良机,欢快捐资,成此大事耳!"

地湖鳌山祠建委会
宗长:
会计:
出纳:

筹建小组:吴 D.X.、D.S.、C.Z.、Z.M.、Z.S.、M.X.、

---

① 吴 Z.Z. 家藏文件。
② 吴 Z.Z. 家藏文件。

"插花地"：文化生态、地方建构与国家行政

Z. R.、Y. Z.、Z. C.、
Z. W.、M. B.、S. W.、Z. Y.
基建管理：吴 D. S.、C. Z.、Y. Z.
设计管理：吴 D. B.、吴 Z. Z.

二〇〇六年八月二十八日

请求重建地湖鳌山祠的报告

  我地湖鳌山祠始建于乾隆丙午（辰）年，是地湖四十八景之一，造型极其美观，占地面积 3000 平方米，价值人民币 400 万元左右，是当地人们活动集中的地方，自古以来，当地的政治、文化集中于此处，不但是现代的地湖的教育中心，旧社会的教学也在此起步，并且地湖政府机构也是借用我祠开始（50 年代的政府、学校、粮库都是在此处），给当地人民带来了不可估量的福利。在"文革"时期被拆毁销迹，所有地面献给了教育事业，建立了中学，难免造成了另一方面的损害。时到今日，太平盛世，党政英明，各地追宗古迹，可惜我地湖鳌山祠一去不复还，近年来当地湘、黔吴姓父老迫切要求恢复鳌山祠，但因古基已被中学占用，当地政府英明明德，根据民众的迫切要求，听取了吴姓老人的意见，审批了 300 平方米的土地在鳌山前建立老年活动文化站。我们预计需要地面 500 平方米，需要资金 150 万元左右。故而，特向上级领导申请：

  1. 需将学校厨房前空地让出 200 平方米，补助所欠地面。
  2. 敬需上级资助 100 万元给我祠集资外所欠资金。

  以上请求上级批复，一方面使其当地湘黔爱好文学的老人有个活动场所。二方面能让地湖吴姓追宗祀祖时有个落脚的地方，能满足于守旧老人毁我家祠的不满愤气，以求得和谐社会的善举，免消今后发生的依法诉讼之争，敬请上级领导批复，

第三章　插花地"主人"的自我意识：以地湖吴氏宗族为例

百倍感谢！此致
　　敬礼

地湖吴氏宗祠管理委员会
2006 年 12 月 18 日

从上述两份材料可以看出，"募资倡启"主要针对地湖籍吴姓人群的募捐，而"请求重建地湖鳌山祠的报告"则是针对政府部门的报告，希望政府部门在土地和资金上给予帮助。

不过据笔者对其他地湖吴姓老百姓的访谈得知，鳌山祠堂的重建工作依旧举步维艰，其主要原因在于，鳌山祠堂的地基一事难以落实。据笔者对鳌山的观察，现地湖学校几乎占据了整个鳌山，没有多余的土地可以利用，加之上级政府部门对资金一事至今也没有答复，鳌山祠重建工作也就很难向前推进了，鳌山祠暂时只能留存于当地老百姓的历史记忆中。

本章探讨的主要问题是插花地"主人"角色的自我表述。笔者利用口述材料以及契约文书、族谱等民间文献材料，揭示了不同历史时期生活在插花地的人群，在应对来自政治、经济、文化、族群等问题时所做出的能动表述，旨在强调其是插花地"合法主人"这一具体的历史文化过程。笔者认为，这些表述最终汇聚成了某种文化惯习，就其结果而言，则是有意或无意地促成了插花地的延续。有关插花地延续的问题，笔者将在下一章中讨论。

第四章　成型与延续：文化生态与国家行政

　　在上一章中，笔者以吴氏宗族为例，重点探讨了插花地"主人"自我意识的表达以及地方社会的自我建构。但笔者注意到，插花地问题并不是一个纯粹的地方社会的自我建构问题，而是基于行政区划才得以出现的，若抛开国家层面而去探讨插花地问题，则无法准确把握插花地问题的实质。国家之所以要将某个地方确立为插花地，不单纯是行政当地的一时冲动或管理上的失误所致。地方社会建构、民族文化传统、自然地理条件及生态结构等方面也是需要加以考虑的因素。因此，插花地是国家行政、地方社会与文化生态等因素综合作用下的产物。但上述几个主要因素在不同时空场域对插花地所产生的作用又各不相同。在插花地确立的时候，国家行政这一因素所起到的影响作用表现得最为直接和具体，其他因素则退而次之，但国家行政这一要素的主导性影响力会随着具体政策的落实而逐渐减弱。插花地一旦确立以后，在其延续的过程中，国家行政这一要素退而次之，反倒是靠以民族文化为依托的地方社会建构起到了主导作用。地方社会的建构也并非随意而为之，而是在与所处的自然与生态系统的互动、调适和适应的过程中最终达致一种稳定的制衡格局。

　　从上述理解出发，在本章中，笔者首先将探讨国家行政、民族文化、自然与生态系统对插花地形成与延续的影响。在此基础上，以天柱建县为例，重点探讨国家行政在插花地确立中的关键作用。结合明清以来国家清理黔省插花地问题的始末，以及民国时期地湖插花地的"清理拨正"事件，探讨国家行政在插花地问题的处理中呈现的"无能为力"的一面。

第四章 成型与延续：文化生态与国家行政

第一节 博弈之主体：国家、地方行政与乡民

诚如前文中所讨论，插花地本身是一个立足于行政区划而提出的政治术语，但插花地的确认和超长期的稳定延续却不只是纯粹的政治问题。这是因为，插花地一旦确立，在行政上就需要投入更多的管理成本，而收到的成效却不一定理想。其原因在于，两个毗邻的行政辖地之间，如果不存在自然地理结构的差异、生态类型的差异和民族分布的不连片甚至空间上的交错分布，那么设置插花地也就完全没有必要了，而且更没有必要容许它长期存在。自然地理结构有差异会导致生态系统有差异，生态系统上的差异进而会导致民族文化的差异，民族文化的差异导致分布上的不连片，这三个要素相互关联，如果不设置插花地，就无法实施有效的行政管理。因而可以推断说，出于行政管理的需要，确认插花地的存在也就不可避免了。然而，经过进一步的考察还需要注意，在上述三个要素中，还存在可变性层次上的不同。

一般而言，自然地理结构凭借人力是很难改变的。生态类型则次之，在人类活动的影响下，生态系统可以得到部分调整。民族文化的可变性则更大，这是因为从终极意义上讲，每种民族文化都是可以通过习得而获取，因而只要有政策推动，不同民族之间出现文化的趋同现象，相对而言比较容易办到。这就使得插花地在延续的过程中，随着上述三大因素群的变迁，其延续的时间和范围从国家权力的角度看都是可以调整的。因而，在漫长的历史长河中，插花地总是处在不断设置、取消、延续、改制的复杂历程之中。

从国家权力的角度而言，当然不希望设置插花地，因为任何插花地的设置都意味着国家管理成本的提高和管理成效的下降。与此同时，民族文化的差异、生态结构的差异和自然地理结构的差异又是当局者必须承认的事实。若忽视这样的事实，有效的行政管理往

"插花地"：文化生态、地方建构与国家行政

往也就无从谈起。就这一意义上说，国家承认插花地的存在是一种迫不得已的政治选择。不做出这样的选择意味着多民族国家的政令将得不到统一，但做出这样的选择又肯定要付出高昂的行政管理代价。行政管理上必须容许变通条例的存在，行政官员的配备上要增加管理人员，治理的策略也得以成效的高低为转移。这一切都充分表明，国家承认插花地的存在肯定是一种迫不得已的选择，当然也是一种务实的选择，更是多民族国家不可避免的统治方略。

从地方行政管理的角度而言，插花地的延续增加了地方行政部门管理的难度，降低了其管理的精度。比如说，在与笔者的聊天过程中，当地行政干部就说："在地湖这个地方当干部还真不好当呀，上面下来的文件，在地湖落实起来都会显得比较困难，这不是说这里的干部不干实事，而是要落实任何相关文件的精神都要牵涉湘黔两省人的利益，因此，一些事情办起来难度比较大，管理起来的效用也没有别的地方高。"但笔者认为，这只是问题的一个方面，从另一方面看，自然地理结构不同、生态类型不同和民族文化不同，意味着这些插花地的物产会有所不同，社会组织也会有异，需要规避的不利条件也各不相同。在行政区划上，若不立足于自然和文化上的差异而实施归类管理，势必会导致行政管理的复杂化和效率的低下。因而设置插花地对相关行政管理而言，潜在的好处大于其表面上的不足。因而从规范的行政建置的角度而言，维持插花地的存在和延续对相关行政机关是有利的。

除了行政管理上潜在的利大于弊外，插花地的存在还存在诸多潜在的好处。一是由于插花地客观存在，相关各级行政部门可以很自然地形成相互牵制、相互监督的格局，这对国家实施分而治之的统治方略其实大有好处。二是由于插花地和周边地区的物产结构不同，相关行政部门凭借这样的物产差异，还可以从中获得各种实惠。物产的就地循环交易可以很容易做到，地域民族之间的经济和文化互补很容易就地达成，相关行政部门可从中获得众多的物质实

第四章 成型与延续：文化生态与国家行政

惠。三是插花地的延续可以做到权责分明，使地方内部的管理更加单纯，不存在相互推诿的空间。综合考虑上述三个部分的利弊得失，涉及插花地管理的各级行政部门，事实上也乐意接受插花地的长期延续。

对插花地乡民而言，插花地的稳定延续能顺利地兑现民族文化的认同，较为容易解决生产生活上的协调和规范管理问题，更能发挥传统文化的优势，有效地避免民族之间的冲突和摩擦。除了这些表面上的有利因素外，行政部门对插花地的监管必然较为松散，插花地的生活和生产自然会得到较大的自由空间，生产与生活的调整会比非插花地灵活得多，对国家的负担也要轻得多，这意味着插花地的乡民会分享到更多政治、经济、生活上的实惠，较少地承担生活生产中的风险。因而从乡民的角度来看，插花地的存在也往往是利大于弊。从自身的利益出发，插花地的乡民会竭力维护插花地的存在。

上述三种力量的博弈，最终会使得若存在自然地理、生态类型和民族文化的差异，及其分布上的不均衡性和交错性，只要时机成熟或形势需要，那么在行政区划中，便会以各种各样的形式孕育出插花地来，而且一旦确认后，会在以后相当长的时间内得到稳定延续。因而，将插花地的存在简单化地理解为国家在行政区划中的失误或地方行政管理部门的营私舞弊，乃至乡民利益诉求的产物，都未能切中问题的要害。这是因为作为一种历史上长期存在的行政建置事实，任何单一的因素都不具有决定性的影响，它是多重因素相互制衡的产物。

进而还需要考虑到，插花地本身仅是一个比较含混的概念，插花地这一术语从字面上看，仅仅表现为行政辖区之间的不连片。但若具体问题具体分析，我们还必须承认在不同情况下设置的插花地，其内涵极为丰富，不能简单化地看待。举例说，对一片新设置的行政区而言，国家要实施有效的行政管理，首先要突破的难点正

"插花地": 文化生态、地方建构与国家行政

在于如何把朝廷的意图传达给每一个乡民。鉴于不同民族间语言各异，要实现这一统治目标，首先得突破语言障碍，在这样的情况下，朝廷要实施统治就不得不配备翻译，而翻译职能发挥的成效又随民族文化而异，新纳入国家管辖下的各族居民都得配一个翻译官，行政区划上就不得不以民族文化的分布为转移，如果相关民族文化的分布不连片，那么设置插花地也就势在必行了。再如，经过长期统治后，各民族居民之间学习对方语言的人数会随着时间的推移而逐步增长，配置职业翻译官的必要性自然会随着时间的推移而降低。但是，各民族之间生计方式的差异却不容易消除，因为任何生计方式都会受到所处自然与生态系统的制约，而这两项条件又是政治力量难以改变的客观事实。维护插花地的存在对国家、对各族居民都大有好处，插花地就显然不会被取消。上述两个方面主要是针对通常情况而言，如果遇到特殊的政治事件时，情况的发展还会出现一些新的内容，比如当发生民族冲突时，不管是实施征剿还是招抚，从国家的角度加以调解，显然都需要明辨施政的对象，对不同民族应采取不同的策略和方式。在这样的情况下，如果民族分布不连片，维护插花地的延续也是利国利民的好事，这不仅可以确保施政对象的准确和管理上的权责分明，还能提高施政的效用。仅就这三方面而言不难看出，国家无论是确认插花地还是维护其延续，都是一个动态的施政过程，它不仅与特定的因素相关联，还与施政的具体要求相关联，因而，任何意义上的简单划一，显然不足以解决错综复杂的施政现实需要。

不仅国家权力对插花地的确立和延续是一个动态的过程，地方行政机构对插花地的管理也是一个动态的过程。明初，国家的行政管理是立足于稻米的征收和徭役的征发。侗族是一个优秀的精于稻米耕种的民族，在这样的情况下，主要管辖侗族居民的会同县，不仅税收容易完成，徭役的征发也可以完成。而地湖乡从其管辖的苗族乡民身上无法征收稻米，也难以征发徭役，这不仅因为语言不

第四章 成型与延续：文化生态与国家行政

同，其生产方式和生活习俗与侗族也不同。因而，地方行政机构宁愿让地湖乡退出自己的行政管辖，与天柱合并，从而取得更好的政绩，这样的考虑必然会导致地湖这片插花地长期归属天柱县。与此同时，由于天柱和地湖两地的苗族生产方式相同，民族认同感强，朝廷要实施军管，也会很自然地将地湖与天柱作为整片的军管区域加以设置，行政管理上的统一对实施军管而言也大有好处。但到了明代中期，随着皇木采办的规模扩大，出产优质楠木的山区很快得到国家的重视。在这样的背景下，靖州卫左千户所的军事设防区，也就是连同地湖在内的整个天柱的地位得到了极大的提升，管辖这一地区的左千户所因此而变得有利可图，只要能在皇木采办中做出贡献，立功受奖的机会就会比会同县更大。从自身的利益出发，左千户所自然将地湖纳入自己的管辖之内，甚至通过不法手段公饱私囊，最终导致朝廷不得不裁撤左千户所，改设天柱县。

  撤卫建县，虽然处置了那些违法的军官，但对天柱地区而言也派生了新的问题，因为在裁撤左千户所之前，军队由国家供养，撤所之后则不同，新设的天柱县须力争财政自给。这就需要将原来的军人当作普通居民管理，还需将天柱境内的侗族变为编户齐民，行政管理的中心不得不落到农业的生产中来。与此同时，木材的采办仍然有大利可图，新设的天柱县不可能不关注到这一点。当然，木材贸易不仅涉及生产的问题，还涉及运输的问题，这个新设的天柱县不得不与邻近的会同县保持密切的关系。在这样的行政背景下，它不仅要管好远口地区的木材生产和销售，还得仰仗地湖这样的苗族居民，准确地把握会同县的侗族。出于这样的考虑，天柱县也得维护地湖这一插花地的存在并妥善加以利用。这种情况一直延续到清雍正改土归流时。

  清雍正改土归流后，天柱县与会同县分属不同的行省。与此同时，杉木的贸易趋于鼎盛，地湖乡在沟通两省航道上的特殊作用，地湖乡居民与远口居民的天然联系在木材贩运中被推到了极致。从

"插花地"：文化生态、地方建构与国家行政

天柱方面看，维护地湖插花地的价值非常重要；从会同方面看，准确地把握天柱县的木材贸易信息也有利可图，两县之间很自然地都得维护插花地的延续。因而，从这个意义出发，插花地的延续，其实也是一个动态的过程，在不同的时代维护插花地的意图和成效也会随着时间的推移不断加入新的内容。

从地湖乡乡民的角度看，诚如第二章讨论的那样，在漫长的历史岁月中，不变的是其所处的都是山地丛林生态系统，都是与苗族文化一脉相承，但乡民经营的具体产品会随着时间的推移而不断地变化。早年是靠狩猎采集获取自给，而不能生产生活物资，后来则靠采伐楠木，其后是杉树的大规模种植和贩运，最后才演化为大宗的桐油和茶油外销，而这些经济活动都是依托于天柱远口地区的苗族而得到发展的。既然在经济方面与远口脱不掉干系，那么在行政归属上保持与远口的紧密联系，自然成为地湖乡民的最佳选择。不过这样的选择也会随着时间的推移不断地被赋予新的内容，而这些新内容同样得靠特殊的插花地待遇才能获得可靠的保障。因而乡民对插花地的延续同样会不遗余力地去加以维护，当然也需要做出灵活的调控和转移。

总之，除了自然地理特点、生态类型和民族文化外，具体到不同的政治实体而言，确立和维护插花地的待遇也会牵涉不同级别的社会实力，而且各实力之间的博弈会随着时间的推移不断被注入新的内容。然而无论如何变化，只要对维护插花地的当时各方而言都利大于弊，那么插花地延续就不成问题。

第二节　地方行政与地湖插花地的认同：
　　　　　以天柱建县为例

在第二章中，笔者已对地湖从"蛮地"演变成"插花地"的历史过程进行了梳理，但没有深入探讨地湖形成插花地的原因。在

第四章 成型与延续：文化生态与国家行政

此节中，笔者将以明万历二十五年天柱"改所为县"事件为分析的切入点，剖析国家行政与插花地得以形成的内在关联。

笔者在前文中已多次强调，插花地是立足于行政区划而提出的政治术语，若没有统一的行政区划建置，也就无插花地可言。正因为插花地的确立是以统一的行政建置为前提，那么显而易见，国家行政在插花地的确立中无疑起到主导性的作用。但同样需要注意的事情在于，国家的行政决策也并不是凭空而出，自然地理与生态系统的相似，以民族文化和族群认同为基础的地方社会自我建构的实情，都是国家行政需要综合考虑的问题。因此，若单从国家行政的视角去谈插花地的形成，其结论难免会产生偏颇。若想深入剖析插花地问题的实质，首先需要承认影响插花地形成的四大因素群，即自然地理结构、生态系统、民族文化和国家权力；其次还需要注意到上述四大因素在不同的时空场域中对插花地产生的影响又各不相同，因此，需要关注在不同的时空场域中，哪个或哪些因素群起主导性的作用，哪些又起到次要性的作用；最后还得注意上述四大因素群之间并非完全没有关联，它们之间也会相互制约、相互促进。

一 地湖插花地的成型：国家行政主导下的天柱"改所为县"

查阅相关文献典籍后得知，地湖乡插花地得以形成，与天柱建县一事有直接的关联。在天柱建县以前，地湖连同远口、大样、竹林、杨家等地归现湖南省会同县管辖，而建县之后，地湖就连同上述地方一并归属天柱县管辖，成了跨县插花地。到雍正年间，天柱县归属黎平府管辖，地湖乡也就自然成为跨省、跨县插花地，其插花地的待遇随着国家行政区划的调整而不断进行变化。因此，要了解地湖插花地的形成，就得从天柱建县一事说起。康熙二十二年编订的《天柱县志》对天柱县的建置演变做了如下简略说明。

"插花地"：文化生态、地方建构与国家行政

  夏《禹贡》荆州之界，周属楚之西，秦黔中地，汉属牂牁郡，梁、唐、宋属诚州所辖，即今之靖州也。明洪武二十四年，苗人猖獗，楚王率领官军征进大坪、小坪等处，始撤靖州卫左千户以守御之，此天柱所之所由来。越万历二十五年，本所吏目朱梓抚苗向化，申详兵备道徐公榜、分守道郑公锐、分巡道陈公惇临、贵州巡抚江公东之、湖广巡抚李公得阳、巡按赵公文炳，会疏请照武冈、城步例，改所为县；照山东费、郯二县例，以吏员升县令，遂改为天柱县。割会同侗乡、口乡、汶溪并本所苗寨以成县治，爰设知县。①

  这一记载虽然极其简略，但对地湖乡成为插花地的由来却做出某些有益的提示。明代以前，这里是朝廷直接管辖范围的边缘地区。既然没有规范的行政建制，那么地湖乡成为插花地也就绝无可能，故可以置而不论。明洪武二十四年，明廷决议将靖州卫左千户所迁到大坪、小坪等地，戍守设防。这就开创了一个新的局面，靖州卫天柱所所辖的军人及其家属从这时起需在大坪、小坪长期驻扎，而当时大坪、小坪周边地区要么是会同县的辖境，要么是少数民族盘踞的"生界"。但不管是哪种情况，靖州卫天柱所的军人和家属都需在一块与靖州卫、所在空间上不相毗连的陌生地带生存，整个靖州卫左千户所的防区本身就是孤悬在少数民族地区的一块插花地。这片插花地从洪武二十四年到万历二十五年，几乎延续了200年。今天地湖乡的所在地当时是湖广行省所辖会同县侗族分布区的属地，而地湖乡周边的地带包括今天的远口、汶溪都属会同县管辖，因而从当时会同县辖地的范围看，没有人会将地湖作为行政上的插花地去看待。而地湖真正成为插花地，则起于万历二十五年天柱改所为县这一行政区划的调整。

---

① 王复宗纂修康熙《天柱县志》卷2，第56～57页。

第四章　成型与延续：文化生态与国家行政

有关天柱建县的情况，《黔南识略》和乾隆《镇远府志》有如下记载。《黔南识略》记载：

> 天柱县……宋属诚州，明洪武三年置天柱卫，二十五年又置天柱守御千户所，隶湖广都司。万历二十五年改置县，又割绥宁、会同两县地益之，隶湖广靖州。国朝雍正五年，改隶贵州黎平府，十一年改属镇远府。①

类似的记载也可见于乾隆《镇远府志》：

> 天柱县，宋属诚州，明洪武二十四年置天柱所，万历二十五年改设县，属湖广靖州。国朝因之，雍正五年改隶黎平府，十一年自黎平来属。②

对比两则史料，《镇远府志》记载虽简略，但与康熙《天柱县志》相吻合。《黔南识略》提到洪武三年在天柱设置过天柱卫，为其他两则史料所无，有待考证。《黔南识略》所说天柱县的部分辖地来自绥宁则较为可靠。两则史料对于解释地湖作为插花地能够提供的证据十分有限。

最后，在天柱所的基础上，爰请割会同县侗乡四里加上汶溪所，与原管苗寨三里成一县治。

> 又虑隔越于会之口乡，不能径达靖属，遂无以接承宣广文教，复请将口乡一里割归天柱，即今之里名兴文是也。

---

① 爱必达：《黔南识略》卷15，道光二十七年罗氏刻本，第437页。
② 蔡宗建修，龚传坤等纂乾隆《镇远府志》卷4《沿革》，贵州省图书馆油印本，1965，第51页。

"插花地"：文化生态、地方建构与国家行政

> 然里亩不均，难以定徭役之轻重，于是均侗乡四里之多寡，大都以一万二千亩为率。又以其余亩编新增一里，坊厢半里，焉统而记之。侗乡四里，口乡一里，新增一里，坊厢半里，苗寨三里，天、汶二所，合九里一厢二所，庶几经界正、井地均而县治成矣。①

天柱建县以后，原隶属于会同侗乡四里的地湖、远口、大样、杨家、竹林等地拨给天柱县管辖。由于地湖地处特殊的地理区位，经此次行政区划调整，其正式成了天柱县辖地飞落会同县境内的插花地。不过，当时天柱县与会同县一样，都属于湖广行省靖州属下的辖地，因此，地湖插花地只属于县级层面的插花地。随着雍正五年天柱县隶属贵州行省所辖的黎平府，以及雍正十一年改隶贵州行省的镇远府管辖，至此地湖插花地已经不仅是县级插花地，而且变成了跨省、跨府级插花地。

由此可知，地湖之所以成为插花地，与行政疆界的调整直接相关，地湖插花地身份的改变也与其行政归属的改变直接相关，插花地的形成与其插花地地位的演变都与行政区划的变动直接相关，因此，可以说插花地是一个立足于行政区划而提出的政治术语。

二 "我民"、"侗民"与"苗"：族群认同与"愿附新县"

上文已经提及，万历二十五年天柱改所为县，对地湖造成的直接后果是使其变成了天柱县身陷会同县辖境中的插花地。要了解这其中的缘由，则需要了解天柱建县的原因，以及地湖为何"愿附新县"。天柱建县的原因，时任贵州巡抚江东之在其《定县名靖边方疏》②中有过详细的陈述："臣闻来则不拒，去则不追者，自古

---

① 王复宗纂修康熙《天柱县志》，"序"。
② 刘显世、谷正伦修，任克澄、杨恩元纂民国《贵州通志》卷12《前事志》，贵阳书局铅印本，1948，第608~609页。

150

帝王御外之长策。如去而追之，以溃中外之防；来而拒之，以阻向化之志，非计之得也。"从这一论述中可知，当时中央王朝对西南少数民族地区的管理实际上是一种松散的方式。不过从该疏中可知，在明朝后期，今天柱县境内已经出现了"我民""苗""洞民"等不同族群的分类。这些族群基于什么原因而得以区分，江东之并无详细论述，但他指出对于天柱建县一事，"我民"、"苗"和"洞民"愿意建县的缘由和出发点各不相同。

从"我民"角度出发，时任会同知县陆可行的话比较贴近实情。陆可行告知江东之："毫弁通苗为奸，遇上官督责，为此言以相证耳。自万历十一年守备周弘谟奉檄征垄处之乱，令苗输鸡粮，许遵旧议，请建县治。一年之后，盟渝法驰，苗因复叛。惟建县一事可使诸苗帖服，劫杀潜消。"陆可行的这一表述中，有两点值得注意：其一，万历年间，天柱所中的下级军官通苗为奸，纵容苗民反叛；其二，明万历十一年，周弘谟曾奉檄征剿垄处之乱，但收效甚微，一年之后即出现了苗复叛现象。为防止"苗复叛"，他认为"惟建县一事可使苗帖服"。不过江东之对其进行了反驳："以苗性犬羊，何乐于县官之拘系也"，认为陆可行的判断有不符合"夷情"之疑。陆可行则说出了苗民之所以愿意建县的缘由："苗与洞民互相荼毒，官军收鹬蚌之利；如苗杀我民，官军声言剿捕，苗不得出入耕布；我民杀苗，无所告诉，统苗报复，或伏路要杀，或墩锁索赎，不问所报非所仇。卒之利归剧豪，害遗苗类，苗所以愿建县也。"从这一表述中可知，"我民"、"苗"和"洞民"这样的族群区分已经明晰化了，各族群之间的自我认同也很强烈，各族群相互之间的积怨很深。若朝廷在天柱建县时，不尊重地方社会中出现的这种族群认同以及各族群之间的关系的话，恐怕会重复出现"苗复叛"的现象，因而也就达不到将天柱改所为县的目的。

除苗民愿建县以外，洞民同样希冀建县，"会同县洞民，即苗之种，与天柱所近而离县远，不但苦苗劫杀，输纳不敢往县，奸猾

"插花地"：文化生态、地方建构与国家行政

征收每壹两骗至四五两，洞民素不甘心，日望建县，更切于苗也"。陆可行将"洞民"视为"苗之种"，这一论断值得商榷，但其论述中，也有两点值得注意：其一，此时天柱所的屯军中已经出现了严重的贪污腐败和营私舞弊现象，若不通过建县加以整顿，恐将进一步激化各族群之间的矛盾；其二，这些"洞民"与不纳"鸡粮"的苗类有所不同，他们已经通过"输纳"而成为王朝国家的编户齐民。① 不过江东之却将"洞民"之所以愿建县的缘由说得很明白，概言之有二：其一，害怕苗民劫杀，不敢去会同县"输纳"；其二，若是派朝廷官员亲自征收或派地方头目征收的话，他们往往想从洞民手中捞取私利，故意提高税额，无意间加重了洞民的负担，因此洞民也迫切希望天柱建县。

在分析"我民"、"苗"和"洞民"都希冀建县的实情后，江东之认为，天柱改所为县时机已成熟，"此时何可失此机也"，并指出"苗欲受成于县，而县不立，苗欲听令于官，而官不设，地方官屡许之，而屡不上，闻再失信于今，无以控驭于后，诚有如三道臣之所虑者"。认为若不顺应民情，恐将无法控驭这一片区的苗类。从江东之个人角度而言，希望天柱改所为县，并大力支持天柱建县一事。天柱建县一事同样得到了分守道参政陈性学、兵备金事孙守业、兵备副使徐榜、分守副使兼参议郑锐、分巡金事陈惇临等官员的积极支持。湖北三道官员不仅大力支持天柱建县，而且还"亲历其地，徐观其势"，分守副使兼参议郑锐还会同兵备副使徐榜、金事陈惇临，督促辰州府知府吴维魁、推官李从心及靖州知州张和中等人"反复查勘"，仔细分析天柱形势以及建县的利弊，并要求将最终结论申文上报。

地方官员在反复察看天柱情形后认为，天柱处于"抚之不可，制之不可，剿之又不可"的尴尬局面，加之"川湖贵筑之间，每

---

① 张应强：《木材之流动：清代清水江下游地区的市场、权力与社会》，第22页。

第四章 成型与延续：文化生态与国家行政

年养兵防苗，所费何啻数十万，诸苗招之不来。今天柱所之苗，惟建一县治，即麾之不去"，"时尤难得而易失"，建县后可"为国家辟土地，增户口"，"以苗之粮供苗之用"，何乐而不为呢？恳乞朝廷顺其民心，认真考虑天柱改所为县一事。

在该疏中，"洞乡四里与口六口七士民诣臣投牒请恩，愿附新县"是笔者最为关心的地方。在天柱未建县时，侗乡四里指的是今"地湖、大样等地"，口六口七里指的是现"远口、杨家、竹林等地"。至于在天柱建县时，这些地方为何愿附新县，该奏中并未详细说明，其他文献资料中也未找出其缘由。笔者认为，侗乡四里与口六口七士民之所以"愿附新县"，与他们的族群认同和所处的生态环境有很大的关系。其理由在于，依笔者田野调查得知，"愿附新县"的地方，不管是自称还是在新中国成立以后的民族识别中，都属于苗族，因当地普遍讲"酸汤话"，所以当地人自称为苗族的支系酸汤苗。这与生活在今会同境内的侗族有明显的区别。就生态系统而言，这一片区属于山地丛林生态系统，与生活在坝区的侗族的湿地生态系统又存在明显的区别。正因为有这么多的同质性问题的存在，天柱建县时，这些地方愿归附天柱，而脱离会同管辖。

从天柱建县一事来看，有几点需要注意的地方：第一，国家行政决策并非完全根据当局的喜好而做出，行政部门做出决策的前提是基于地方的实情，这体现了国家行政与地方社会相互因应的一面。第二，地湖插花地的形成表面上看是与天柱县割侗乡四里这一事件有关，但若仔细分析这其中的缘故，就会发现，当时族群区分已经很明显，各族群之间矛盾也很深，加之各族群都希冀建县，若当时不尊重地方社会的意愿，单独将地湖留给会同管辖，估计也会给天柱和会同两县带来行政管理上的麻烦，"苗复叛"现象肯定又会出现。

国家在插花地确立的过程中确实起到主导作用，但民族文化、族群认同等会影响国家相关政策的制定。

"插花地"：文化生态、地方建构与国家行政

第三节　国家视角下的插花地：以明清黔省插花地的议处为中心

诚如上文所言，插花地得以确立主要取决于国家权力的干预。然而，插花地一旦确定以后，又必然会派生出一些行政管理上的难题，朝廷的决策部门完全心知肚明，因而在具体认定一片插花地时，往往慎之又慎，江东之奏折就足够反映这一事实。插花地不仅是一个简单的行政区划问题，它还涉及自然结构特点、生态类型和民族文化的分布问题，要改变这些情况，国家行政权力往往无能为力。要逐一查清每一块山林、田土的权属问题，要弄清居民的家庭和人口，编制户籍，哪怕是像地湖这样面积仅30平方公里的小地方，都要历时好几年才能完成，而插花地的确立又要尽快做出决定，客观的需要和主观的可能在这里形成了尖锐的矛盾。

一　明代贵州官员对插花地的认知与议处

从相关文献记载可知，贵州从明代建省开始，境内就存在各种类型的插花地，虽文献记载中没有"插花地"这一明确提法，但贵州官员奏疏中所指涉的内容与今天我们所探讨的插花地大体一致。插花地形成的原因、带来的社会影响，以及如何清理拨正插花地等问题在相关官吏的奏疏中也时有提及。纵观这些奏疏，与整饬插花地有关且比较有影响的有成化年间镇远知府周瑛的《地方事宜疏》，嘉靖年间巡按贵州御史萧端蒙的《请特建总督重臣疏》，隆庆年间贵州巡抚杜拯的《奏请以楚平、清六卫，川酉、播、永三司改隶贵州疏》，万历年间川、湖、贵三省总督李化龙的《黔省善后事宜疏》，万历年间郭子章的《临代条陈地方要务疏》。这些建议，只有少部分被朝廷采纳，大部分因违背了朝廷犬牙相制的统

第四章 成型与延续：文化生态与国家行政

治思想而未被采纳。[①]

(一) 周瑛《地方事宜疏》

明成化二十三年（1487），镇远知府周瑛因府、卫地近而分隶两省，不便地方管理，奏请《地方事宜疏》。原文如下：

> 为以合府卫以却苗蛮事。
>
> 照得本府原系湖广所辖思州、思南二宣慰司故地。国初开创西南境土，乃设平溪、清浪、偏桥、镇远四边卫以控蛮夷，以通西南道路。永乐十一年，朝廷以宣慰司田琛等构恶，诏削其官，创设贵州布政司，分其地为思州、思南、石阡、铜仁、乌罗、新化、黎平等八府，俱属贵州。平、清、偏、镇等四边卫仍属湖广。正统十四年，本府地方苗贼生发，民兵不能独制。而四边卫以属湖广，非申报各上司不敢擅动。为因阻隔江湖，文化往返动经数月，遂致贼势滋蔓，攻城陷堡，杀戮人民，反劳朝廷遣将调兵，始克平定。后献议者以本府地方冲要，乃于清浪设镇守参将一员，及拨湖广武昌等一十三卫所官前来协守。进来苗贼入境，百姓望救，急在旦夕。主将亦以湖广为碍，不敢轻动，湖广官司或又从中而牵制之，主将未免徘徊顾望矣。臣等闻兵速则可得志，势分难以成功，主此不该，恐祸变之生，不但正统十四年而已也。夫分府、卫以属两省者，是名犬牙相制，互相犄角，指臂相使，互相运用，古人皆已行之。合无从此计议，查照洪武初年事例，将本府三司一县割属湖广，或复照今日事体所宜，将平、清、偏、镇四边卫割属贵州。庶几父子兄弟相为一家，手足腹心相为一体，缓急调

[①] 杨斌：《插花地研究——以明清以来贵州与四川、重庆交界地区为例》，中国社会科学出版社，2015，第205页。

"插花地"：文化生态、地方建构与国家行政

度，不致掣肘，地方便益。①

从周瑛的奏疏中可看出，镇远府属贵州管辖，而镇远府辖境及周边的平溪、清浪、偏桥、镇远等四边卫则属于湖广都司。湖广都司掌握调动这四边卫兵力的权力，从而导致正统十四年镇远府境内发生叛乱，只能调用镇远府管辖的民兵去处理，但因民兵势单力薄，不能独制，叛乱无法平息。若想获得四边卫军力的帮助，"非申报各上司不敢擅动"，即使"申报"，也因"阻隔江湖，文化往返动经数月"，最后导致"贼势滋蔓，攻城陷堡，杀戮人民"的情况。足见府、卫分属两省的弊端。

周瑛虽没有直接提及府、卫地近而分隶两省的情况属于插花地现象，若按照目前学界对插花地类型的划分来说，楚属平、清、偏、镇插入贵州境内的情况属于典型的军事卫所型插花地，这种军事类型的插花地在明代的贵州较普遍，如黎平府与五开卫，府、卫同城却分隶贵州和湖广两省，一旦地方发生叛乱，相互掣肘，不利地方便益。

周瑛看到了府、卫分属两省的弊端，奏请将镇远府"三司一县割属湖广"，或"将平、清、偏、镇四边卫割属贵州"。但因周瑛的建议，不符合朝廷"犬牙相制"原则，不从。

（二）萧端蒙《请特建总督重臣疏》

嘉靖年间巡按贵州御史萧端蒙奏请《请特建总督重臣疏》，该疏虽旨在"特建总督重臣，以为边方长久计事"，却将贵州境内的插花地流弊也一并托出，概括为"七难"。原文如下：

题为吁恳天恩，特建总督重臣，以为边方长久计事。

---

① 民国《贵州通志·前事志》第2册，贵州省文史研究馆校，贵州人民出版社，1985，第201~202页。

第四章 成型与延续：文化生态与国家行政

窃照贵州地方，与湖广、四川、云南、广西诸省疆土参错，奸究迭生，边围之患，无岁无之。盖缘辖属各异，事体不一，各怀彼此之心，竞图利害之便，养成患害，贻祸生民。臣自入境以来，询求利害，而合省土民，谓直建设总督以专西南之阃，重以事权，责以经略长久之术。臣请言其故。陛下幸垂听焉。

贵州在国初，本三省远地也。至永乐十二年（笔者按：实为十一年），始置都、布、按三司，以扼西南之吭。军民衙门，大抵皆分属三省，以示犬牙相制之意，甚善计也。但百年之后，时异势殊，脉络阔隔，威信阂滞，贵州遂称难治矣。何以言之？

边情夷患，动必牵连，约会则不及，独任则不了，此制驭之难，一也。

两省之间，牵制文法，意见不同，谋猷互易，此体统之难，二也。

武弁夷酋，动分彼此，各虽兼制，不受约束，此任使之难，三也。

纷争奏诉，必经会勘，文移往返，壅滞积年，此勘断之难，四也。

贵州年粮岁额，川、湖连年拖欠，动以万计，此催征之难，五也。

每遇有警，调用军夷，或托他故，动相妨病，此调度之难，六也。

铃属既别，期会自疏，地方事情，多不互报，此经略之难，七也。

有此七难，威信所以未立，疆宇所以未宁也。若使总督重臣合诸省要害之地而并制之，则统涣合离，任专责重，事无掣肘，势如使臂，积以岁年，疆场可定。此臣所以长久之计也。况今日铜平、镇筸苗患孔亟，迩者伏奉严旨，责成两省镇抚官

"插花地"：文化生态、地方建构与国家行政

>以期扫荡，然以事势度之，合计之有功，终不若统帅之便利也。故臣愚计，以为宜如两广、汀赣事例，将贵州并川、湖、云、广边界地方，设部院重臣一员，总理夷情军务，即铜平、镇筸有事，督驻沅州，以后仍回贵州，安边全策，计无逾此矣。①

萧端蒙在奏疏中指出贵州情形，即在贵州建省之前，乃"三省远地"，永乐十一年贵州建省后，设置了都指挥使司、承宣布政使司、提刑按察使司三司管理贵州地方，但贵州境内的军事衙门，大抵皆属云、川、湖广三省管制，试图通过这种"犬牙相制"的办法，相互制衡，共同管理初建的贵州省。"犬牙相制"法在贵州建省初期确实取得了较好的效果，但100多年过去了，贵州形势剧变，朝廷还在沿用这套方法管理贵州，终致贵州事务越来越难办。结合此等情形，萧端蒙奏请"特建总督重臣，以为边方长久计事"，旨在通过建总督一职解决上述难题。

按照杨斌教授的理解，萧端蒙的这一建议不是为了清理拨正插花地，但由于十分深刻地指出了插花地的七大弊端，颇富启发意义，故将此疏视为明代的一次插花地清理拨正建议。②

（三）杜拯《奏请以楚平、清六卫，川酉、播、永三司改隶贵州疏》

隆庆元年（1567），刚任贵州巡抚的杜拯就会同御史王时举疏请将湖广沅、靖二州及六卫，四川三土司并黔，认为若能采纳此建议，便能达到"十便"的益处。原文如下：

>沅、靖二州，与平、清、偏、镇、铜鼓、五开六卫之去湖

---

① 民国《贵州通志·前事志》第2册，贵州省文史研究馆校，第298~299页。
② 杨斌：《插花地研究——以明清以来贵州与四川、重庆交界地区为例》，第208页。

第四章 成型与延续：文化生态与国家行政

广，酉阳、播州、永宁三土司之去四川，俱二千余里，遥属于二省，而兼制于贵州。服役者兴远道之嗟，莅事者无画一之轨，民情政体，甚不便也。革数州县土司专畀之贵州，其便有十：

齐民赋役自远而移之近，劳费省于旧者数倍，一便。

郡县专心志以听一省之政令，无顾此失彼之虑，二便。

军民力役彼此相济，无偏重之累，三便。

科贡悉隶本省，礼遇资谴有均平之规，四便。

司道政令有所责成，郡县不敢以他属为辞，五便。

府卫互制，悍卒豪民禁不敢逞，六便。

岁征缓急可无失程，盗贼出没易于诘捕，七便。

土酋之桀，各相牵制，不得肆其毒螫，八便。

僻远之区，监司岁至，吏弊民瘼，可以咨询而更置之，九便。

释兼督之虚名，修专属之实政，体统相安，事无阻废，十便。

臣愚以为三司所呈联近属以全经制，其说可行也。

臣等又看得各省会城府县并置，岂徒备官，要以亲民悉下情耳，乃贵州独阙焉。军民之讼牒，徭役之审编，夫马之派拨，盗贼之追捕，藩臬不能悉理，往皆委之三司首领与两卫指挥及宣慰司。夫三司首领类皆异途，操持靡定，政体未谙，指挥则尤甚矣。逞其恣睢，日事赎罚，破人之家，戕人之命，往往如是。是故土民争欲增建府治，而该司议程番府附省会，其说可行也。①

如同周瑛、萧端蒙等官员一样，初来乍到的巡抚杜拯敏锐地察觉到楚属平溪、清浪、偏桥、镇远、铜鼓、五开六卫插入贵州，酉阳、播州、永宁三土司属四川管辖此等插花地的弊端。杜拯认为，

---

① 民国《贵州通志·前事志》第2册，贵州省文史研究馆校，第301～302页。

"插花地"：文化生态、地方建构与国家行政

若能"改隶贵州"，便能取得上述"十便"，并进而指出，"十便"想法的产生，并非心血来潮，而是"皆硕画也"。但由于杜拯在当年就离任，加之其建议还是不符合"府卫分制、犬牙相制"的原则，此疏依然未果行。

（四）李化龙《黔省善后事宜疏》

万历二十八年，川、湖、贵三省总督李化龙在平定播州杨应龙叛乱后，向朝廷奏上《播州善后事宜十二事》，后又上奏《黔省善后事宜八事》（即《黔省善后事宜疏》）。其中在《黔省善后事宜八事》奏疏中的"一事"就是建议将黎平府、永从县改隶湖广，镇远、偏桥、平溪、清浪四卫改隶贵州。其原文如下：

> 楚黔接壤、抚属错综，如黎平府永从县，近楚之沅州，去黔千五百里而遥，反属于黔；平、清、偏、镇四卫，近黔之镇远，去楚二千余里而遥，反属于楚。即云犬牙相制，翻成彼此推诿。顷者，酋犯偏桥而楚不能救。比者，苗犯黎平而黔不能救。即黔有播患，而黎平、永从无一夫一粒之助，非不欲救也，鞭之长不及马腹，势也。合无以黎平一府、永从一县改隶湖广，镇远、偏桥、平溪、清浪四卫改隶贵州。文武官军俸粮，岁费公用，悉仍其旧。则军民合为一家，上下不相秦越。即有寇警，谁能诿之。①

其实，总督李化龙奏请将"镇远、偏桥、平溪、清浪四卫改隶贵州"，更易辖属一议，是个老问题，朝廷不采纳此建议的缘由，还是其违背了"犬牙相制"的原则。镇远、偏桥、平溪、清浪四卫嵌入贵州辖地完全符合犬牙相制原则，但其流弊已是路人皆知，"酋犯偏桥而楚不能救""苗犯黎平而黔不能救"，其流弊已经

---

① 民国《贵州通志·前事志》第 2 册，贵州省文史研究馆校，第 519~520 页。

交代得清清楚楚、明明白白，朝廷就是不采纳。可能朝廷也有其战略方面的整体考量，故不施行。

由此一事也可知道，插花地的产生和延续并非单一因素所致，往往有更复杂的因素交错其间。因此，我们在理解插花地问题的时候，需要注意插花地产生和延续的复杂性一面。

（五）郭子章《临代条陈地方要务疏》

明万历年间，国内的政局动荡，屯军腐败，要开展插花地的大规模清理工作，在当时很难做到。朝廷非但不能提供巨额的清查经费，也没有耐心等待这项工作完成。于是，就在天柱设县不久，当时的贵州巡抚郭子章在其即将离任请终养之时，怀着"身虽离黔，心未敢忘国"的复杂心情，就贵州省境内地方要务之事奏陈《临代条陈地方要务疏》。该疏中提到慎铜议以安黔东、绳黔奸以安黔西、恳复中盐以实黔饷和廓清平县地以成县治四件黔省需要处理的大事，而在"廓清平县地以成县治"一事中，就提到了重安插花地一事，并对此插花地的弊端做了深入的剖析。

> 题为归养得代，敬陈地方要务，恳乞圣明俯赐采酌以安边地事。
>
> 臣惟黔在西南极边极贫，视踣着迥异，一切巨细事务，厝手称难，举足皆碍。臣抚黔以来，于兹十载，地方利患所当兴除，凡力可径行者，弗避劳怨，矢竭心力，次第举行，不敢尘渎天听。即事干重大，为前按臣宋兴祖、毕三才、金忠士，今按臣冯奕垣所条陈者，臣亦不敢重渎天听外。惟是议干兵戈，政属钱粮，兼之夷情关系安危者，势难自专，惟仰仗皇上威灵俞允，始可著为令甲，垂之久远。臣谨以慎铜议、绳黔奸、恳中盐、廓县治关系地方大计，条为四事上请。臣身虽离黔，心未敢忘国。相应具题，伏乞皇上推念黔省与他省异，黔事与他省殊，敕下户兵二部议复上请行令遵守施行。地方幸甚，愚臣

"插花地"：文化生态、地方建构与国家行政

幸甚。为此具题请旨：

......

一、廓清平县地以成县治。窃维郡邑有巨细，疆界有广狭，犹人家之贫富，人身之肥瘦，不能一律齐也。但裒多益寡，酌盈济虚，亦在上人剂量耳。贵州清平县始于弘治八年废清平长官司改土为流，隶于都匀府，设于清平卫。始以卫官未谙律例，设县官以问理刑名，亦甚便也。臣考其赋税仅二百余石，户口仅一百余户，土田仅四千余亩，不及江南一中人之产，而何以县为。今清平县知府萧一杰心裕经纶，才优剸割，灾罢雅善抚循，废坠力能振举。顾函中之鼎，以之烹鸡，千里之骥，局于蚁封。臣欲议改调烦，一杰对臣云："去小易大，舍瘠就肥。迹涉于择地，心嫌于恶贫，未敢也。"臣欲议裁，则百年之邑，一旦自臣废，而又苦于无所附，未敢也。

臣查得播平之后，五司中有重安司者，距清平十里，距黄平六十里。是时臣欲题属清平，而新疆诸臣有云：开疆设新府，非附旧府。臣以其言似为有理，即止之。数年以来，重安土舍张体乾者，往往言赴州遥远，梯山绝江，不便于官司；民亦言赴州纳粮，路多被劫，畏首畏尾，不便于民。臣以为重安距黄平远，犹马之腹，即长鞭有所不及，属之清平，其近也，只犹舌之唇，唇之厚薄燥湿，舌一舐便知之。故割重安以属清平，而改土官为清平土丞、土簿。旧黄平安抚土司仍属黄平州。则黄平不失为一巨州，清平始得成一小县，此亦臣调剂于巨细广狭之间而曲成之，非有爱于清平而欲廓之，非有郄于黄平而欲裁之也。伏乞敕下户部行贵州抚按下布政司斟酌再议以请，伏候圣裁。①

---

① 民国《贵州通志·前事志》卷15，第69~72页。

第四章 成型与延续：文化生态与国家行政

在该疏中，郭子章针对重安司插花一事指出，重安司若维系现状仍隶属黄平，则犹如"马之腹，即长鞭有所不及"，若改隶邻近的清平，则如"舌之唇，唇之厚薄燥湿，舌一舐便知之"，很形象地将插花地的流弊，以及清理拨正后所能带来的益处描述出来。插花地的存在于官于民都极为不利，于官而言"赴州遥远，梯山绝江"，于民而言"赴州纳粮，路多被劫，畏首畏尾"。

诚如郭子章所说，对插花地的管理必然是鞭虽长但不及马腹，这一结论不是轻易所言，而是根据实情做出的建言。这就意味着，地湖这样的插花地一旦出现，就不仅是一个行政设置问题，还涉及自然地理、生态系统和民族文化等问题。对这些问题的准确把握并做出可行的应对策略，始终是一个致命性的挑战，国家权力始终无能为力，这同样是一个鞭虽长但不及马腹的问题。随着时间的推移，人员要迁徙，土地要买卖，同一片土地的利用价值也会发生不可忽视的巨大变化，其间行政管理与实际需要的矛盾还会被放大，以至于插花地问题的弊端会越来越凸显。

二 清代对贵州插花地的清理拨正

虽未在各类明代文献典籍中直接查到"插花地"这一词，但一些官吏所指涉的一些事件，其实就是在谈插花地问题。诚如上文所言，明朝贵州官吏已经对贵州境内插花地的分布情况有所了解，对具体的插花地该如何清理拨正也有了自己的建议，但因各种原因，明廷要么对插花地问题重视不够，要么认为清理拨正违背了"犬牙相制"原则，要么出于战略全局的考量，最终只采纳了少部分建议，而绝大部分建议均未被采纳。明末，因社会动乱，朝廷更无暇顾及插花地问题了。

有清一代，在平定"三藩之乱"后，清廷为加强对西南的控制，不得不面对西南"遍地插花"的问题，上至雍正皇帝，下至贵州巡抚、知府等地方官员，均十分重视贵州插花地问题，并开展

"插花地":文化生态、地方建构与国家行政

了一系列富有成效的清理拨正工作,试图解决明廷遗留下来的问题。

(一) 雍正皇帝诏贵州划清地界

雍正皇帝敏锐地察觉到贵州境内界址不清、疆界不齐所带来的社会后果,于是于雍正三年三月下了一道谕旨,诏贵州划清地界。原文如下:

> 谕各省督抚等:《周礼》称,"惟王建国,体国经野"。孟子亦言,"仁政必自经界始"。疆界所关,诚为至重。从来两省交壤之地,其界址多有不清,云、贵、川、广等处为尤甚。间有一省之内,各州县地界亦有不清者。每遇命盗等事,则相互推诿,矿厂盐茶等有利之事,则互相争竞,甚非息事宁民之意。各省督抚其共矢公心,详细清查。如与邻省地界有不清者,即委本省贤员勘定。地皆朕土,人皆朕臣,此盈彼绌,悉在版图之内,无容分视也。惟地界或间有难定之处,但平心勘画,即使稍有不协,然一定之后,久远得以遵据,永无推诿竞争之处,于地方大有裨益矣。①

有了雍正皇帝的谕旨,贵州省陆续开展省界调整工作。雍正三年,"改湖广五开、铜鼓二卫隶黎平府",至于为何有如此决定,其中的缘由,文献中有详细的记载。

> 明宣德年间,始自官团移治五开卫城。时卫军有六新军,以御苗为名,号曰款军,常与五司苗众纠集攻劫,致有五哗六哗之称。铜鼓、靖州、中潮、隆里诸处皆应之,经大师剿除。清康熙中,巡抚杜拯、田雯以府隶黔、卫隶楚,同城非便,且

---

① 民国《贵州通志·前事志》第3册,贵州省文史研究馆校,第177~178页。

第四章　成型与延续：文化生态与国家行政

黎平为苗多民少之地，设有机宜，两地分悬，呼吸未应，先后疏请统归一省。后总督高其倬亦疏言贵州形势，都匀以东，黎平以西，中夹生苗一区名曰古州八万，地大苗众，正须料理。以五开归黔，则一切措办呼应即灵；若拨黎平归楚，凡有调度必失事机。于是三年始以二卫来属。①

此后，雍正五年"以四川遵义府并所辖遵义、正安、绥阳、桐梓、仁怀五州县隶贵州，改永宁县隶四川"②。是年闰三月改"铜鼓卫为锦屏县，五开卫为开泰县，领于黎平府，又割湖广之平溪卫为玉屏县，清浪卫为青溪县，领于思州府，并以原隶湖广靖州之天柱县来属黎平"③。

雍正五年六月，云贵总督鄂尔泰会工部侍郎李绂、广西巡抚韩良辅议界于安笼。七月，鄂尔泰等合疏请黔粤划红水江为界，江以南属之粤，江以北属之黔，割泗城西隆之江北地设永丰州，升南笼厅为府，领普安、永丰二州，普安、安南二县，江南为粤泗城西隆地，江北为黔南笼府普安州、永丰州地，从之。原文如下：

> 先是，贵州安笼镇总兵官蔡成贵奏："广西西隆州古障地方土目王尚义等，与贵州普安州捧鲊地方苗目阿久等历年互争歪染、乌舍坝、犁鲁磜等寨一案，因土目自相仇杀，俱系外结，例有考成，是以迟延未结。请敕下黔粤抚臣另委大员审断，并请嗣后审理两省交界土苗案件，敕部议定限期，于边方实有裨益。"奉旨："着与云贵总督鄂尔泰议奏。"全是，鄂尔泰复奏："苗民劫夺不已，地方官姑息因循，酿成此习，其故

---

① 民国《贵州通志·前事志》第3册，贵州省文史研究馆校，第181页。
② 民国《贵州通志·前事志》第3册，贵州省文史研究馆校，第189页。
③ 民国《贵州通志·前事志》第3册，贵州省文史研究馆校，第189页。

多由外结。臣将分别流、土考成，使各有专责，不致案件迟延不结之处，具题在案。至于黔粤之交，原有大江为界，止因犬牙相错，以致彼此相争。今若划江而理，江以南属之粤，江以北属之黔，则界限井然，防守稽查皆易为力，庶两省之纷争永绝矣。"得旨："鄂尔泰既称黔粤两省当以大江为界，今韩良辅、李绂前往云南与鄂尔泰面商苗地事宜，着将此事一并会同定议。其土苗争讼案件，例由外结者，应如何定限之处，亦着议奏。"

五年五月，命工部侍郎李绂、云贵总督鄂尔泰、广西巡抚韩良辅会于南笼，议画贵州、广西界。按南笼厅南乡地及普安州捧鲊地，旧与广西泗城西隆地犬牙相错。今贞丰州地旧亦属泗州西隆。是时，泗城土知府岑映宸淫虐，而其地延袤千里，北境与南笼、普安相错，多争界仇杀事，映宸为逋逃薮，患最深。尔泰请用兵擒治，取其地改土归流。五月，宪皇帝命绂、良辅与尔泰会议。尔泰以南笼、泗城接壤，请会于南笼。从之。时泗城之者相，普安之者坎，皆有土目互争地，久持不决。映宸恃强，率众至者相，将攻者坎。闻尔泰在南笼，俱不敢发。尔泰正告以将用兵其地，映宸惶恐，乞改流，存祀。乃褫世职，安置浙江。尔泰与绂等合疏，奏请黔粤划红水江为界，永杜争端。从之。①

十年秋八月，割广西泗城西隆之红水江以北地，设永丰州，升南笼厅为府，以安顺府之普安州及安南、普安二县并隶之。原文如下：

七月，鄂尔泰等合疏请"黔、粤划红水江为界，割泗城

---

① 民国《贵州通志·前事志》第3册，贵州省文史研究馆校，第191~192页。

第四章 成型与延续：文化生态与国家行政

西隆之江北地设永丰州，升南笼厅为府，领普安、永丰二州，普安、安南二县。江南为粤泗城西隆地，江北为黔南笼府普安州、永丰州地"。从之。于是割西隆之罗烦、册亨等四甲有半，泗城之长坝、罗斛等共十六甲，南北约三百里，东西径六七百里，设永丰州，州治在长坝，设知州、学正、吏目各一。罗斛四甲设州判，并将桑郎、甲令分理。其册亨、龙渣二甲及岜皓半甲、剥弼上甲，设册亨州同分理。又设游击、守备各一，把总二，兵五百防守。又拨黔属之董家旗、尾洒村、龚赵屯、李家屯、坡哈寨、打村寨、金井寨、坝草寨、朵万寨、罗帕寨、罗王村等十处统归州辖。南笼厅改府治，设知府、经历，仍留南笼通判佐理。普安州之棒鲊设一营。白云屯、法岩、歪染皆设汛，黄草坝左营游击及千、把各一，兵三百，移驻棒鲊。原驻棒鲊之把总一、兵五十移驻黄草坝。又于黄草坝设普安州判一，分驻管理。

先是，良辅奉命同原任广西巡抚、工部侍郎李绂赴贵州安笼镇与云贵总督鄂尔泰会商黔、粤界事。至是合疏奏："红水江在黔粤交界，粤在江南，黔在江北，惟泗城、西隆两处苗、僮之地，多跨江，而北与黔畛域相连，村寨相间。苗性犷悍轻生，睚眦必报。黔员难统辖，粤员亦难遥制，遂致仇杀劫掠不休。今议红水江以南属广西，北属贵州，即有争夺，事隶一省，易于完结。应将西隆州所属江北之罗烦、册亨等甲，泗城府所属江北之长坝、罗斛等甲俱隶贵州，于长坝设州治。东北罗斛等甲，土苗凶顽，应设州判一，册亨地方设州同一，分理龙渣、巴结等甲。再安顺一府原辖三州、五县、南笼一厅，地方已阔，请将南笼厅改府治，仍留南笼通判佐理。将附近之普安州，安南、普安二县并新设之州，俱归南笼府辖。普安州之棒鲊有养马菁，迤逶三十余里，为三江咽喉，苗倮要隘。上江白云屯险峻异常，惟一径攀援而上。法岩寨山高十五里，路险岩危，歪染寨烟户百余家，田多民富，苗倮据险负隅。应于棒鲊设一营，白云屯之上设弁兵扼险，法岩、歪染二处设大汛防守。不惟黔苗可控制，亦粤侬不敢起衅。查黄草坝从无焚掠大案，应将驻防黄草坝之安笼镇标右营游击一、千总一、把总一、兵三百移驻棒鲊，将原驻棒鲊之把总移驻黄草坝，居民稠密，汉多苗少，距州窵远，应于普安州增设州判一，分驻管理。"①

总体上来讲，雍正年间，在皇帝的要求下，调整贵州、云南、四川、广西的行政疆界，起初的目的是正疆界，以安地方，却在无意中起到了清理拨正省内或省际插花地的效果。但终因贵州境内的插花地太多，未能一一拨正。

（二）乾隆年间的清理拨正

乾隆十三年秋七月，云贵总督张允随见广西罗城县所辖之贾廷等大小一十四寨，地势近黔，易于约束，觉得应就近隶贵州古州管辖；而招抚古州所得的因洞、罗洞、寨麻、大蒙四寨，因与广西罗城县之通道镇近，应归广西罗城管辖。遂向朝廷奏请"画定古州与广西罗城县疆界"疏，吏部等议定后，同意张允随的奏请。原文如下：

广西罗城县通道镇，与贵州古州等处苗寨接壤。罗城县所辖之贾廷等大小一十四寨，从前俱系古州招抚，距古州之下江营仅三十余里，地势近黔，易于约束，请将见廷等七寨及所附之贾廷等七小寨，就近隶古州管辖；至因洞、罗洞、寨麻、大蒙四寨，虽经古州招抚，但离罗城之通道镇止四五十里，应归罗城管辖。其界址应从因洞左手岑董山溪头起，至寨麻之下孖

---

① 民国《贵州通志·前事志》第3册，贵州省文史研究馆校，第192~193页。

第四章　成型与延续：文化生态与国家行政

得两岔溪口止，溪左属黔，溪右属粤。两岔溪口以上右岸各寨属粤，溪口以下右岸各寨属黔。于两岔溪口分定黔、粤疆界，镌碑遵守。从之。①

(三) 道光年间胡林翼与《办理插花地建言书》

明清之交，局势混乱，资料难以保存，雍正大规模改土归流之际，朝廷投入了巨资，大规模调整了行政归属，随着雍正时期疆界的大调整，插花地也得到了一定程度的清理，但根本问题仍没有得到解决。清雍正改土归流后，全国进入了相对平稳的发展时期，经过乾隆、嘉庆两朝的平稳发展，插花地的问题再次被提起，其间汉族移民大规模融入贵州定居，以及由此造成的客观事实最值得注意。这是因为，在此前的贵州，对少数民族包括土司辖区内的少数民族和生界内的少数民族原则上都一律免税、免服徭役。这样一来，贵州各地方行政当局所管辖的居民和税赋在通常情况下都不可能增加，而当时耕地的开垦、人口的增加、赋税的提升都是衡量行政官员政绩的考核指标。这将意味着，地方官员在面对少数民族时，几乎不可能有大的政绩出现，而创造政绩依赖的力量，只能是移居贵州的汉族移民。不管是什么样的汉族移民，不管以什么方式进入贵州，其要获得定居权，就必然要购买土地、购买房产，土地的来源只有一个，那就是对少数民族地区实行巧取豪夺，套购、骗购少数民族的耕地，如《黔南识略》载："各属买当苗人田土客民共三万一千四百三十七户，佃种佣工客民共一万三千一百九十户。贸易手艺雇工客民共二万四千四百四十四户，住居城市乡场及隔属买当苗人田土客民一千九百七十三户，并住居城市乡场买当苗民全庄田土客民及佃户共四千四百五十五户。"② 这样的套购肯定会招致少

---

① 民国《贵州通志·前事志》第3册，贵州省文史研究馆校，第331页。
② 爱必达：《黔南识略》卷1。

"插花地"：文化生态、地方建构与国家行政

数民族的反感，必然会演化为社会事端。而汉族移民同样可以钻政策的空子，基本策略就是申报土地产权，积极向国家缴纳税赋。这样获得的土地无论是合法的还是非法的，都会获得地方官员的保护，能给地方官员制造政绩，双方一拍即合，最终会表现为贵州省的在册耕地猛增，统辖的居民与日俱增。到了道光时期，贵州省在册居民和耕地比之于乾隆初期增长了好多倍。

清代两部典籍的口径基本达到了直接对比的充要条件，其一是乾隆年间成书的《黔南识略》，其二是道光末年编写的《贵阳府志》。前者的资料来源是乾隆初年的统计，后者则是道光末年贵阳府的税赋统计，两相比较后发现，户口、田亩、税赋三者都增长了10倍。

这样的变化不仅属于贵阳府，而且全省皆然，传承至今的《安顺府志》《大定府志》《黎平府志》都记载着类似的情况。在这样的剧烈变动下，管理难以到位的插花地问题必然成为施政争议的焦点。于是，有识之士不得不郑重其事地向朝廷奏请清理插花地，以此消除管理上的弊端和疏漏，代表性的人物就是胡林翼。胡林翼于道光二十七年十一月任安顺府知府，其上任伊始，就认识到黔省地多插花之流弊，曾"独谆念此事，沥陈其弊"。经过一年时间的"逐一察清"已"深思硕画"，于道光二十八年十一月上奏《办理插花地建言书》，其内容如下：

> 禀贵州插花情形：窃以贵州境内地多插花，安顺尤甚。林翼望不自揣，思欲逐一察清，妥拟章程，彼此移易，归于至当。谨先陈愚管，仰祈训示。如蒙允准，再行缕晰绘图陈说，呈恳咨部改拨，以正经界，以便官民。
>
> 查贵州所谓插花地者，其情形约略有三种：如府厅州县治所在此，而所辖壤土乃隔越他界，或百里而遥，或数百里之外，即古所谓华离之地也；又如二壤本属一邑，中间为他境参

第四章　成型与延续：文化生态与国家行政

错,仅有一线相连,即古所谓犬牙之地也;又如一线之地插入他境,既断而复续,已续而又绝,绵绵延延至百十里之遥,即古所谓瓯脱之地也。而贵州所以多插花者,其故又有三:贵州之郡县,一因乎明之卫所,一因于元明之土司,一因于剿抚蛮苗所得之土田。明之卫所本以屯田为实壤,而屯田亦有星散四出之地。国初诸公徒取其城市相近者即并为一邑,未暇一一清理,所以州县地多插花,其弊一也。土司之壤或承自唐宋,或创于元明,历世既久,彼此侵夺,本非画一之规。及其献土也,则举其所有而归之于州县,不暇一一为之分析,其弊二也。征讨之法,或用雕剿,则平一姓而兼平数姓之人,招降之利,必联族类,则降一寨而兼降数寨之人。当其创制州县,辄以一时所获田土归之一邑,其弊三也。三者之弊,皆因勘定乱略之时未暇深考,而其流弊乃百出而不穷。姑即弊之切近者言之:插花地有离本治二三百里,而离他治未百里十数里者,民之属将不于其近,而于其远,期会不时,资斧既竭,远来负米,劳费可矜。士之应试,其弊亦然。命案借远地而违延,盗案因交界而推诿,姑无论矣。即寻常词讼,牵连他属者,十之四五辗转关移,百无一应。官之所谓小事,即百姓之所谓大事,羁候日久,既无以恤其货财,证佐不齐,又无以剖其曲直。历数年而不见一官,历数官而不得一审,往往酿成大案。此其不便于民也。肘腋之下,皆他境之民,卧榻之旁,悉他人之地。其所应教诲者、应整饬者、应修明者、应捕遂者,皆在数百里之外。府厅州县号为亲民之官欲其出入可见咨询易及耳。乃所亲者在远,而所不亲者在近,纵有留心民瘼之良吏,亦限于闻见而莫可如何。迨乎不便,公事掣肘,此其不便于官也。然亦有所甚便者,则刁劣之生监与扰害之棍徒耳,而盗贼为尤甚。盗贼成群结党,必在插花之地,纠察之所不及,摘发苦于所难。吏胥以别境为搪塞之词,州县以关移为迁延之计。

"插花地"：文化生态、地方建构与国家行政

即有一二任事之员，尊奉道光二十一年申明圣训，不分畛域，而平日之耳目不习，即临时之呼应不灵。户口厄塞非其所知，乡约寨头非其所辖，则越境捕盗之难也。其狡黠大盗，甚则结交各属吏役。此邑见捕归于他邑，捏情希脱，贿弊多方。漠不关心者既涉因循，因以为利者更虞袒纵。是又公文关移之无益也。凡此各弊，相沿已久，而不敢轻言更张者，则恐吏胥之因缘为奸，更恐州县之肥瘠不定耳。然使官不扰民，自为经理，就疆域之形便而截长补短，即钱粮之会计而益寡衰多，不更易州县之名，不增减粮赋之数，则民情当必帖然，而吏治实为大便。姑即安顺而论之，安顺领二州三县，而知府及同知通判皆其分地，是名为五属实八属也。八属之中，插花无虑数十处，其最多者又莫如安平、镇宁。安平居府城之东少北，镇宁居府城之西，中隔府属及普定，形势本不相连，而此二州县之壤，割裂交错，几无整段，略而言之，盖二邑各离而为三，其与安平城治相近者，则为五所及朵东三排。五所，明代平坝卫之故地，朵东三排者，明代柔远所东偏之故地也。五所三排联聚一处，东西相距九十里，南北相距八十里。东北一线接清镇之芦荻哨，西南一线接普定之石板房，为驿道近旁之地，而环其南北者皆镇宁插花之地。此安平之正壤，一也。柔西三排在安平之西北七十里，北负思蜡河，河之南数里有齐伯房城，即明柔远所之故城也。三排所亦即明代柔远西偏之故地。其地东西相距二十五里，南北相距三十里，东南西三面多为镇宁插花地所环，北又贵筑羊鹊塘、茅草寨及大河十三寨环之。自柔西至安平，必出镇宁插花之境。此安平隔越在西北之壤，二也。又有西堡十二枝者，本西堡土司之故地，原属普定，康熙五十五年始改属安平。其地在安平西北二百里，东西相距七十里，南北相距六十里。跨沙家大河之南北二枝，在河北十枝，在河南沙家大河者，即思蜡河之上游也，是河自郎岱之黄沙渡流入西

第四章　成型与延续：文化生态与国家行政

堡之六骂枝为阴鹭渡，贯十二枝之北境，行三十里至乐东渡出西堡境，又隔二百里至邱哨渡始入柔西之境，复为安平地。其间盖为朗岱、普定、镇宁、平远之地所隔越也。若自西堡入安平，必假道普定之定南里及镇宁之蒙楚诸枝，此安平西北绝越之插花，三也。至若镇宁州之三壤，则附州城诸枝一也，安平以北诸枝二也，安平以南诸枝三也，镇宁附州城之地为东屯枝、为西屯枝、为朗洞枝，东西相距约五六十里，南北亦然。此为镇宁之正壤。又有木冈、浆水、阿破三枝在其北，东接普定之定南里，西接朗岱之罗别汛，虽为普定之腰铺、水母塘所隔，而阿破枝之北古寨越在沙家大河之北，毗连平远，以其大致尚与镇宁治所相接续，即可谓为镇宁之正壤，此其一。齐伯房枝居安平柔西之东，而公具、蒙楚二枝又居其西、其南，三枝大抵环接，然在普定定南里之东不与州北之三枝相连，又横梗安平柔西之中，为镇宁隔越在东之地，此其二。上九枝、中九枝、下九枝居广顺州之东、安平之南，而南联归化厅，西则本州之陇革枝，东则本州之华楚枝，诸枝大势相联，团聚一处，为镇宁隔越在东南之极境，此其三。大抵二邑之六壤，或数寨旁出，或半枝隔越，非亲历周询不能缕析也。其他若府属之与普定，则府属之五起十三枝与普定之五里五枝，往往交错。大约县境居北及西南，而府境在东及南，县境自城而北，直属于三岔河，则本明定南里之故地。又自城而西南，直接乎归化，则五枝之地，本宁谷司所改也。其四里居驿道之旁者，则为普定卫之故也。大势尚相连接，然又有东出二百余里，远在镇宁华楚枝之旁，而介乎贵筑广顺之间者，则为克坐场。府属之五起，本为安顺旧州之地，其余十三枝则安顺旧军民府之地也。十三枝参错匀布，自东而南而西，薄乎县属之宁谷五枝而止。然又有水西庄在镇宁之西南二十里，蜡蓬寨错出安平堡塘基堡之东，钱塘堡错出安平猪槽堡之东，亦府属之插花地

"插花地"：文化生态、地方建构与国家行政

也。朗岱、归化二厅地颇连属，盖划疆在魏乾之际，其时司事者留心疆域，故无遗议也。清镇虽并聚在东北一隅，而贵筑之谷上、谷下二里，袤六七里，广且百余里，又有羊鹊塘、旧人寨、茅草寨若绝若续，与之横亘其中。居二谷之北者，为镇里、安里，明故镇西卫之地；居二谷之南者，为清里、定里，明故威清卫之地也。永宁虽聚处于西南之一隅，而其地本偏远州城，及打罕一马，沙营、顶营、募役三司，六保、阿果二枝皆居北盘江之东，乐运、乐坝、乐举、八大、朵福、播西、邕便、邕由、八十石、石湾寨、下募、十一马又在白水河之东，惟江外金井之地则居北盘江之西，外界贞丰，地复荒广，实为盗贼聚萃之区。凡此皆诸属插花之情形也。又考西堡去安平远而去镇宁近，齐伯房、公具、蒙楚、上九、中九、下九、陇革、华楚八枝，去安平近，去镇宁远；若举以相易，实为两便。他若谷下之当归清镇、江外之宜并贞丰，则又事关外郡，不敢轻议也。又查齐伯房之应纳正银凡九十二两八钱七分七厘，原粮八十石七斗四升八合三勺；公具枝之正银二百四十八两一钱一分三厘，原粮一百九十二石零九升；蒙楚枝正银二百一十一两三钱九分二厘，原粮一百六十三石六斗五升二合；上九正银二十五两九钱八分五厘，原粮四百九十一石一斗；中九正银二十九两四钱五分八厘，原粮五百七十石二斗九升六合；下九正银二十两九钱三分，原粮四百零二石一斗七升；陇革正银一百七十三两五钱四分三厘，原粮一百三十四石三斗四升三合；华楚枝正银三百八十二两一钱九分五厘，原粮三百零二石八斗一升五合。统计八枝共银一千一百八十四两四钱九分三厘，粮二千三百三十七石二斗一升四合三勺。又查西堡秋粮米共四百十二石七斗一升七合三勺。又诸色银共七十两六钱二分九厘。七枝之米多西堡且六倍，银多西堡十五倍，此为不俟之数。而实则西堡肥而七枝瘠，二邑恐不能从也。仍当查核地

174

第四章 成型与延续：文化生态与国家行政

界，酌其相宜，一一比较，方为惬当，此林翼所为，欲逐一察清，妥议章程者也。①

胡林翼终于在此疏中首次明确提出了"插花"二字。此二字很好地概括了前人所描述的"疆界不齐、犬牙交错、参错瓯脱"，后续官吏也纷纷使用胡林翼首提的"插花"一词。从该"建言书"中可以看出，胡林翼拟办理插花的范围并非仅局限于其所辖的安顺府境内，而是从黔省全局的角度出发，探究插花地办理。

胡林翼的建言书虽"深思硕画，如聚米划沙；真实经济，行之决其有效"，但最终"惜格于时"而"不果行"。② 不过，胡林翼的建言书具有很强的实用操作价值和学术价值。以至于此后在历次插花地清理拨正中，都会涉及该建言书。就其价值而言，概之如下：其一，将插花地分为"华离之地"、"犬牙之地"和"瓯脱之地"三种类型；其二，指出黔省之所以地多插花之原因，即"贵州所以多插花者，其故又有三：贵州之郡县，一因乎明之卫所，一因于元明之土司，一因于剿抚蛮苗所得之土田"③；其三，梳理出插花地存在的各种流弊；其四，给出了清理插花地的具体方案，即"就疆域之形便而截长补短，即钱粮之会计而益寡衰多，不更易州县之名，不增减粮赋之数，则民情当必帖然，而吏治实为大便"④。

遗憾的是，在尚未收到朝廷的批复前，胡林翼"即以奉调剿办发匪离黔""适以升任赴楚剿贼而去"。⑤ 因此，办理插花地一事也未具体落实。清理黔省插花地的重任落到了后任身上。

---

① 民国《贵州通志·前事志》卷19，第299页。
② 民国《贵州通志·前事志》卷19，第299页。
③ 民国《贵州通志·前事志》卷19，第299页。
④ 民国《贵州通志·前事志》卷19，第300页。
⑤ 民国《贵州通志·前事志》卷19，第215、218页。

"插花地"：文化生态、地方建构与国家行政

（四）咸丰五年伍辅祥奏请划清黔、蜀疆界

咸丰五年广西道监察御史伍辅祥以"黔、蜀交界各县，类皆八九百里，山多田少，林深菁密，道路险峻，盗贼易于藏匿。又犬牙相错，缉捕为难。即如四川之綦江，贵州之桐梓、仁怀，该三县交界之处所，数十里之中本为綦界者，忽插入桐、仁一段；被为桐、仁界者，忽插入綦江一段。似此之类，不一而足。从前遇有盗窃之案，綦往捕则窜入桐，桐往捕则窜入綦。迨用公文会拿，而贼已远扬无踪矣。且该三县地瘠民贫，无缉捕经费，地方官任其盗贼充斥，粉饰弥缝，以冀邀免处分，所以贼匪愈积愈多"①，奏请朝廷"划清黔、蜀疆界"。为进一步说明"划清黔、蜀疆界"之必要性，伍辅祥还特意提到"前道光十八年，穆继贤作乱，经云贵总督伊里布带兵剿办，用国帑十万余，始获荡平。咸丰四年八月，革役杨隆喜并穆继贤之子、侄穆二头等数人倡乱，纠合穷民数万人，谓除躧戥之害，缘桐梓每年征收钱粮无论一两、二两之多，一钱、二钱之少，总须加征五钱，名曰躧戥，官肥囊橐，民甚苦之故，该匪借此为口实也。现在桐、仁俱已收复，遵义已经解围，余匪自可渐次肃清。但该处地形辽阔，易为盗贼之薮；疆界错杂，易开逃脱之门；弹压无人，难收缉捕之效。倘非力为整顿，势必后患潜滋"②。并最终向朝廷建议："应请旨饬令四川总督、贵州巡抚各派干员，会同划清疆界。某处所插之地，应归并四川；某处所插之地，应归并贵州。总期疆界秩然，无许犬牙交错、夹杂不清。更于交界要隘处所酌拨府城武弁移住，以资弹压，倘有贼盗，立即拿送该县究办，勿令远飏，毋令啸聚。至于旧立田土等契，一仍其旧，毋庸更换，以防扰累。"③ 伍辅祥认为，若根据上述思路划清黔蜀

---

① 民国《贵州通志·前事志》卷23，第343页。
② 民国《贵州通志·前事志》卷23，第343页。
③ 民国《贵州通志·前事志》卷23，第343~344页。

第四章 成型与延续：文化生态与国家行政

疆界，即可达到"经界明而盗贼无可隐匿，缉捕易而宵小自易肃清"①之效果。

咸丰皇帝虽批准了伍辅祥这一奏议，但因当时"内忧外患"之时局所限，该奏议并未真正实施。

（五）光绪年间李用清与《酌拟清理插花章程》

光绪年间，贵州巡抚李用清高度重视黔省插花地办理一事。光绪十一年八月十六日，以"黔省地多插花，于吏治有碍，拟设法该拨，以正经界"上奏《酌拟清理插花章程》，试图彻底治理贵州遍地"插花"问题。原文如下：

> 窃臣于上年护任之初，因黔省地多插花，于吏治有碍，拟设法该拨，以正经界，曾经缕晰陈明，奉旨切实为之。遵即转饬司局会议妥筹去后。滋据署藩司曾纪凤等详称：遵查贵州地多插花。插花之名，为经传载籍所未见，惟前湖北抚臣胡林翼守安顺时论之最详，大略言：黔省府厅州县有治所在此而所辖地土隔越他界，或百里，或数百里，并无一线相通者，是为瓯脱。又，或本属之地插入他境，既断仍续、已继复断者，是为隔离。又，或夹入夹出，仅有一线相通，长短广狭彼此交错者，是为犬牙。通省形势不齐，要不离此三者，而土人则概称为插花。犬牙，各省交界之地所常有，惟隔离、瓯脱为各省所无。此插花情形也。查贵州自前明始置行省，所设卫所州县皆苗疆土司之地。土司历世甚久，彼此侵夺，各守零星之地，原非画一之疆。及其献土也，则举其所有而分隶之。其设为州县者，但按户籍以编审，而户籍不尽相联属也；设为卫所者，但以屯田为实壤，而屯田或分布各处也，经界之始，未暇一一详勘。我朝改卫所为州县，规模较备，而星散搀杂之地犹仍其

---

① 民国《贵州通志·前事志》卷23，第344页。

"插花地":文化生态、地方建构与国家行政

旧。此插花原委也。州县为亲民之官,有插花则所亲者不相近而相远。州县为治事之官,有插花则所治者不在此而在彼。彼有可制之势而无其权;此有可制之权而无其势。凡吾所应亲者、应治者、应近者,多悬于数百里之外,纵令留心民瘼,亦限于闻见而莫可如何。徒使良民之纳粮者、应试者、赴诉者舍近求远,皆苦于跋涉羁候之艰。而刁劣之生监、凶恶之棍徒、强悍之盗贼转得恃纠发所不及,勾结横行,以为害于闾阎。此插花流弊也。所论至为明切。今欲讲明吏治,亟应设法陆续拨正,而拨正之法又苦不易。溯自胡林翼建议于前,既已创而未行;同治初,苗疆粗定,司局踵行于后,又复行而仍辍。推原其故,豪强凭恃险远,类只图便乎己私;官吏各怀畛畦,甚且阴持乎肥瘠。或前官未竣,后任因循;或开征期近,暂时模棱,以故张弛靡常,迄无成效。兹奉奏明办理,自应切实经营。该司道等悉心筹议,以为头绪太繁,宜握其要;事体太杂,宜行以简。必无更张之扰,乃可收厘正之功,酌拟章程六条,详请奏咨前来。臣复核该司道等所详各情及所拟条款,均中窾要。又,臣近日巡阅上下游,体察情形,黔省藏垢纳污大半在插花之地,外来游勇会匪伺隙而动,自应如议办理,期于地方有裨。①

在该章程中,李用清分析了先期插花地"屡办屡辍"之缘故。"今欲讲明吏治,亟应设法陆续拨正,而拨正之法又苦不易。溯自胡林翼建议于前,既已创而未行;同治初,苗疆粗定,司局踵行于后,又复行而仍辍。推原其故,豪强凭恃险远,类只图便乎己私,官吏各怀畛畦,甚且阴持乎肥瘠。或前官未竣,后任因循;或开征期近,暂时模棱,以故张弛靡常,迄无成效。"

---

① 民国《贵州通志·前事志》卷40,第174~175页。

第四章 成型与延续：文化生态与国家行政

鉴于黔省插花地办理一事"迄无成效"，因此，李用清逐步明晰了清理插花地的思路，即"兹奉奏明办理，自应切实经营。该司道等悉心筹议，以为头绪太繁，宜握其要；事体太杂，宜行以简。必无更张之扰，乃可收厘正之功，酌拟章程六条，详请奏咨前来。臣复核该司道等所详各情及所拟条款，均中窾要。又，臣近日巡阅上下游，体察情形，黔省藏垢纳污大半在插花之地，外来游勇会匪伺隙而动，自应如议办理，期于地方有裨"。

李用清高度重视黔省插花地的问题，并"酌拟清理插花章程"六条。因相关资料缺失，无法知晓"章程"六条的具体内容，也无从知晓此次插花地清理的具体过程及其结果，但从光绪三十一年林绍年奏陈"清理通省插花地面办理情形"来看，"清理插花章程"六条要么落实不彻底，要么未予准行。

（六）光绪年间林绍年片陈"拟办插花"及奏陈"清理通省插花地面办理情形"

贵州巡抚林绍年也同样高度重视黔省"地多插花"一事。经其详加查访，于光绪三十一年六月和十二月分别片陈"拟办插花"及奏陈"清理通省插花地面办理情形"。在片陈"拟办插花"奏请中，林绍年云：

> 黔省郡县，悉因元、明卫所、土司及剿扶蛮苗开辟，地土华离瓯脱、犬牙相错，俗名"插花"，无属蔑有，甚有数里之地突寄他属，而隔越本属且二三百里之遥。殆昔年苗属庄田因赔嫁、过继、迁居等事而业随带往者，致参错如此之甚。设官以后，催科抚字不于近而于远。勾摄逐捕，窒碍尤多。劣绅蠹役遂得因缘为奸，棍痞匪徒益以聚匿滋逞。汉夷受害，动酿边患。苗疆之难治，非种族之不齐，实经界之不正也。纵有任事之员，懔遵道光二十一年申明圣谕，不分畛域，而平日之耳目不习，即临时之呼应不灵，户口厄塞非其所知，乡约寨头非其

179

"插花地"：文化生态、地方建构与国家行政

所辖，亦苦整饬而无从。前湖北抚臣胡林翼任安顺府时，独谆念此事，曾沥陈其弊。甫经清理，即以奉调剿办发匪离黔，至今绅民同为惋惜。臣前任藩、臬，悉心访查，佥谓学额所关，划分未易。今则科举行将停废，士子可全由学堂出身，亟应趁此认真清理，以苏黔民数百年之积困。臣与司道一再筹商，通饬各属查明所辖境地何处距何属城治较近。即先将命盗词讼归其经理，一面颁发舆图，饬将插花地方逐一标列，注明彼此相距道里远近，由各府州汇齐申送善后局遴委专员详加考核，就疆域之形势期拨隶各得其宜，计钱粮之征收求拨补各当其可。总以便民便官为要义，不任劣绅蠹役之把持，不更易州县之名，不增减钱粮之数，于吏治民情实大有裨益，应俟一律厘正再行分别具奏。①

从该奏议中，可以看出，林绍年在梳理"元、明卫所、土司及剿扶蛮苗开辟"致使黔省"地多插花"缘由的基础上，进一步指出"因赔嫁、过继、迁居等事而业随往者"也是黔省插花地产生之原因，从而将插花地产生缘由之认识逐步转向深入。他对插花地流弊的认识也颇有深度，"苗疆之难治，非种族之不齐，实经界之不正也"，直接将"苗疆之难治"与插花地联系在一起，足见其对插花地流弊认识之深，重视程度之高。同时，也对胡林翼因"奉调剿办发匪离黔"未具体落实黔省插花地清理一事而感到惋惜。同时，林绍年认为"今则科举行将停废，士子可全由学堂出身"可以算是清理黔省插花地的好机会，因此"亟应趁此认真清理，以苏黔民数百年之积困"。通过与"司道一再筹商"，得出了其清理插花地的总体思路。

为使贵州省境内的插花地得到有效清理拨正，同年十二月，林

---

① 民国《贵州通志·前事志》第4册，贵州省文史研究馆校，第892页。

第四章　成型与延续：文化生态与国家行政

绍年又上奏了《清理通省插花地面情形疏》。疏中，林绍年详细制定了深入推进黔省插花地清理拨正的具体措施，以及插花地拨正的具体办法。表明了誓要解决贵州插花地问题的决心，即使即将离任，也对如何处理插花地问题做出了具体周全的部署。原文如下：

> 窃维地方无论繁简，苟为耳目所难周，政令所不及，虽良吏弗能治。故地官分职，一准乎地近情亲，诚古今不易之定法也。黔省跬步皆山，辖境本较辽阔，又复插花悬绝，亘古未闻。如黄平州所辖之灌水一隅远在七百里以外。镇远所辖之四十八溪，远在四百里以外。其中皆隔越数州、县之地。镇宁与贵筑既非同府，而贵筑出城里许乃有镇宁所辖之巴巴街一段。思州府之龙家坳等处插入隔府之镇远县；镇远县之水地屯等处又插入思州。往往同一山径，而山上山下为两属；同一街市，而街左街右划为两县。其一村镇而分隶数属者甚多，如修文之札佐场，巡检归贵阳，居民归修文，出城则一归贵筑，一归开州是也。甚至桐梓县之撕鸡坳脱入遵义下江所得管辖，而桐梓古州则久已不知其有此地矣。其他参互交错、零星脱落，直若围棋而莫辨主、宾之属谁。胥等秦越之相视者，尤指不胜屈。地方官事无巨细，近则所行辄阻，远者鞭长莫及；小民尤赴诉不便，领证更传到为难。命盗因之推诿，匪类易以潜藏。边患迭兴，吏治之不振，弊皆由此。是以臣自到任即详加查访，知有不能不厘正者，曾经附片具奏在案。惟此事既极繁要，而又异常繁琐。从前迭经议办，率以他故迁延未果。前湖北巡抚臣胡林翼官黔时议之尤切，尝反复数千万言，期于必办，适以升任赴楚剿贼而去。前抚臣黎培敬亦举办未久出缺。前署抚臣岑毓英在任之日尤浅，且有军务未竣。近年更以粤游滋扰，是以均未遑议及。此次臣于奏明奉准后，通饬钦遵，并加委专员亲督核办，手订章程颁发各属。幸各州、县均尚踊跃从事，现已

"插花地"：文化生态、地方建构与国家行政

各据查明绘图造册，开列应拨各处详报前来，均已批饬照办。其有须两属互考者，责成府、州督饬秉公协商、妥筹定议，各将改拨日期，立碑载明。自改拨日起，词讼、命盗一均归管理。大要不外拨出、拨入、互相拨换三项。拨出、拨入者，如黄平之灌水应拨归务川，镇宁之巴巴街应拨归贵筑之类是也；互相拨换者，如思州之龙家坳拨归镇远县，而镇远县之水地屯又应拨归思州之类是也。其有犬牙相错，彼此城治远近虽无甚差，而形势在所必争者，如江场、石官河等处之必拨归仁怀厅而后有险可守，万不可拨归遵义之类是也。钱粮税课以及驿站、营汛、土司、土目均随地改拨。当此实事求实之时，无论额粮之正、杂各款，相沿之陋规，概令据实开报。已解于库者归彼，此不得丝毫歧异；入于官者仍其原征之数计减少以便民，不得加多以厉民。均自光绪三十二年上忙起，并归拨款之属征解，即因是而或有盈绌，应就各该属原有津贴拨补，或另行酌剂，以期各得其平。盖必官民俱便，而后能推行划利也。现计已拨者，事已过半，只永宁州等一二属，因有事故迟延；而安平、思南办理尤为妥速。所余各属有待查商之处，约须数月当可告竣。但从来官吏之办事，图终较难慎始。臣瞬将去任，未及观成。恐牧令之玩延迟误者，亦难保其必无，则一篑功亏，殊属可惜。惟有绘具省首邑贵筑县及胡林翼原办安顺府首邑普定县样图两幅，划出插花形式，分别颜色，期于一望了然，恭呈御览。合无仰恳天恩饬部立案，并饬新任署抚臣接续办理，出力者照奖，延误者严参，俟通省一律禀报接管，即将改隶地面及钱粮各项数目，造册咨部查核，以专责成，务使插花一事不致屡办屡辍，正经界即以齐民志，地方官无不周之耳目。而后政令所及，常变咸宜，吏治必有起色。至承办之员考证疆围，稽查册案图说则细如牛毛，案牍则多逾数箧，备极繁难，不无微劳足录。可否俟事竣后择尤酌保数员，以示鼓励，

第四章 成型与延续：文化生态与国家行政

出自逾格鸿慈。再知府为表率之官，董督州、县实其专责。而黔省除遵义府外，皆有自理地方，匪特体制不符，于治理时亦有碍。现据贵阳府严隽熙禀称：拟府自理地方，一并拨归所属州、县管辖。臣查除黎平等府向系分管苗、汉，应仍照旧外，其贵阳、安顺、镇远三处已饬司道会议，应俟详到，另行奏明办理。①

由此奏陈可知，林绍年的"拟办插花"获得朝廷批准后，"通饬钦遵，并加委专员亲督核办，手订章程颁发各属。幸各州、县均尚踊跃从事，现已各据查明绘图造册，开列应拨各处详报前来，均已批饬照办。其有须两属互考者，责成府、州督饬秉公协商、妥筹定议，各将改拨日期，立碑载明"。其具体的清理方式"大要不外拨出、拨入、互相拨换三项"。在此次清理过程中，"拨出、拨入者，如黄平之灌水应拨归务川，镇宁之巴巴街应拨归贵筑之类是也；互相拨换者，如思州之龙家坳拨归镇远县，而镇远县之水地屯又应拨归思州之类是也"。至该年十二月，"计已拨者，事已过半，只永宁州等一二属，因有事故迟延；而安平、思南办理尤为妥速。所余各属有待查商之处，约须数月当可告竣"。从而可见，林绍年本次黔省插花地清理工作得到了较为明显的效果。

不过遗憾的是，未等插花地清理工作全部"告竣"，与胡林翼一样，林绍年接到了离任的通知。在光绪三十一年十二月奏陈"清理通省插花地面办理情形"中，他很无奈地写道："臣瞬将去任，未及观成。恐牧令之玩延迟误者，亦难保其必无，则一篑功亏，殊属可惜。"② 但有胡林翼的前车之鉴，为了使黔省插花地清理工作在其离任后继续深入下去，林绍年做出了具体的部署，"划

---

① 民国《贵州通志·前事志》第 4 册，贵州省文史研究馆校，第 901~903 页。
② 民国《贵州通志·前事志》第 4 册，贵州省文史研究馆校，第 901~903 页。

"插花地"：文化生态、地方建构与国家行政

出插花形势，分别颜色""饬部立案""出力者照奖，延误者严参""将改隶地面及钱粮各项数目，造册咨部查核，以专责成"等。

从中，可见林绍年对插花地问题的重视程度，以及其部署之缜密。从总体上讲，本次黔省插花地清理工作的成效和彻底性为历此之最。

（七）光绪年间岑春蓂奏陈"接办黔省插花，业经画分改隶各地面"

作为林绍年的继任者，岑春蓂担任贵州巡抚后，"照署抚臣林绍年"的"饬令接办"奏请，继续深入开展黔省插花地清理拨正工作，在其离任之前，奏陈"接办黔省插花，业经画分改隶各地面"，详细介绍了主持此次黔省插花地清理拨正的过程。原文如下：

> 窃照署抚臣林绍年因贵州各属，华离瓯脱、犬牙相错，各地俗名"插花"，有距此数县数里之地插入他属隔越数百里之遥者。地方官于命盗词讼案件因之互相推诿。饬令逐一厘正，以资治理。该署抚臣任内，业经拨定者计已过半，其余待查各属绘呈舆图，奏请饬令微臣接办。臣到任后，即经行司通饬各属公同商拨，认真办理。旋奉谕旨，又经钦遵札饬遵办去后。嗣据前署兴义府知府李祖章禀，将该府辖境及所属之兴义、普安、安南、贞丰等州、县毗连之普安，直隶同知、永宁州业经拨定，各地逐一开具地名、丁粮、户口清折，赍请查核，并据升任大定府知府石廷栋将府属与毕节县，黔西、平远二州，水城通判所辖应拨各地，分别厘定接管日期，具文申报。此外如古州同知所辖之党都、摆打二寨拨隶下江通判。水城通判之白泥、下坝、羊场等处拨隶平远州。绥阳县之旺十甲地方拨隶正安州，该州之长坝、水口寺等处拨隶婺川县。清江通判之掌皆走等五寨拨隶台拱同知，令冲一处拨隶天柱县。丹江通判之瓮

第四章 成型与延续：文化生态与国家行政

医寨拨隶台拱同知之黄施卫，八堡拨黄平州；该州之濯水拨隶婺川县，枫香坪等处拨隶余庆县。桐梓县之撕鸡均拨隶遵义县。毕节县之对江屯等处拨隶威宁州，该州之遵化里等处拨隶毕节县管理。据各该厅、州、县先后竖碑申报立案，均经臣批饬照办；并令粮银务各照旧征收，丝毫不得增减。暨因兴义府禀，兴义、普安二县拨出之地较多，进款减少，饬令贞丰、安南二州县于拨入各增收粮银盈余内，每年酌拨津贴，以昭平允。惟贵定等县禀，应行拨出各寨，据苗民黄安堂等呈，谓自明迄今，耕凿相安，不愿改隶他属，请予免拨。该县等以就近改隶，实属便民。切实开导，而苗性固执，呈请免改。据安顺府、毕节县绅民班占魁、王树屏等，亦以前情先后来臣衙门具呈。伏查清理"插花"地段，拨给最近州、县管辖，一则有裨治理，一则利便民间，为厘正经界要政，原不容听其违拗。但臣详加访察，各处苗性愚执，不愿改隶，悉属实情。如松桃直隶同知归思南府管辖之宽坪等四硐，由府派出清查丁粮，各硐苗民不肯弃远就近，竟孚吾不应。该府以强所不欲，恐滋后患，移请照旧治理，以期相安。而按之地势，实以拨隶思南为便。据该署同知陈价详请，仍饬照拨接管。经臣批令剀切出示劝导，俟该苗民等领悟遵从，再行牒知思南府管理，期臻妥洽。因思为政之道以顺民心为主，如系瓯脱之地孤悬别属，与本境隔绝，有碍治理者，自应照章拨归附近州、县管辖，不准抗违。若地属华离，尚系连接，不过相距稍远，而民情不愿，似未便稍涉勉强，致滋事端。是以臣复饬各属，若议拨之地，该苗民等实在不愿改隶，许该州、县据实具禀。既据黎平、都匀等府、县各将实情禀陈，察其情词恳挚，并非故存私见，有意推诿，即予批准照旧管理，免生枝节。其镇远属各县，据该署府李应华禀，幅员辽阔，凡拟拨之地，必须逐一会勘明确，方昭核实。婺川县乌坪、罗坝头等处，前据该县详请拨安化、

"插花地"：文化生态、地方建构与国家行政

龙泉二县，批饬思南府查议，均未据禀报。并此外未经拨定各地，应由护抚臣兴禄饬催各属赶紧会勘，妥商禀陈核复。一俟查办完竣，再将改隶地方钱粮各项造册，奏资立案。①

岑春蓂确实按照林绍年的具体部署，竭尽全力办理贵州未解决的插花地问题，其间做了大量的工作。其一，将兴义府辖境及所属之兴义、普安、安南、贞丰等州、县毗连之普安，直隶同知、永宁州业经拨定，各地逐一开具地名、丁粮、户口清折；其二，将大定府属与毕节县，黔西、平远二州，水城通判所辖应拨各地，分别厘定接管日期。此外，还将如下的地方进行了划拨：

1. 将古州同知所辖之党都、摆打二寨拨隶下江通判。
2. 将水城通判之白泥、下坝、羊场等处拨隶平远州。
3. 将绥阳县之旺十甲地方拨隶正安州。
4. 将正安州之长坝、水口寺等处拨隶婺川县。
5. 将清江通判之掌皆走等五寨拨隶台拱同知。
6. 将清江通判之令冲一处拨隶天柱县。
7. 将丹江通判之瓮医寨拨隶台拱同知之黄施卫。
8. 将丹江通判之八堡拨隶黄平州。
9. 将黄平州之濯水拨隶婺川县。
10. 将黄平州之枫香坪等处拨隶余庆县。
11. 将桐梓县之撕鸡均拨隶遵义县。
12. 将毕节县之对江屯等处拨隶威宁州。
13. 将威宁州之遵化里等处拨隶毕节县。

不过岑春蓂在清理拨正过程中也遇到一些阻力。如贵定县苗民以"耕凿相安"为由，"不愿改隶他属"，岑春蓂只好作罢，批准保持现状，不予划拨。又如安顺府、毕节县也不愿改隶他属，不管

---

① 民国《贵州通志·前事志》第4册，贵州省文史研究馆校，第918~919页。

地方官吏如何劝导，就是不愿改隶。岑春蓂亲自前往该地"详加访察"，见"各处苗民愚执"，最后"顺民心"，放弃了此地的划拨。又如思南府之宽坪等四峒，开始也不愿改隶他属，后经认真开导，才同意改拨。又如黎平、都匀等府县插花地的清理拨正也同样遇到了不小的阻力。岑春蓂根据黎平、都匀等府县据实禀报的情况，认定"非故存私见，有意推诿"，确实是因为阻力大，最后也只能"即予批准照旧管理，免生枝节"。再如，镇远府属各县，因"幅员辽阔，凡拟拨之地，必须逐一会勘明确"，因而也不能在短时间内完成。如此种种原因，导致此次清理拨正也未能彻底处理好贵州境内的插花地问题。

对于诸如镇远需时间会勘，以及务川县等未禀报等情，岑春蓂也做了具体部署："应由护抚臣兴禄饬催各属赶紧会勘，妥商禀陈核复。一俟查办完竣，再将改隶地方钱粮各项造册，奏资立案。"

从上述各次清理插花地的情况来看，都"深思硕画，行之决其有效"，一些插花地问题也得到了一定程度的处理，但就总体而言，黔省插花地问题却是不了了之，原因不是插花地的问题不严重，而是进入咸丰朝后，随着太平天国起义以及国内众多起义的爆发，朝廷穷于应付，分不出手来处理这样棘手的行政问题，而不得不一拖再拖。直到清朝灭亡，这些问题通盘留给了民国政府。

第五章　插花地整饬之殇：民国地湖插花地清理拨正历程

　　插花地的流弊自其产生之日起就已显现。明清两朝时，地方官员或着手处理过，或奏请拟办理，但清理贵州插花地一事因各种原因，要么实施不彻底，要么奏议根本未施行，最后该问题只得遗留给民国政府。"鉴于贵州历史上行政区划的种种复杂原因，各县土地插花、畸零、错杂，往往地近咫尺不能管辖，而所辖之地在数十里或百里以外，每有形格势禁，鞭长莫及之虞，不便治理。于是从民国四年起，在全省范围内调整疆界，分别处理互拨华离犬牙、互拨华离、单拨华离、单拨犬牙、移远就近之单拨五种情况，以适应新的行政区划。"①

　　能展开如此大规模的插花地清理工作，与当时国内特定的政治时局息息相关。辛亥革命后，政权的转移工作并没有实现全国同步，而是各省相继宣布脱离清政府。这样一来，自然形成各省军阀自理的局面，这些新掌权的军阀对插花地的复杂性缺乏充分的了解，同时又急于扩大财政收入支持内战，因此贵州省这次插花地清理拨正规模虽大，但工作却做得极其粗疏，划拨后派生的社会问题副作用很大。仅仅因为当时国内政局混乱，这些副作用既无法引起国家的高度重视，更难以在档案中保存翔实的资料。要全面讨论其副作用，目前还存在诸多困难。

　　为了稳定社会以达到巩固自身统治的目的，国民政府于民国十

---

① 贵州省地方志编纂委员会编《贵州省志·地理志》（上），第85页。

第五章 插花地整饬之殇：民国地湖插花地清理拨正历程

九年颁布了《省市县勘界条例》，① 又于民国二十三年颁布了《县行政区域整理办法大纲》。② 根据《省市县勘界条例》和《县行政区域整理办法大纲》，在黔省大部分范围内开展了插花地清理拨正工作。

民国二十七年，贵州省政府决定成立整顿各县行政区域委员会，以数月时间翻阅史乘，检阅旧案，参酌舆地，考究形势，拟定了"调整、筹商、改革"三方案。③ 其中与笔者研究直接相关的一条就是"调整"，以拟定的方案来看，"调整"就是在清理瓯脱、插花地的基础上，根据疆域大小，截长补短，使之整齐。④

笔者的调查点贵州省天柱县地湖乡也于民国二十九年至民国三十五年就插花问题会同湖南省会同县进行了会勘。天柱县档案馆将本次会勘的整个过程完好地保留了下来，为我们了解民国时期地湖插花地会勘情况提供了翔实的文献资料。

以民国时期天、会地湖会勘的文献资料来看，地湖插花地边界会勘工作有两次：一次是民国二十九年"以明行政管辖，而利清剿"为目的的插花地清理拨正工作；一次是民国三十二年至民国三十五年由于赋税问题进行的田土编丈工作。国民政府希望通过相关政策的实施，一次性地解决插花地管理上的弊端问题，但实际的结果却仅仅解决了土地丈量和户口登记问题，而插花地的拨正、合并问题却被搁置下来。原因可能是国内时局和战事使地方政府无暇顾及此事，最终不得不将裁撤地湖插花地一事搁置下来。

---

① 《省市县勘界条例》，贵州省档案馆藏档案，档案号：M8-1-2875，转引自杨斌《明清以来川（含渝）黔交界地区插花地研究》，第124页。
② 《县行政区域整理办法大纲》，贵州省档案馆藏档案，档案号：M8-1-2875，转引自杨斌《明清以来川（含渝）黔交界地区插花地研究》，第124页。
③ 贵州省地方志编纂委员会编《贵州省志·地理志》（上），第85页。
④ 贵州省地方志编纂委员会编《贵州省志·地理志》（上），第85页。

"插花地"：文化生态、地方建构与国家行政

第一节 "清理拨正"与地湖插花地的幸存

民国二十九年，贵州省天柱县与湖南省会同县政府奉国民政府的要求，清剿"匪"类。地湖地处湘、黔两省边界，山林田土犬牙交错，行政疆界瓯脱，对清剿一事极为不利，因此两县试图勘定地湖边界。天柱县曾以民字六九八七号公函致会同县政府，"奉令会勘连界各地插花瓯脱地段"，其目的在于"以明行政管辖，而利清剿"；并嘱会同县政府"将会商人员姓名、职别及地点、日期先期缄覆，以会同查勘"。时任会同县县长张中宁以《准缄派定会商履勘地界人姓名及日期咨请由》（会同县政府咨中一字第740号）复函并咨请天柱县政府。函中说明将按照天柱县政府民字第六九八七号公函上的要求，派遣国民兵团副团长梁文献前往会勘，会商日期确定在民国二十九年五月十二日，会商地点确定在会同县团和乡属羊角坪村。函中还咨请天柱县政府在会商日将天柱县地图酌带数份，以便参考。函文[①]原文如下：

会同县政府　咨　中一字第740号　民国二十九年五月四日发
事由　准缄派定会商履勘地界人姓名及日期咨请

案准贵府民字第六九八七号公函，以奉令会勘连界各地插花瓯脱地段，以明行政管辖，而利清剿一案，嘱将会商人员姓名、职别及地点、日期先期缄覆，以会同查勘等由。准此，兹将本府所派会勘人员开列姓名单缄达。

---

① 《准缄派定会商履勘地界人姓名及日期咨请由》（会同县政府咨中一字第740号，民国二十九年五月四日发），天柱县档案馆藏档案，档案号：777，第42~44页。

第五章　插花地整饬之殇：民国地湖插花地清理拨正历程

贵府烦为

查照又贵县地图烦于派员会商时酌带数份，以便参考为荷。

此咨

天柱县政府

附送会商勘界人员姓名单

会同县县长　张中宁

会同县会商 会同/天柱 两县勘界人员姓名表

职衔	姓名	会商日期	会商地点	附注
国民兵团副团长	梁文献	五月十二日	会同县团和乡属羊角坪	

民国二十九年五月十二日，天柱县和会同县政府会勘代表按照先前函文的要求，如期赶往羊角坪村进行会勘，对地湖及周边插花地边界进行了实地查勘，了解了地湖插花地疆界瓯脱、犬牙交错的实情，并形成了会勘报告。参与会勘的天柱县第二区乡长刘子灵于当年五月二十一日，将天柱县与会同县边界会勘结果报告呈报给天柱县张县长，报告[①]原文如下：

天会边界会勘结果报告

窃职于本月十二日奉令前往会同羊角坪与会同国民兵团副团长梁文献会勘天、会边界，至十三日即与该副团长同往地湖一带实地勘察，所获情形，分条缕呈于下：

查会同团和乡滥浦子一保，脱入柱属丫婆坳及地湖之

[①]《天会边界会勘结果报告》，天柱县档案馆藏档案，档案号：777，第47~48页。

"插花地"：文化生态、地方建构与国家行政

间，该乡至浦子均路径柱县十余里，值此伏莽潜藏，彼此清剿，均感不便，且常易发生误会，每酿成边区恶感，宜就地划分者。一、地湖所属第三保第三甲之射旗冲，第二保第五甲之桥冲，均杂居会同团和乡之第五、六两保中间，而团和所属之第六保三角团及炉家埚等两处，亦杂入地湖第二、三两保中间，各距各该管地方一十余里至二十里不等，双方管辖极感困难，宜就地互相划拨者；二、以上两种情形，非从速予以互相划拨，不惟管辖既感困难，且杂居之纠纷，每每难免。为此备文连同天、会边区绘图一份，一并赍呈。

钧长鉴核，恳咨会同县府，将团和、地湖两处杂居地方，互相就地划拨，以便管辖，而利清剿，实为公便。

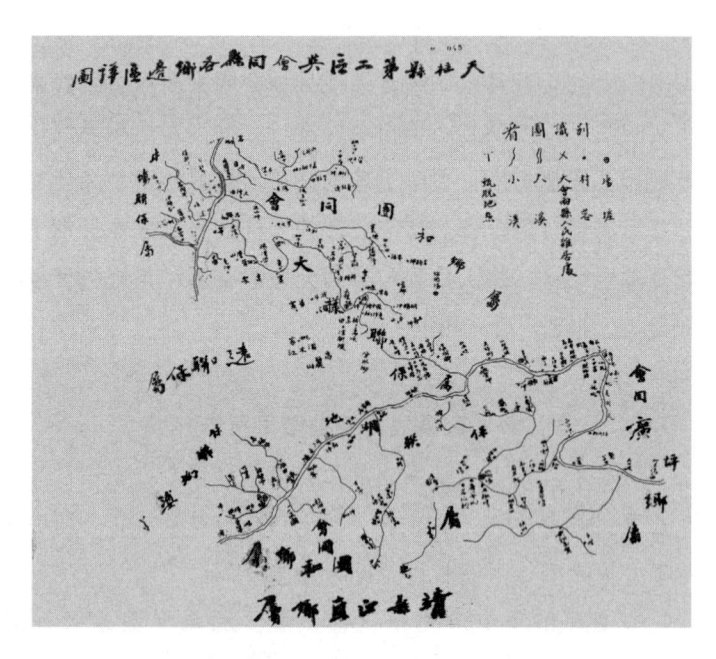

图5-1　天柱县第二区与会同县各乡边区详图

资料来源：天柱县档案馆藏档案，档案号：777，第45页。蒋琴绘制。

第五章 插花地整饬之殇：民国地湖插花地清理拨正历程

根据刘子灵呈报给天柱县政府的这份报告来看，作为会勘当事人之一的他认为，从便于行政管理、避免产生纠纷等角度出发，应将地湖所属的射旗冲和桥冲划拨给会同县团和乡管辖，而将团和乡所属的三角团和炉家塆两处划拨给地湖管辖。刘子灵报告中所提的建议被天柱县政府采纳，之后，天柱县政府将该报告呈报给贵州省政府。贵州省政府、省民政厅收悉该报告后，在回函中同意天柱县与会同县就地湖所属之射旗冲、桥冲及团和所属之三角团、炉家塆相互划拨之意见。其函文①的具体内容为：

> 钧承贵州省政府主席并保安司令吴保一字第〇八五号寝代电：以准鄂湘川黔边区绥靖公□□□□第十团乡长郭文灿报告，湖南会同县边区之团和乡与天柱县接壤，地形极为复杂，清剿极为困难，拟□饬咨湘黔两省政府派员实地查勘，分别划拨，以明行政管辖，而利清剿一案。饬即遵□会勘办理，具报□□。经于本年五月十二日指派本县第二区乡长刘子灵与会同县国民兵团副团长梁文献会同实地查勘去及。兹据第二区乡长刘子灵报称：窃职于本月十二日□□□为公便等帖子，附呈详图一份。据此，除咨请会同县政府查勘划拨，并分呈贵府国民保安司令核实外，理合检同详图一份。
>
> 具文呈送，签核示遵。
> 谨呈
>
> 贵州省政府主席并保安司令　吴鼎昌
> 贵州省政府主席　吴鼎昌
> 民政厅厅长　孙希文

---

① 天柱县档案馆藏档案，档案号：777，第52~54页。

"插花地"：文化生态、地方建构与国家行政

附呈详图一份

知县　张○○

之后，为迅速解决天、会插花瓯脱之地问题，且得到贵州省政府及民政厅的同意后，天柱县政府于该年六月八日以天总字第〇〇二一号函咨请会同县政府迅速划拨。函文[①]原文如下：

案查本年四月十二日案贵州省政府并全省保安司令吴寝代电：饬会勘本县与贵县连界插花瓯脱地段，以明行政管辖，而利清剿一案，经于本年五月十二日指派本县第二区乡长刘子灵会同贵县国民兵团副团长梁文献实地查勘去及。兹据第二区乡长刘子灵报称：窃职兹本月十二日诏□实为公便等情况，附呈详图一份。据此，除呈报本省、贵府暨全省保安司令榜示外，相应□帖咨请。查□迅□划拨，并希见复为荷。

此咨　会同县政府

县　长　张○○
县衔呈　天总字第〇〇二一号

但由于相互划拨上述四处地方涉及贵州省与湖南省两省省界调整问题，并非一省单方面就能定夺的事情，因此，民国二十九年七月十九日，贵州省政府主席吴鼎昌、保安处长韩久焕以及民政厅长孙希文联合给天柱县政府发来指令［《令天柱县政府》贵州省政府指令（民一字第1698号）］，指令指出："案关省界调整，应该统筹核完

---

①《天柱县政府咨》（天总字第〇〇二一号），天柱县档案馆藏档案，档案号：777，第50~51页。

194

第五章 插花地整饬之殇：民国地湖插花地清理拨正历程

后，咨商湖南省政府办理，该县政府不得进行划拨"。要求天柱县政府就地湖边界相互划拨一事，勿草草下定结论，需要等到与湖南省政府商议后再行办理。指令①原文如下：

令天柱县政府

二十九年六月八日，天总字第二一号呈：为呈报与湖南会同县会勘接壤地带，互相划拨管辖，以利清剿等情，新核示由。

呈□均悉。案关省界调整，应该统筹核完后，咨商湖南省政府办理，该县政府不得进行划拨，仍将商洽□□□查。仰即遵照。此令。

主席　吴鼎昌

保安处长　韩久焕

委员兼民政厅长　孙希文

会同县政府则在收悉天柱县天总字第〇〇二一号咨函后，结合该县国民兵团副团长梁文献的会勘结果报告，以《函复会同查勘交界地段情形希烦查照由》致天柱县政府，同意就两县边界相互交错之地相互划拨，以明行政，利清剿。原文②如下：

案准贵府天总字第〇〇二一号咨以授。贵县第二区区长刘子灵呈报：会同查勘交界插花瓯脱地段情形，嘱查照划拨等由。同时复据本县国民兵团副团长梁文献呈复：为奉派调查

---

① 《令天柱县政府》［贵州省政府指令（民一字第1698号），民国二十九年七月十九日发］，天柱县档案馆藏档案，档案号：777，第56~57页。
② 《函复会同查勘交界地段情形希烦查照由》（会同县政府公函中民336号，民国二十九年八月发），天柱县档案馆藏档案，档案号：777，第61~62页。

"插花地"：文化生态、地方建构与国家行政

柱、会边境，并勘划瓯脱插花地疆界，遵即前往团和乡羊角坪，会同天柱远口区长刘子灵，亲往实地查勘。计查得柱属中河、下河、蒋家团、地湖等地，突入我县境界，地形综错复杂，居民管理不便，拟将该地划归本县，俾将推行政令便利之效。又团和乡属之老团、丰溪，及郎江乡属之上金子，突入天柱县境，可酌划归天柱，用特绘具略图一并呈请鉴核，转呈省府裁决等情，附略图一份。据此，除呈报本省省政府核示划拨外，相应函复，希烦查照为荷。

此致

天柱县政府

会同县长张中宁

需要指出之处在于，函文中出现的地湖，并非指贵州省天柱县地湖乡全境范围，而是指以现今地湖乡政府所在地为中心包括贵州和湖南两省共有的5公里以内的范围。笔者为何敢做这么大胆的推测，其理由在于，据笔者在地湖为期一年的田野调查得知，在当地人的心目中，提到"地湖"二字，联想到的并非现地湖乡全境，而是现今乡政府周边片区的永兴村、永光村以及湖南会同县管辖的新开村和团结村，他们将这一片区统称为"地湖片区"。

从会同县致天柱县的回函中可知，会同县政府一度考虑将天柱县属之今地湖片区的上河、中河、下河以及地湖永兴、永光、江口等地划拨给会同县，而将会同县突入天柱县境之团河乡老团、奉溪以及郎江乡上金子等地互换拨划，便于行政管理，以利清剿。

会同县政府的这一提议是否得到天柱县政府的同意，笔者目前没有查到具体的文献资料记载。但从上述各村的当前行政归属来看，下河村和蒋家团现已归属湖南管辖，而中河村和地湖仍旧属于贵州省天柱县管辖。下河村和蒋家团是不是在此次调整中被划拨到

第五章 插花地整饬之殇：民国地湖插花地清理拨正历程

湖南去的，则需要其他资料佐证，笔者目前只能猜测这一情况的可能性。

天柱县与会同县有关地湖插花地边界勘查一案，在民国二十九年时，两县政府以"以明行政管辖，而利清剿"为目的，旨在妥善处理好地湖插花地边界问题，并取得了一定的成效。但由于边界问题由来已久，加之一系列其他的因素，若要彻底解决边界问题，还需假以时日。正因为民国二十九年的边界勘定工作未彻底解决，给两省收取粮赋问题带来了极大的困难，致使民国三十二年，两县又再次就地湖边界及田土所有权问题进行了重编。

第二节 "田土编丈"与"一田两赋"悲剧产生（1943~1946）

20世纪40年代，随着抗日战争的深入，国民政府急于摆脱财政上的困境，利用抗战处于相持阶段的机遇，再次将地湖插花地问题提上了议事日程，但终因难度太大，加上抗战后忙于内战，清理工作除了留下一系列弊端外，地湖插花地还是被保留了下来。

一 民国三十二年天、会地湖插花地会勘

民国二十九年地湖插花地会勘工作旨在清理拨正"以明行政管辖，而利清剿"。民国三十二年，内政部及贵州省田赋管理处要求地湖插花地的田土所属权应明晰化，以利收取粮赋。民国二十九年与民国三十二年进行的地湖会勘工作从行政层面上讲，略有区别。前者是为了"以明行政管辖，而利清剿"，后者则是为了田赋粮亩的收取。

上节中提到，民国二十九年，天、会两县就地湖边界插花等问题进行了查勘。但考虑到此问题由来已久，且涉及省界调整问题，

"插花地"：文化生态、地方建构与国家行政

加之一系列其他复杂的政治、社会因素，地湖插花地边界问题并未彻底解决。在相互划拨无法继续开展下去的情况下，地湖插花地的田土所属问题自然也不够明晰，因此给当地的粮赋收取带来极大的困难。在湘、黔两省政府的共同推动下，天、会边界地湖插花地山林田土界线明晰化问题亟待着手处理。从民国三十二年起，天、会两县又对地湖边界插花地田土进行了编丈，旨在解决田土经界不清、所属不明从而导致粮赋无法收取的问题。

民国三十二年，会同县率先在与地湖犬牙交错的朝阳乡开展了土地编丈工作。但由于在编丈过程中，"编丈人员与插花地地湖居民产生争执"，编丈工作无法继续下去，编丈人员将此事上报给会同县政府。会同县政府在得知此情况后，于该年八月三十一日，以陈总字第635号函文致天柱县政府暨田赋管理处，要求两县着手处理此事，并叮嘱天柱县政府于该年九月十五日派员会勘，以利编丈。天柱县政府收悉该函文后，派天柱县田赋管理处远口征收处稽征股股长潘万书协同南宁镇镇长如期前往会勘。原文①如下：

为函复派员会勘地湖界址由

案准贵府、处本年八月三十一日陈总字第635号函，以贵县朝阳乡土地编丈人员与本县插花地地湖居民产生争执，嘱于九月十五日派员会勘，以利编丈等由。准此，兹派本处远口征收处稽征股股长潘万书协同南宁镇镇长如期前往该地会勘，除令知外，相应函复，即希查照为荷。

此致

---

① 《为函复派员会勘地湖界址由》（贵州省天柱县政府田赋管理处公函，天民二字第一六四号，民国三十二年发），天柱县档案馆藏档案，档案号：1644，第77~78页。

第五章　插花地整饬之殇：民国地湖插花地清理拨正历程

　　　　　　　　会同县政府
　　　　　　　　会同县田征管理处
　　　　　　　　县长兼处长　　谢〇〇
　　　　　　　　副处长　　　　黄〇〇

此外，天柱县政府暨田赋管理处为使土地编丈工作能顺利开展，连续给远口征收处及南宁镇公所发去训令，在致远口征收处的训令（天民二字第一六五号）中指出，兹派该处稽征股股长潘万书协同南宁镇镇长如期于九月十五日前往会勘，并将会勘结果详细具报，以凭核办，除函令外，合行令仰知照，并转饬该员遵照为要。原文①如下：

为令派该处稽征股股长潘万书前往地湖会勘界址由

令远口征收处

案准湖南省会同县政府八月三十一日陈总字第635号函开（原文照叙）等由。准此，兹派该处稽征股股长潘万书协同南宁镇镇长如期于本月十五日前往会勘，并将会勘结果详细具报，以凭核办，除函令外，合行令仰知照，并转饬该员遵照为要。此令。

　　　　　　　　县长兼处长　　谢〇〇
　　　　　　　　副处长　　　　黄〇〇

在致南宁镇公所训令（天民二字第一六六号）中同样指出，兹

---

① 《为令派该处稽征股股长潘万书前往地湖会勘界址由》（贵州省天柱县田赋管理处训令，天民二字第一六五号），天柱县档案馆藏档案，档案号：1644，第81~82页。

"插花地"：文化生态、地方建构与国家行政

派由该镇镇长派员协同远口征收处稽征股股长潘万书，如期前往会勘，并将会勘情形具报，以凭核办，除函令外，合行令仰遵。原文①如下：

为饬派员协同征收处前往地湖会勘界址由

令南宁镇公所

案准湖南省会同县政府八月三十一日陈总字第六三五号函，略以该县朝阳乡土地编丈人员与本县插花地地湖居民产生争执，嘱于九月十五日派员会勘，以利编丈等由。准此，兹派由该镇镇长派员协同远口征收处稽征股股长潘万书，如期前往会勘，并将会勘情形具报，以凭核办，除函令外，合行令仰遵。此令。

县长兼处长　谢〇〇
副处长　　　黄〇〇

天柱县南宁镇公所暨天柱县田赋管理处远口征收处收悉该训令后，分别派经济干事甘宗培以及稽征股股长潘万书如期到达地湖会勘。但由于会同县编查人员已于双方预订日期的三天前回去了，本次会勘工作无法进行下去。甘宗培、潘万书将此情况呈报给南宁镇公所及天柱县田赋管理处远口征收处，旨在说明本次会勘无法开展的缘由。报告中写道："窃职奉命前往地湖会勘界址，到达该地时，殊会同县编查员唐祺湘，已于三日前早已回去，并无何人在该地等候。职当即飞函朝阳乡，请其约同编查员前来会勘。等候数日，毫

---

① 《为饬派员协同征收处前往地湖会勘界址由》（贵州省天柱县县政府、财政部贵州省天柱县田赋管理处训令，天民二字第一六六号），天柱县档案馆藏档案，档案号：1644，第79~80页。

第五章　插花地整饬之殇：民国地湖插花地清理拨正历程

无音信。询问地湖居民，佥谓本县业经编文之田，此次被其重编四百余个坵号去矣，职等无法会勘，只得回来。"①

从两位当事人的报告中可以得知，由于两县会勘人员并未按约定时间同时到达会勘地，地湖插花地经界会勘问题没有取得任何实质性的进展。南宁镇镇长杨德高、远口征收处主任姚见昭根据甘宗培、潘万书所呈报的文件，并根据天民二字第一六五号、第一六六号两训令中"将会勘结果详细具报"的要求，于九月二十三日如实将此次会勘结果呈报给天柱县田赋管理处。原文②如下：

为会衔呈报会勘地湖界址经过情形仰祈鉴核示遵由

窃奉钧处天民（二）字第一六六号训令：派职及潘万书前往地湖会勘界址，除原文有卷，邀免冗录外，尾开："仰于本月十五日，前往会勘，并将会勘结果，详细具报，以凭核办"等因。奉此，本所、处遵即当派经济干事甘宗培，稽征股股长潘万书，如期到达地湖会勘，兹据甘宗培、潘万书报称："窃职奉命前往地湖会勘界址，到达该地时，殊会同县编查员唐祺湘，已于三日前早已回去，并无何人在该地等候。职当即飞函朝阳乡，请其约同编查员前来会勘。等候数日，毫无音信，询问地湖居民，佥谓本县业经编文之田，此次被其重编四百余个坵号去矣，职等无法会勘，只得回来"等语。窃查本县地湖与会属朝阳乡为飞插之地，本县二十九年业经编丈之田，曾经德高致函会同编查员，请其无须重编，以免一田两税纠葛。乃该编查

---

① 《为会衔呈报会勘地湖界址经过情形仰祈》（天柱县南宁镇公所暨天柱县田赋管理处远口征收处呈送给天柱县田赋管理处报告，民国三十二年九月二十三日呈），天柱县档案馆藏档案，档案号：1644，第87~89页。

② 《为会衔呈报会勘地湖界址经过情形仰祈鉴核示遵由》（天柱县南宁镇公所、财政部贵州省天柱县田赋管理处远口征收处呈报财政部贵州省天柱县田赋管理处文件，民国三十二年九月二十三日），天柱县档案馆藏档案，档案号：1644，第87~89页。

"插花地"：文化生态、地方建构与国家行政

员唐祺湘，执性强顽，明则订期会勘，暗则先行强丈，故意误期，实属有意强占省界，侵夺赋权。且该地湖场市，素为本县管辖，有久远之历史可考。本县编丈田亩，乃系由该地湖场角划分，公平编丈，界线自然，于情于理。该地赋权应归本县管辖，并非强编强争，即纵有不合，在当时为甚毫不声诉，何待编丈四年之后，反行越界强争，似此显系欲争夺省界，故以强编田垴为始，以作渐进之势，不言可知。又本所、处以兵夫粮款关系，时派武装前往地湖各保催促缴送，乃该编查员不明真相，谓系德高派兵巡视其地，真乃不据事实，信口胡说，以搪越争之咎耳，兹为保全原有生界，不使强占计，为赋权不使侵夺计，理合会衔备文呈报，仰祈钧核，伏乞转函会同县政府，饬将越界重编垴号，如数退回，以维赋权，而免一田两税，如何之处，敬候示遵。

谨呈

  财政部贵州省天柱县田赋管理处处长 谢
    副处长 黄

        南宁镇镇长 杨德高
        远口征收处主任 姚见昭

在本次会勘工作未得到顺利开展的情况下，南宁镇镇长杨德高于该年（民国三十二年）九月二十八日以《为准会同朝阳乡公所函约会勘地湖疆界敬祈派员参加由》呈函天柱县政府，恳祈天柱县政府函请会同县政府重新确定编丈时间及编丈人员。原文①如下：

---

① 《为准会同朝阳乡公所函约会勘地湖疆界敬祈派员参加由》（天柱县南宁镇公所暨远口征收处，高民字第六二号，民国三十二年九月二十八日发），天柱县档案馆藏档案，档案号：1644，第90~91页。

第五章　插花地整饬之殇：民国地湖插花地清理拨正历程

为准会同朝阳乡公所函约会勘地湖疆界敬祈派员参加由

案准会同县朝阳乡公所本月二十七日运民字第一〇七号公函开：案奉会同县政府民国三十二年九月二十三日先民字第七八一号训令开：案准天柱县政府暨天柱县田管处本年九月九日天民字第一六四号会函开：案准贵府本年八月三十一日陈总字第六三五号函以贵县朝阳乡土地编丈人员与本县插花地地湖居民发生争执，嘱于九月十五日派员会勘，以利编丈等由。准此，兹派本处远口征收处稽征股股长潘万书，协同南宁镇镇长如期前往该地会勘，除令知外，相应函复，即希查照为荷等由。准此，查前订会勘日期已过，自应改期勘划，以正经界。兹派该乡长代表本府就近洽商，天柱县府所派稽征股长潘万书及南宁镇长另订适当日期会同勘划，仍将会勘日期及会勘情形专案报核为要等因。奉此，兹订期于十月一日上午十一时，在地湖会勘边界。除呈报备查外，相应缄达贵所，请烦查照。届时到达该地会勘，并希见复以经界为荷等由。准此，查前次职奉派会勘，当派干事甘宗培协同潘万书按期到达该地，等候数日，殊该县编丈人员，不守信用，先行越界编丈田亩，届期故意不到，兹复约期十月一日会勘经界。其用意如何，殊难悬揣，理合具文呈请钧府鉴核，迅派高级职员参加，俾免疆界纠纷。

谨呈

天柱县县长　谢〇〇
职　杨德高

按照函文中的内容，可以知道地湖飞插地带的土地编丈工作似乎陷入了绝境。原因有二：其一，会同委派编丈人员不守双方函文

"插花地"：文化生态、地方建构与国家行政

中约定的会勘时间，在约定时间的三天前已经先行完成编丈工作；其二，会同县编丈人员将天、会边界地带误编地湖四百余田土坵号，导致地湖民众及天柱县政府的不满。

天柱县政府暨田赋管理处获悉后，于十月十八日以《为地湖飞插地带土地又被重开函请查照注销并希见复由》致函会同县政府暨土地陈报办事处。要求"相应函请查照，将重编之坵号予以注销，以免一田两赋，并希见复"。原文①如下：

为地湖飞插地带土地又被重开
函请查照注销并希见复由

案查地湖边界飞插地带问题近□□

贵府、处陈总字第六三五号公函，定期九月十五日派员会勘，当经照办，并即令派本处远口征收处稽征股股长潘万书、南宁镇镇长杨德高准时前往会勘，去后，兹据南宁镇公所及远口征收处会勘结果。（原文照录）事情据此，相应函请查照，将重编之坵号予以注销，以免一田两赋，并希见复为荷。

此致

会同县政府
会同县土地陈报办事处

县长兼处长　谢〇〇
副处长　　　黄〇〇

---

① 《为地湖飞插地带土地又被重开函请查照注销并希见复由》（贵州省天柱县政府、财政部贵州省天柱县田赋管理处公函，天民二字第二一三号），天柱县档案馆藏档案，档案号：1644，第83~84页。

第五章　插花地整饬之殇：民国地湖插花地清理拨正历程

会同县政府收悉该函文，并彻底了解详情后，于民国三十二年十一月二十八日以《准以地湖飞插地被重编一案曾已注销函复查照由》函复天柱县政府暨田赋管理处，强调"查本县管理土地陈报尚未结束，误编地湖之坵号，业查明全部注销，查报单均亦作废。准函前由，并希函复请烦查照"。原文①如下：

准以地湖飞插地被重编一案曾已注销函复查照由

案准贵府三十二年十月十八日天民字第二一三号公函：以地湖飞插地带土地又被重编嘱查照注销见复等由。准此，当经函请本县土地陈报处查明更正去后，兹准复称：案准贵府本年十一月二日先民字第1678号函缄，以准天柱县政府暨田赋管理处公函，略以地湖边界飞插地段重编坵号，请予分别注销更正，以免一田两赋等由过处。当经令饬经照办。分队长唐祺湘，将该地段编查情形详实呈复去后，兹据该队长本年十一月十四日呈称：朝阳乡地湖边界重编四百余坵号，业经将相应全部注销，所编查报单亦予作废等情据此。兹准前由相应函□□请烦查照为荷此致等由。前来查本县管理土地陈报尚未结束，误编地湖之坵号，业查明全部注销，查报单均亦作废，准函前由，并希函复请烦查照为荷。

此致

天柱县政府

县长　杨永坚

---

① 《准以地湖飞插地被重编一案曾已注销函复查照由》（会同县政府公缄，先民字第1788号，民国三十二年十一月二十八日发），天柱县档案馆藏档案，档案号：1644，第92~93页。

"插花地"：文化生态、地方建构与国家行政

  根据会同县出具的函文内容，结果已经很明确了，会同县答应将先前重编地湖田土的四百多坵号查报单予以作废。

  南宁镇于该年九月二十八日以《为准会同朝阳乡公所函约会勘地湖疆界敬祈派员参加由》，恳请天柱县政府暨田赋管理处函请会同县政府将地湖重编之坵号予以注销。天柱县在收悉会同县先民字第1788号公函允诺将"全部注销，查报单均亦作废"后，天柱县县长兼田赋管理处处长谢杰民特意致令南宁镇公所，转告会同县先民字1788号函文，并令其"合行令仰知照，并转饬知照"。原文①如下：

为函准会同县重编地湖边界田业坵号经查明
注销合行令仰知照由

  令南宁镇公所

  案查前据该镇公所呈，以地湖边界飞插地带土地又被重编，恳予函请会同县政府注销一案，经于本年十月十八日，以天民二字二一三号函请（会同县政府先民字第一七八八号）查明注销去后，兹准函复以所有重编地湖边界田地四百余坵号，业经函准会同县土地陈报处查明注销，查报单亦均作废等由。兹来合行令仰知照，并转饬知照。

  此令

兼处长 谢〇〇
副处长 黄〇〇

---

① 《为函准会同县重编地湖边界田业坵号经查明注销合行令仰知照由》（贵州省天柱县田赋管理处训令，天民二字第292号），天柱县档案馆藏档案，档案号：1644，第94~95页。

第五章 插花地整饬之殇:民国地湖插花地清理拨正历程

二 民国三十三年天、会地湖插花地会勘

在民国三十二年天、会边界会勘过程中,虽然在会勘初期会同县编查员唐祺湘将地湖四百余坵号田土重新编入会籍,但在天柱县政府暨田赋管理处的不断交涉下,最终会同县允诺天柱县政府将地湖重编四百余田土坵号予以注销。本以为会勘事件就此可以告一段落。岂料民国三十三年,地湖插花地边界又起事端。

从会同县民国三十三年三月二十九日致天柱县政府暨田赋管理处《咨请约会处理地湖粮赋一案请即查照办理订期见复并希将拘押居民即予释回由》的咨函中,可以了解事端的缘由。原文①如下:

咨请约会处理地湖粮赋一案请即查照办理订期见复并希将拘押居民即予释回由

案查本府前据朝阳乡公所呈报南宁镇借催粮名义率带抢兵越疆逮捕一案,当经咨请贵府(处)□属制止,并将该地湖粮赋过去征纳情形查告,以凭会商办理在卷,迄今日久未准见复。兹据朝阳乡公所三月十九日呈称:案据本乡第三保长朱昌显、四保长吴再凰会衔报告称:窃职三、四两保历隶会同县朝阳乡。地湖与天柱南宁镇八、九两保飞地杂居,职保地距会城仅五十华里,柱属飞地距柱城百四十华里。于前二十九年,柱县横将职三、四保人民原属湘赋丈去九百余亩,人民负担双赋,日作柱县催粮,复派重兵吊索数十余人,尚未释放,扰乱地方莫堪。如此,人人自危,个个走险。查会天境界纠纷,经蒙两省县并内政部王政诗实地勘察,久□未果,为此,示□天

---

① 《咨请约会处理地湖粮赋一案请即查照办理订期见复并希将拘押居民即予释回由》(会同县政府咨,朔财字第250号,民国三十三年三月二十九日发),天柱县档案馆藏档案,档案号:1644,第96~99页。

"插花地"：文化生态、地方建构与国家行政

柱苛政，理合备文呈报钧所，恳乞转会同县政府迅予设法指定会天境界，以免双赋而解□□。同时，又据该乡第四保长吴载凰三月二十五日报告：□属保地湖村天柱飞地居民数十户，论前朝旧界，以老黄田、新拱桥、四十八寨四里溪、城墙脚为天然界址。讵天柱将会属保境内之田，带兵清丈，本年乃变本加厉，统率机关枪兵数十人，如临大敌，捆吊男女数十人，适完柱丈之亩，保长奉命受训，托蒋焕常代理保长，保长畏势规避广坪，于古历二月二十五日由广坪回家，在保境大树脚撞遇，见机逃脱，柱县队兵鸣枪喊杀，侥免受害，是视破壁将保长之妻另押吴氏祠堂，二十六日将保长之妻释放，即将代保长蒋焕常吊押天柱，且属保境内花户被押，□数完纳，其保继续□完，天柱重完，保属均不敢抗，尤押保长，未知用意之为何，属保花户系钧辖人民，既完会县田赋，政府应予保障，重完天柱田赋，政府应予怜恤，迭呈钧府：未业批示，人急则呼，夫子急则呼，父属报人民处此奇□如何妥善为召，泣恳钧府鉴核垂怜作主，电咨释放并恳妥为善，政以安边民。各等情。据此，查该地湖粮赋既因经界问题发生争执，非由两县派员携带地图粮册及有关证明文卷，实地履勘会商处理，不足以谋根本解决，而杜永远纠纷。据报前情，除指复外，相应咨达贵府。即请查照，迅速订定约会处理日期，咨复过府，以凭办理，并希将拘押居民即予释回。待会勘确定后，再则照办完纳，俾免久羁致误春耕为荷。

此咨

　　贵州省天柱县县政府
　　贵州省天柱县田赋粮食管理处

县长　杨粹
主任秘书　吴剑

第五章 插花地整饬之殇：民国地湖插花地清理拨正历程

从会同县政府至天柱县政府的这份咨函来看，导致本次事端产生的原因是天柱县"南宁镇借催粮名义率带抢兵越疆逮捕"会属朝阳乡居民拘押致"拨乱地方莫堪"。函文指出，地湖粮赋问题发生争执，其根源在于经界不清。要谋根本解决此问题，而杜永远纠纷，非由两县派员携带地图粮册及有关证明文卷，实地履勘会商处理才行。上述分析的背后折射的是插花地给行政管理、社会稳定以及人们日常生活带来极为不便的后果这一实质性的问题，而导致这一实质性问题的关键则是长期以来的界线模糊。据清乾隆二十五年天会边界划分的标准，和尚坡是天柱与会同两县的原分界线。《县东天会界碑序》记载："查和尚坡界碑之设，始于本朝乾隆年间，当时必以东归会同，界碑以西归天柱无□也，后不知始自何时，界碑以西竟有七八里之地归入会同，而界碑至今仍屹然不动。"[①] 于是清光绪十一年九月二十四日，会同知县汪文修会同天柱知县廖镜伊重新确立两县界址，将界碑地址由先前的和尚坡往西七八里，推至柱属老黄田坎下石桥。从表面上看，贵州省天柱县与湖南省会同县的边界纠纷在这两次界碑竖立的过程中已经明晰化了，但地湖边界的纠纷问题，远没有竖立两块碑就能轻易妥善解决这么简单。

天柱县政府在收悉会同县翊财字第250号公函后，对该函文中的内容进行解释，并告知对方"拘押该地居民"一事并非无理取闹、心存成见，实乃事出有因。于是，民国三十三年四月十三日，天柱县以《为准咨订期派员会勘地湖重编田土希查照见复由》（天民一字第一二六号）复函会同县政府。原文[②]如下：

---

① 光绪《天柱县志》卷8《艺文志》，《天柱县旧志汇编》，天柱县地方志编纂委员会办公室印，第275页。
② 《为准咨订期派员会勘地湖重编田土希查照见复由》（天柱县政府暨田赋管理处咨，天民一字第一二六号，民国三十三年四月十三日发），天柱县档案馆藏档案，档案号：1644，第100~101页。

"插花地"：文化生态、地方建构与国家行政

为准咨订期派员会勘地湖重编田土希查照见复由

  案准贵府翊财字第二五〇号咨以约会处理地湖粮赋一案，嘱订期派员会勘并将拘押居民释回等由。查保长蒋焕常，不特对粮户有所煽动抗纳情形，且本己粮赋亦未缴清，经加收押，其余居民自愿限期赴库缴纳。此并未拘押以示体恤，至本府处，对边境纠纷粮赋向以不重复完纳为原则，尤以疆界问题，毫无成见，此次对贵属地湖粮户一本斯旨。粮户田地虽杂，本境倘旧赋属贵县而持有七年完粮收据证明，即予缓催仍候。上峰决定处理乃该地粮户暨保甲人员，罕诚大义，视□家粮□为弁髦，竟以一田两赋为借口，取巧规避，企图两面逃免，保甲人员从中把持蒙混，以致七年欠赋，实着影响粮政官非浅鲜，准咨询前由，特订期于四月三十日，派本处远口征收处主任姚见昭前往地湖会勘，除令饬该主任遵照外，相应函复。

  查照届期派员携带有关图册，以资解决，而重□课为荷。
此致

  湖南会同县政府

        县长兼处长　　谢〇〇　　调训
          秘书　　陈〇〇　　代行
         副处长　　黄〇〇　　代行

  从天柱县的这份复函中，可以看到天柱县之所以要拘押这些居民，并非如会同县函文中所言，即天柱县越界逮捕当地居民，且以武力强制要求该地举行完纳天柱赋税，从而导致该地居民的田土出现一田两赋现象；实则以保长蒋焕常为首的居民不仅本己赋税未缴清，有煽动抗纳情形，而且以一田两赋为借口，取巧规避，企图两面逃免，这才是导致该事端发生的原因。虽然天柱县政府对此事进行了说明，但有关地湖重编田土一事并未得到有效解决。若不解

第五章　插花地整饬之殇：民国地湖插花地清理拨正历程

决，类似的事情将无法得到根治。于是天柱县政府同意会同县的咨请，"订期派员会勘地湖重编田土"。而具体会勘一事，则由远口征收处落实。天柱县政府分别给天柱县政府远口征收处主任姚见昭和南宁镇副镇长杨德培发去命令，命令姚见昭"定期于四月三十日会勘外，合行令仰其携带有关图册，依期前往地湖会勘，并将会勘情形具报，以凭核办。再查该地会民欠纳本县历年粮赋尚多，务须乘此时机，加紧彻底催收，俾免久县，合并饬遵"①。命令南宁镇副镇长杨德培"定期于四月三十日会勘外，合行令仰该副镇长会同远口征收处主任姚见昭携带有关图册，依期前往地湖会勘，并将会勘情形具报，以凭核办。再查该地会民欠纳本县历年粮赋尚多，务须乘此时机，加紧彻底催收，俾免久县，合并饬遵"②。

天柱县远口征收处主任姚见昭与南宁镇副镇长杨德培会同会同前粮政科科长林再桂、会同田管处第三科长唐人侗、会同朝阳乡乡长蒋运鉴于当年四月三十日前往地湖会勘重编田土，在当地各属保长的配合下，于民国三十三年五月一日至三日，进行了为期三天的会勘工作。在会勘过程中，远口征收处姚见昭主任亲自绘制地图，将所有重编田土进行编号，并制作天会边界地湖重编田土登记册，深入落实本次会勘工作。会勘笔录③如下：

奉令会勘地湖重编田土情形列后：
一、会勘情形

---

① 《为准咨令饬前往地湖会勘重编田土并将会勘情形具报由》（天柱县田赋管理处训令，天民一字第一二七号，民国三十三年四月十三日发），天柱县档案馆藏档案，档案号：1644，第102页。
② 《为令饬前往地湖会勘重编田土并将会勘情形具报由》（天柱县田赋管理处训令，天民一字第一三一号，民国三十三年四月十九日发），天柱县档案馆藏档案，档案号：1644，第104~105页。
③ 《天、会地湖重编田土会勘笔录》，天柱县档案馆藏档案，档案号：1645，第21~25页。

"插花地"：文化生态、地方建构与国家行政

据两县先后清丈之编查册及坵形图，会同当地两县乡镇保长详细履勘，以明实在。

二、会勘结果

查重编地段（一）由地湖甄家墓大桥（即龙眼井）起，会清丈号码朝字第五段（993）号，柱清丈号码果字段（763）号，至庚屋场止（即油榨冲），会清丈号码朝字第五段（1919）号，柱清丈号码果字段（094）号；（二）由桐木塝庵堂形起，会清丈号码朝字第五段（1）号，柱号清丈号珍字号段（148）号，从河左一直至会清号码朝字段第五段（81）号，柱清丈号码珍字段（185）号止。

（会编壹号即柱编壹块，此重编图内柱县漏编壹肆块，故会编号与柱编块数不符）

以上二项会编共计壹柒捌号，柱编共计捌拾叁坵号（内计壹陆肆块），其业户属会同者壹壹陆号，属天柱县者陆拾贰号（根据会编册籍计算）。

三、结论

由双方绘重编坵形图，并造具编查册互交带回，呈复转呈核办。

四、附带侦得地湖粮户对于田赋情形

（一）柱欠会粮，会欠柱粮者尚多；

（二）两县未完粮户（指柱县新册，会县老册而言），如照两县册籍催纳，难免不无重复；

（三）除两县以前清丈外，遗漏未丈者，经查尚有数处。

以上三项应恳请双方政府设法救济办理。

会勘人：天柱县远口征收处主任　姚见昭
　　　　天柱县南宁镇副镇长　　杨德培
　　　　会同前粮政科科长　　　林再桂

第五章　插花地整饬之殇：民国地湖插花地清理拨正历程

    会同田管处第三科长　　唐人倜
    会同朝阳乡乡长　　蒋运鉴
    天柱南宁镇第八保保长　　吴宗炳
    天柱南宁镇第九保保长　　吴炳炎
    会同县朝阳乡第三保保长　　朱昌显
    会同县朝阳乡第四保保长　　吴载凰
  会勘时间：三十三年五月一日至三日
  记录地点：地湖吴氏祠堂
  记录人：吴永杰

  在函文后面，附有中华民国三十三年五月五日远口征收处主任姚见昭送呈的"天柱县曾编丈地湖田土被会县重垁号册"和绘制的地湖重编田土垁形图"果字段"和"珍字段"。

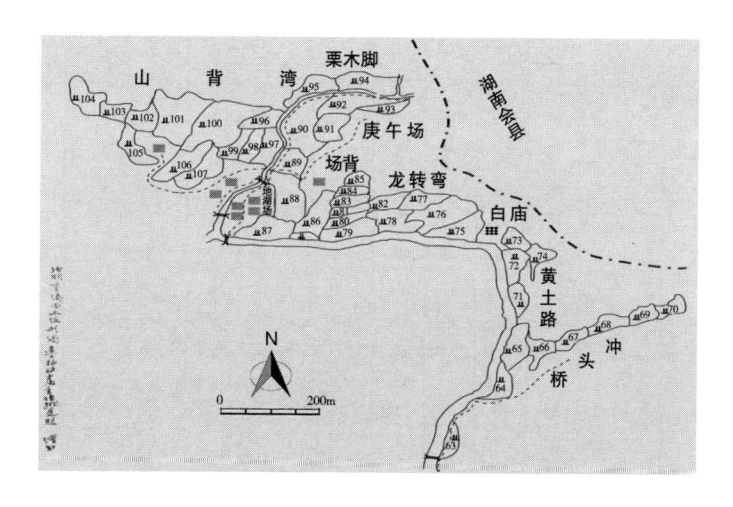

图 5-2　地湖重编田土垁形图"果字段"

资料来源：天柱县档案馆藏档案，档案号：1645，第 33 页。蒋琴绘制。

"插花地"：文化生态、地方建构与国家行政

表 5-1　天会边界地湖重编田土登记册"果字段坵号"

号数	块数	四至 东	四至 南	四至 西	四至 北	编查 亩	编查 分	坐落土名	业户姓名	住址
果63	二	山	坝	路	山	一	〇	龙眼睛	蒋焕楚	甄家墓
果64	一	65	路	溪	65	〇	三	桥头冲	蒋乾鸿	蒋家团
果65	二	66	山	溪	坎	〇	六	桥头冲	吴氏清明	大树脚
果66	七	67	山	65	山	〇	四	桥头冲	吴氏清明	大树脚
果67	四	68	山	66	山	一	〇	桥头冲	吴氏清明	大树脚
果68	三	69	山	67	山	〇	一	桥头冲	吴氏清明	大树脚
果69	二	70	山	68	山	〇	一	桥头冲	朱世第	野羊山
果70	三	山	山	69	山	〇	三	桥头冲	朱世第	野羊山
果71	一	路	山	溪	72	〇	三	黄土路		
果72	四	路	71	溪	73	〇	四	黄土路	吴宗柏	甄家墓
果73	一	山	路	路	坎	〇	一	白庙	蒋廷右	蒋家团
果74	一	山	山	路	山	〇	四	白庙	吴宗柏	甄家墓
果75	三	路	溪	76	76	一	〇	龙转塆	吴宗茂	蒋家团
果76	一	路	75	78	77	一	二	龙转塆	吴宜昌	新开团
果77	一	山	78	82	山	〇	八	龙转塆	吴宜昌	新开团
果78	三	76	溪	79	77	〇	六	龙转塆	吴永翠	新开团
果79	二	78	溪	荒坪	80	一	三	龙转塆	蒋焕彩	蒋家团
果80	一	78	79	86	81	〇	四	黄土路	朱盛尧	眛子山
果81	二	82	80	86	85	〇	三	黄土路	朱盛尧	眛子山
果82	二	77	78	81	园	〇	七	黄土路	朱光明	野羊山
果83	一	园	84	山	山	〇	四	黄土路	吴永翠	新开团
果84	一	园	85	86	83	〇	二	黄土路	吴再诱	新开团
果85	一	园	81	86	84	〇	八	黄土路	吴永翠	新开团
果86	三	81	荒田	87	山	二	一	黄土路	吴再诱	新开团
果87	一	86	溪	路	88	〇	八	场背	吴氏清明	独坡
果88	一	路	87	场	89	二	三	场背	吴永翠	新开团
果89	一	路	路	溪	90	〇	九	虎形脚	业吴宗茂 当杨再云	蒋家团 地湖
果90	四	81	89	溪	92	一	九	虎形脚	杨再云	地湖
果91	一	路	路	90	坎	一	七	庚午场	吴再坤	大团
果92	二	91	90	溪	溪	二	二	庚午场	吴永嘉	早禾田
果93	一	路	坎	92	溪	〇	二	庚午场	吴再坤	大团
果94	一	沟	沟	95	坎	二	六	栗木脚	吴会廷	大团
果95	二	溪	坎	坎	94	〇	七	栗木脚	蒋辉训	巴溪口
果96	一	溪	98	100	坎	〇	五	大塘头	吴源发	山背塆

214

第五章 插花地整饬之殇：民国地湖插花地清理拨正历程

续表

号数	块数	东	南	西	北	亩	分	坐落土名	业户姓名	住址
果97	一	溪	坪	98	96	〇	七	雷家坨	业吴宗茂 当杨再云	蒋家团 地湖
果98	一	97	坪	99	96	〇	五	雷家坨	业吴宗茂 当吴修远	蒋家团 岩板头
果99	二	98	坪	坎	96	〇	九	雷家坨	吴功卿	地湖
果100	三	90	106	101	坎	一	八	山背塆	吴源发	山背塆
果101	七	100	坎	102	山	五	〇	山背塆	吴会廷	大团
果102	七	101	105	103	山	一	八	山背塆	吴功卿	地湖
果103	一	102	山	104	山	〇	七	山背塆	吴顺发	山背塆
果104	八	103	山	山	山	〇	四	山背塆	黄土庵	黄土路
果105	二	路	坎	山	102	〇	六	山背塆	吴源发	山背塆
果106	二	107	路	路	路	〇	七	山背塆	吴源发	山背塆
果107	三	坪	路	106	99	〇	六	山背塆	吴明睿	仓管团

资料来源：天柱县档案馆藏档案，档案号：1645，第27~31页。

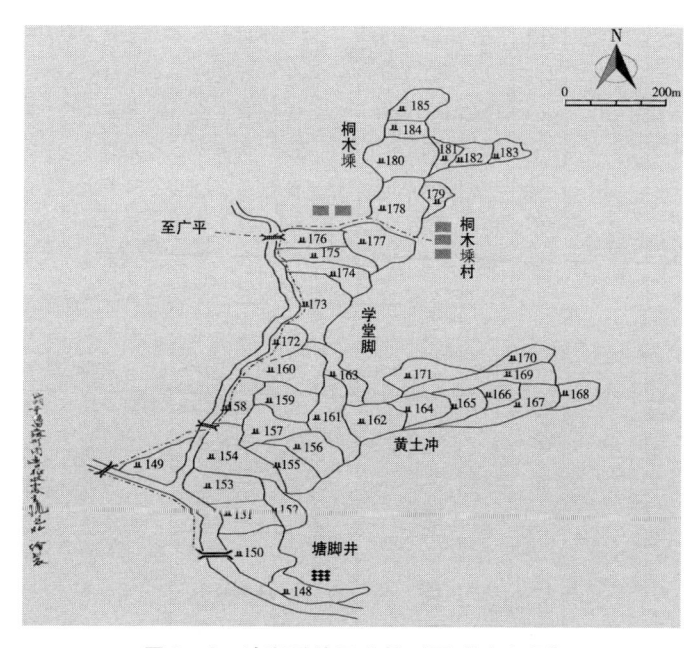

图5-3 地湖重编田土坨形图"珍字段"

资料来源：天柱县档案馆藏档案，档案号：1645，第39页。蒋琴绘制。

"插花地"：文化生态、地方建构与国家行政

表 5-2　天会边界地湖重编田土登记册"珍字段坵号"

号数	块数	东	南	西	北	亩	分	坐落土名	业户姓名	住址
珍148	四	山	溪	105	坎	○	九	井脚塘	吴再坤	早禾田
珍149	一	溪	溪	路	溪	一	九	井脚塘	吴顺禄	大树脚
珍150	三	山	148	溪	151	九	九	井脚塘	石定南	洪德堂
珍151	一	152	150	路	153	三	三	桥　冲	吴修煋	炉家塆
珍152	一	山	山	151	153	○	五	桐木冲	吴氏清明	炉家塆
珍153	一	152	151	路	154	○	八	桐木冲	朱光述	昧子山
珍154	二	155	153	路	157	三	三	桐木冲	吴宗汉	园界脚
珍155	一	156	山	154	157	一	二	桐木冲	吴氏鳌山祠	地　湖
珍156	一	山	155	157	山	一	八	桐木冲	吴宗汉	园界脚
珍157	一	156	154	路	157	○	九	桐木冲	朱盛清	昧子山
珍158	二	路	路	溪	160	一	○	桐木冲	朱盛结	昧子山
珍159	一	161	157	158	160	一	二	桐木冲	朱盛清	昧子山
珍160	二	163	159	溪	192	一	二	桐木冲	朱世坤	野羊山
珍161	一	162	山	159	163	一	三	桐木冲	朱光述	团和乡
珍162	二	164	山	161	163	一	四	黄土冲	朱盛结	麦园田
珍163	三	164	162	160	山	○	五	黄土冲	吴永清	桐木堓
珍164	二	165	165	162	169	一	五	黄土冲	清明田	桐木堓
珍165	二	166	167	164	169	一	七	黄土冲	吴蒋氏	桐木堓
珍166	一	167	167	165	169	一	五	黄土冲	清明田	桐木堓
珍167	二	168	山	166	169	一	○	黄土冲	吴永禄	桐木堓
珍168	一	山	山	167	山	一	三	黄土冲	吴永清	桐木堓
珍169	二	山	167	171	170	一	九	黄土冲	吴永清	桐木堓
珍170	一	山	169	171	170	一	四	黄土冲	吴永禄	桐木堓
珍171	二	169	169	山	山	一	二	黄土冲	吴永禄	桐木堓
珍172	一	163	160	溪	173	一	二	桐木堓	朱世坤	野羊山
珍173	一	山	163	溪	104	一	七	学堂脚	吴宗礼	众　塘
珍174	二	山	173	溪	175	二	三	学堂脚	吴永禄	桐木堓
珍175	二					二	六	学堂脚	吴永清	桐木堓
珍176	一	177	175	路	路	○	九	学堂脚	吴宜平	桐木堓
珍177	四	路	173	176	178	二	一	桐木堓	吴永禄	桐木堓
珍178	三	山	177	路	180	二	九	桐木堓	吴永禄	桐木堓
珍179	一	山	山	178	山	○	二	桐木堓	吴受述	桐木堓

第五章 插花地整饬之殇：民国地湖插花地清理拨正历程

续表

号数	块数	四至 东	四至 南	四至 西	四至 北	编查 亩	编查 分	坐落土名	业户姓名	住址
珍180	三	181	178	路	184	二	七	桐木塂	吴顺义	桐木塂
珍181	一	182	山	180	山	○	一	桐木塂	吴再钧	桐木塂
珍182	二	183	山	181	山	○	三	桐木塂	吴宜早	桐木塂
珍183	二	山	山	182	山	○	二	桐木塂	飞山庙	地湖
珍184	二	山	180	路	185	○	二	桐木塂	飞山庙	地湖
珍185	一	山	184	路	路	○	二	桐木塂	吴永禄	桐木塂

注：民国三十三年五月三日制。查珍字段坵形图内，根据会县编丈图册内坵号，本县漏编壹肆坵，故与会同县所编之坵号不符。

资料来源：天柱县档案馆藏档案，档案号：1645，第32~36页。

表5-3 湘黔交界地湖重编田土登记册"会同朝字五段（1）"

编丈县别	段别	字号	坐落地名	业主姓名	住址 乡保甲	亩	分	备注
湘会	朝字五段	1	学堂形	吴仲荣	朝阳乡四保二甲	○	○八三	
		2	学堂形	吴仲荣	朝阳乡四保二甲	○	○三三	
		3	学堂形	吴仲荣	朝阳乡四保二甲	○	一一三	
		4	学堂形	吴仲荣	朝阳乡四保二甲	○	○二五	
		5	学堂形	吴仲荣	朝阳乡四保二甲	○	○○三	
		6	桐木塂冲口	吴宗来 石隆苼	天柱县南宁镇九保 会同县朝阳乡八保	二	六六七	
		7	桐木塂冲口	吴宗来 石隆苼	天柱县南宁镇九保 会同县朝阳乡八保	一	六○○	
		8	桐木塂冲口	吴修煟	天柱南宁镇九保	二	○三○	
		9	桐木塂冲口	吴顺清	天柱南宁镇九保	○	三○○	
		10	桐木塂冲口	朱世煜	会同朝阳四保一甲	○	三七五	
		11	桐木塂冲口	吴明荣	天柱南宁镇九保	○	五○○	
		12	桐木塂冲口	吴世德	天柱南宁镇九保	○	○八八	
		13	桐木塂冲口	吴明荣	天柱南宁镇九保	一	一二五	
		14	桐木塂冲口	吴明荣	天柱南宁镇九保	○	八一七	
		15	桐木塂冲口	吴顺禄	天柱南宁镇九保	○	四一七	
		16	桐木塂冲口	朱盛吉	会同朝阳四保三甲	○	一六七	
		17	桐木塂冲口	朱盛吉	会同朝阳四保三甲	○	四五○	

"插花地"：文化生态、地方建构与国家行政

续表

编丈县别	段别	字号	坐落地名	业主姓名	住址 乡 保 甲	亩	分	备注
湘 会	朝字五段	18	桐木塝冲口	朱世坤	会同朝阳三保十一甲	〇	〇七五	
		19	桐木塝冲口	吴顺禄	天柱南宁镇九保	〇	二二五	
		20	桐木塝冲口	朱世煜	会同朝阳四保一甲	〇	八二五	
		21	桐木塝冲口	朱盛吉	会同朝阳四保三甲	〇	三三三	
		22	桐木塝冲口	朱盛吉	会同朝阳四保三甲	〇	一六七	
		23	桐木塝冲口	朱盛吉	会同朝阳四保三甲	〇	一三〇	
		24	桐木塝冲口	朱盛吉	会同朝阳四保三甲	〇	〇六〇	
		25	桐木塝冲口	朱盛吉	会同朝阳四保三甲	〇	〇〇一	
		26	桐木塝冲口	朱盛吉	会同朝阳四保三甲	〇	一四〇	
		27	桐木塝冲口	朱盛吉	会同朝阳四保三甲	〇	〇一七	
		28	桐木塝冲口	吴永禄	会同朝阳四保十一甲	〇	〇一〇	
		29	桐木塝	吴永禄	会同朝阳四保十一甲	〇	〇一〇	
		30	桐木塝	吴永禄	会同朝阳四保十一甲	〇	二九二	
		31	桐木塝	吴永禄	会同朝阳四保十一甲	〇	一〇〇	
		32	桐木塝	吴永清	会同朝阳四保十一甲	〇	〇二九	
		33	桐木塝	吴永清	会同朝阳四保十一甲	〇	〇五〇	
		34	桐木塝	吴永清	会同朝阳四保十一甲	〇	一二五	
		35	桐木塝	吴永禄	会同朝阳四保十一甲	〇	六〇〇	
		36	桐木塝	吴永禄	会同朝阳四保十一甲	〇	〇七五	
		37	桐木塝	吴永禄	会同朝阳四保十一甲	〇	〇二〇	
		38	桐木塝	吴永清	会同朝阳四保十一甲	〇	〇一〇	
		39	桐木塝	吴永清	会同朝阳四保十一甲	〇	〇八三	
		40	桐木塝	朱昌证	会同朝阳三保九甲	〇	一〇〇	
		41	桐木塝	朱昌证	会同朝阳三保九甲	〇	〇一五	
		42	桐木塝	朱昌证	会同朝阳三保九甲	〇	三三三	
		43	桐木塝	朱昌证	会同朝阳三保九甲	〇	二三三	
		44	桐木塝	朱盛吉	会同朝阳四保三甲	〇	一三三	
		45	桐木塝	朱盛吉	会同朝阳四保三甲	〇	〇二五	
		46	桐木塝	吴永清	会同朝阳四保十一甲	〇	〇一三	
		47	桐木塝	吴永清	会同朝阳四保十一甲	〇	〇一〇	
		48	桐木塝	吴永清	会同朝阳四保十一甲	〇	三七五	
		49	桐木塝	朱世坤	会同朝阳三保十一甲	〇	二五〇	

第五章 插花地整饬之殇：民国地湖插花地清理拨正历程

续表

编丈县别	段别	字号	坐落地名	业主姓名	住址乡保甲	亩	分	备注
湘会	朝字五段	50	桐木塛	朱世坤	会同朝阳三保十一甲	〇	〇七五	
		51	桐木塛	吴宗礼	天柱南宁九保八甲	〇	八三三	
		52	桐木塛	吴永禄	会同朝阳四保十一甲	〇	五〇〇	
		53	桐木塛	吴永禄	会同朝阳四保十一甲	〇	四六七	
		54	桐木塛	吴永清	会同朝阳四保十一甲	〇	七〇〇	
		55	桐木塛	吴宜早	会同朝阳四保十一甲	〇	二五〇	
		56	桐木塛	吴永清	会同朝阳四保十一甲	〇	〇四二	
		57	桐木塛	吴永禄	会同朝阳四保十一甲	〇	九〇〇	
		58	桐木塛	吴永禄	会同朝阳四保十一甲	〇	〇四二	
		59	桐木塛	吴永禄	会同朝阳四保十一甲	〇	一七五	
		60	桐木塛	吴永禄	会同朝阳四保十一甲	〇	一一三	
		61	桐木塛	吴顺礼	天柱南宁镇九保八甲	〇	〇六三	
		62	桐木塛	吴永禄	会同朝阳四保十一甲	〇	三〇〇	
		63	桐木塛	吴永禄	会同朝阳四保十一甲	〇	一五〇	
		64	桐木塛	吴受述	天柱南宁镇九保八甲	〇	〇二九	
		65	桐木塛	吴顺宜	天柱南宁镇九保八甲	〇	二五〇	
		66	桐木塛	吴永禄	会同朝阳四保十一甲	〇	七五〇	
		67	桐木塛	吴顺宜	天柱南宁镇九保八甲	〇	六四二	
		68	桐木塛	吴再祯	会同朝阳四保十一甲	〇	〇二三	
		69	桐木塛	吴宜早	会同朝阳四保十一甲	〇	一四六	
		70	桐木塛	吴宜早	会同朝阳四保十一甲	〇	一三三	
		71	桐木塛	吴顺天	天柱南宁镇九保八甲	〇	〇一三	
		72	桐木塛	吴顺天	天柱南宁镇九保八甲	〇	〇一三	
		73	桐木塛	吴顺天	天柱南宁镇九保八甲	〇	〇一三	
		74	桐木塛	吴顺天	天柱南宁镇九保八甲	〇	〇三三	
		75	桐木塛	吴顺宜	天柱南宁镇九保八甲	〇	〇三〇	
		76	桐木塛	吴顺宜	天柱南宁镇九保八甲	〇	一〇〇	
		77	桐木塛	吴顺宜	天柱南宁镇九保八甲	〇	〇六三	
		78	桐木塛	吴永德	会同朝阳四保十一甲	〇	〇一〇	
		79	桐木塛	吴永德	会同朝阳四保十一甲	〇		
		80	桐木塛	吴兴通	天柱南宁九保八甲	〇	〇一三	
		81	桐木塛	吴永禄	会同朝阳四保十一甲	〇	二五〇	
		121	桐木塛	吴顺义	天柱南宁九保八甲	〇	六六七	

注：民国三十三年五月三日制。
资料来源：天柱县档案馆藏档案，档案号：1645，第2~20页。

"插花地"：文化生态、地方建构与国家行政

表5-4 湘黔交界地湖重编田土登记册"会同朝字五段（2）"

编丈县别	段别	字号	坐落地名	业主姓名	住址 乡 保 甲	亩	分	备注
会 同	朝字五段	975	桥头冲	朱世弟	会同县朝阳乡四保	○	○二五	
		976	桥头冲	朱世弟	会同县朝阳乡四保	○	○八三	
		977	桥头冲	朱世弟	会同县朝阳乡四保	○	一三三	
		978	桥头冲	朱世弟	会同县朝阳乡四保	○	○八三	
		979	桥头冲	吴载凰	会同县朝阳乡四保二甲	○	○一二	
		980	桥头冲	吴载凰	会同县朝阳乡四保二甲	○	○二五	
		981	桥头冲	吴载凰	会同县朝阳乡四保二甲	○	○六七	
		982	桥头冲	吴载凰	会同县朝阳乡四保二甲	○	○八三	
		983	桥头冲	吴载凰	会同县朝阳乡四保二甲	○	○○二	
		984	桥头冲	吴载凰	会同县朝阳乡四保二甲	○	○○五	
		985	桥头冲	吴载凰	会同县朝阳乡四保二甲	○	○二五	
		986	桥头冲	吴载凰	会同县朝阳乡四保二甲	○	○八三	
		987	桥头冲	吴载凰	会同县朝阳乡四保二甲	○	○五○	
		988	桥头冲	吴载凰	会同县朝阳乡四保二甲	○	○二一	
		989	桥头冲	吴载凰	会同县朝阳乡四保二甲	○	○○四	
		990	桥头冲	吴载凰	会同县朝阳乡四保二甲	○	○八三	
		991	桥头冲	吴载凰	会同县朝阳乡四保二甲	○	○○二	
		992	桥头冲	吴载凰	会同县朝阳乡四保二甲	○	○一一	
		993	龙眼井	吴焕楚	会同县朝阳乡四保六甲	○	一三三	
		994	龙眼井	吴焕楚	会同县朝阳乡四保六甲	○	二二五	
		995	龙眼井	蒋乾鸿	会同县朝阳乡四保五甲	○	○五○	
		996	龙眼井	吴载凰	会同县朝阳乡四保二甲	○	○二一	
		997	龙眼井	吴载凰	会同县朝阳乡四保二甲	○	○八五	
		998	龙眼井	吴朝气	天柱南宁九保二甲	○	○四一	
		999	龙眼井	吴宗柏	天柱南宁九保二甲	○	○七五	
		1000	龙眼井	吴宗柏	天柱南宁九保二甲	○	○八三	
		1001	甄家墓	吴宗柏	天柱南宁九保二甲	○	一五○	
		1002	甄家墓	吴宗柏	天柱南宁九保二甲	○	八三三	
		1003	甄家墓	吴宗柏	天柱南宁镇九保二甲	○	○三三	
		1004	龙转塝	吴宗茂	天柱南宁镇八保九甲	○	○二○	
		1005	龙转塝	吴宗茂	天柱南宁镇八保九甲	○	○二○	
		1006	龙转塝	吴宗茂	天柱南宁镇八保九甲	○	一三八	

第五章 插花地整饬之殇：民国地湖插花地清理拨正历程

续表

编丈县别	段别	字号	坐落地名	业主姓名	住址 乡 保 甲	亩	分	备注
会　同	朝字五段	1007	龙转塝	吴宗茂	天柱南宁镇八保九甲	○	一二五	
		1008	龙转塝	吴宜昌	会同朝阳乡四保四甲	○	二七五	
		1009	龙转塝	吴永焯	会同朝阳乡四保四甲	○	一○○	
		1010	龙转塝	吴宜昌	会同朝阳乡四保四甲	○	二六七	
		1011	龙转塝	吴永焯	会同朝阳乡四保四甲	○	一七五	
		1012	龙转塝	吴永焯	会同朝阳乡四保四甲	○	○四二	
		1013	龙转塝	蒋焕彩	会同朝阳乡四保四甲	○	○七五	
		1014	龙转塝	蒋焕彩	会同朝阳乡四保四甲	○	三七五	
		1015	龙转塝	吴永焯	会同朝阳乡四保四甲	○	○六七	
		1016	龙转塝	朱光明	会同朝阳乡三保四甲	○	一二五	
		1017	龙转塝	吴永焯	会同朝阳乡四保四甲	○	○六七	
		1018	龙转塝	吴永焯	会同朝阳乡四保四甲	○	一三三	
		1019	龙转塝	吴再诱	会同朝阳乡四保四甲	○	一○○	
		1020	龙转塝	朱光明	会同朝阳乡三保四甲	○	○七五	
		1021	龙转塝	吴永焯	会同朝阳乡四保四甲	○	一五○	
		1022	龙转塝	吴永焯	会同朝阳乡四保四甲	○	一○○	
		1023	龙转塝	吴再诱	会同朝阳乡四保四甲	○	一五○	
		1024	龙转塝	吴再诱	会同朝阳乡四保四甲	○	四一七	
		1025	龙转塝	吴再诱	会同朝阳乡四保四甲	○	一○○	
		1026	龙转塝	吴受梅	天柱县南宁镇九保	○	三八二	
		1027	扒溪口	吴永焯	会同县朝阳乡四保四甲	一	三二九	
		1028	地湖	朱世昌	会同县朝阳乡四保四甲	○	五五四	
		1029	地湖	杨再云	会同县朝阳乡四保五甲	○	一五○	
		1030	地湖	杨再云	会同县朝阳乡四保五甲	○	二○四	
		1031	地湖	吴仲荣	会同县朝阳乡四保二甲	○	四二五	
		1032	地湖	杨再云	会同县朝阳乡四保五甲	○	一二五	
		1033	地湖	杨再云	会同县朝阳乡四保五甲	○	一○○	
		1034	油榨形	吴永嘉	会同县朝阳乡四保二甲	○	一二五	
		1035	油榨形	吴永嘉	会同县朝阳乡四保二甲	○	二三三	
		1036	油榨形	吴仲荣	会同县朝阳乡四保二甲	○	○四二	
		1217	果木脚	吴信之	会同县朝阳乡四保二甲	○	一二五	
		1218	果木脚	蒋辉训	会同县朝阳乡四保五甲	○	五一二	
		1219	果木脚	蒋辉训	会同县朝阳乡四保五甲	○	一四六	
		1220	果木脚	吴源发	天柱南宁镇八保二甲	○	一三三	
		1221	果木脚	吴宗茂	天柱南宁镇八保二甲	○	四五八	

续表

编丈县别	段别	字号	坐落地名	业主姓名	住址 乡 保 甲	亩	分	备注
会 同	朝字五段	1222	果木脚	吴显卿	天柱南宁镇八保二甲	〇	三六七	
		1223	果木脚	吴显卿	天柱南宁镇八保二甲	〇	〇〇四	
		1224	三背塝	吴宗秀	天柱南宁镇八保二甲	〇	〇〇八	
		1225	三背塝	吴宗秀	天柱南宁镇八保二甲	〇	一〇〇	
		1226	三背塝	吴源业	天柱南宁镇八保二甲	〇	〇五〇	
		1227	三背塝	吴源业	天柱南宁镇八保二甲	〇	〇二五	
		1228	三背塝	吴源业	天柱南宁镇八保二甲	〇	〇六三	
		1229	三背塝	吴源业	天柱南宁镇八保二甲	〇	七一三	
		1230	三背塝	吴源业	天柱南宁镇八保二甲	〇	〇五〇	
		1231	三背塝	吴会廷	会同朝阳乡四保二甲	〇	〇八三	
		1232	三背塝	吴会廷	会同朝阳乡四保二甲	一	四九三	
		1233	三背塝	吴会廷	会同朝阳乡四保二甲	〇	〇六七	
		1234	三背塝	吴会廷	会同朝阳乡四保二甲	〇	〇五三	
		1235	三背塝	吴会廷	会同朝阳乡四保二甲	〇	〇五〇	
		1236	三背塝	吴会廷	会同朝阳乡四保二甲	〇	〇三三	
		1237	三背塝	吴显卿	天柱南宁镇八保二甲	〇	〇三三	
		1238	三背塝	吴显卿	天柱南宁镇八保二甲	〇	〇五〇	
		1239	三背塝	吴显卿	天柱南宁镇八保二甲	〇	〇一三	
		1240	三背塝	吴显卿	天柱南宁镇八保二甲	〇	〇八三	
		1241	三背塝	吴远蔚	天柱南宁镇八保二甲	〇	〇七五	
		1242	三背塝	吴远蔚	天柱南宁镇八保二甲	〇	〇二〇	
		1243	三背塝	吴远蔚	天柱南宁镇八保二甲	〇	〇一七	
		1244	三背塝	吴远蔚	天柱南宁镇八保二甲	〇	〇三八	
		1245	三背塝	吴远蔚	天柱南宁镇八保二甲	〇	〇一〇	
		1246	三背塝	吴远蔚	天柱南宁镇八保二甲	〇	二〇八	
		1247	三背塝	永兴庵	会同县朝阳乡四保	〇	〇八三	
		1248	三背塝	永兴庵	会同县朝阳乡四保	〇	〇八三	
		1249	三背塝	永兴庵	会同县朝阳乡四保	〇	〇四二	
		1250	三背塝	永兴庵	会同县朝阳乡四保	〇	〇四二	

注：民国三十三年五月三日制。
资料来源：天柱县档案馆藏档案，档案号：1645，第 2~20 页。

第五章　插花地整饬之殇：民国地湖插花地清理拨正历程

天、会两县政府意识到，地湖粮赋问题发生争执实乃经界不清所致，若不明晰经界问题，类似的纠纷就会永远持续下去，唯有明晰经界，类似的情况才可能从根本上得到解决。于是两县高度重视地湖经界问题，在相关会勘人员的共同努力下，地湖重编田土问题得到了实质性解决。按照上文会勘情形记录，此次会勘工作比以往任何一次都有效。于是，民国三十三年五月五日，南宁镇副镇长杨德培、远口征收处主任姚见昭联合以《为遵令呈报会勘地湖重编田土情形敬祈鉴核备查由》呈函天柱县政府暨田赋管理处，旨在重编田土图册。其函文原文[①]如下：

为遵令呈报会勘地湖重编田土情形敬祈鉴核备查由

案奉钧处天民一字第一二七号训令，略开：案准湖南会同县政府翊财字第二五零号，咨以约会处理地湖粮赋，嘱订期会勘重编田土等由。除咨复定期于四月三十日会勘外，合行令仰携带有关图册，依期前往地湖会勘，并将会勘情形具报，以凭核办等因。奉此，职等遵于四月三十日到达地湖，与会同派来林、唐两科长及朝阳乡蒋乡长运鉴等会谈商定，已于五月一日开始，照依双方图册，逐号履勘，至五月三日结束。所有重编田土坵号面积，业经详细勘明无讹，并各绘具重编田土图册，缮具会勘情形互相于盖章，交换证明。窃查此次会勘重编田土壹佰余坵号系属曾奉钧处三十二年十二月二十七日天民字第二九二号训令，转准会同县政府先民字第一七八八号咨复，钧处业经函准会同县土地陈报处查明，注销肆佰余坵号数内之一部份。因未经照数注销完善，故意

---

① 《为遵令呈报会勘地湖重编田土情形敬祈鉴核备查由》（天柱县南宁镇公所、财政部贵州省天柱县田赋管理处远口征收处发，会字第七号，民国三十三年五月五日发），天柱县档案馆藏档案，档案号：1644，第109~111页。

223

"插花地"：文化生态、地方建构与国家行政

留作重编，致起会勘麻烦，显系该地会属居民蒙混政府意图，强争本县原有地湖场市，迁移之私利。兹奉前因理合缮具会勘情形书及连同重编图册各一份，备文呈复，敬祈钧长察核备查。

　　谨呈

　　　　天柱县田赋管理处　县长兼处长　谢〇〇

　　　　　　　　　　　　　副处长　　黄〇〇

　　　　　　　　　　南宁镇副镇长　　杨德培

　　　　　　　　远口征收处主任　　　姚见昭

上述函文已经明确指出了酿成纠纷之原因。民国三十二年，会同县县长杨永坚曾在致天柱县政府《准以地湖飞插地被重编一案曾已注销函复查照由》（先民字第1788号，民国三十二年十一月二十八日发）中允诺将朝阳乡地湖边界重编四百余坵号全部注销，所编查保单亦予以作废。但在实际落实过程中，只注销四百余号中的一部分，另有一百八十余坵号未予注销，"故意留作重编，致起会勘麻烦，显系该地会属居民蒙混政府意图，强争本县原有地湖场市，迁移之私利"。

天柱县南宁镇第八、第九两保公所在呈报给天柱县《为重编丈亩争场夺税恳请移咨会同县取销重编坵号以免双赋并恳转饬偿还地湖场墟而保主权事》函文中，也详细称述了会同县未将地湖田土重编四百余坵号全部注销，以及霸占地湖场墟之事。原文[①]如下：

[①] 《为重编丈亩争场夺税恳请移咨会同县取销重编坵号以免双赋并恳转饬偿还地湖场墟而保主权事》（天柱县南宁镇八、九两保公所呈，炎炳民字第二号，民国三十三年五月□日发），天柱县档案馆藏档案，档案号：1644，第112~114页。

224

第五章　插花地整饬之殇：民国地湖插花地清理拨正历程

为重编丈亩争场夺税恳请移咨会同县取销重编坵号以免双赋并恳转饬偿还地湖场墟而保主权事

窃职地处湘黔边境，世代以管辖为原则，交界边民，未敢越犯。以故柱属居民百余烟，会属居民二百烟，对于两县赋税，互相尽责，相安无事。突至前民国二十八年，职县奉办土地清丈田赋，将职地所属原有土地，清界实丈。现已四年，新丈亩纳会民有柱亩者，均已乐输，并未有业户报告错误。迨至去岁，会属绅民，乘会县清丈边界田亩，估将职属珍、果两字段，重编四百余坵号，已报在案，业蒙钧府以天民二字第二一三号函请查照注销去后，兹准会同县政府先民字第一七八八号函复，以所有重编地湖边界田地四佰余坵号，业查明注销，查报单均亦作废。奉此感戴无涯，无容多渎忽。四月三十日，会同县派林科长，柱县派姚主任各携图册，临地踏勘，重编坵号，图册互对，职属已现仅注销二百余号，尚有珍字段桐木垅、学堂边至黄立冲，及果字段由龙眼井、龙转塆、地湖场、山背塆至庚午场一百八十余坵号尚未注销，被该地保甲蒙混政府，注册不销，确被重编。查果字段不销地段，职属建立地湖场墟一所，及捐收税原系职辖政府派员征收，有案可稽。现该场墟竟被会属保甲争夺，原有朝阳乡第四保争夺，原有税款停止征收。争场夺税与居民事小，重编丈亩，双赋难免，至重且大。当此会县办理土地清丈，尚未告竣之际，报恳取消重编，为时未晚，倘再任其会绅争场，蒙混重编，会县造报新单已出，双赋难堪，事关永久，只得备文报告。钧长鉴核，恳迅转咨会同县政府将重编土地坵号取消，以免双赋，并恳转饬朝阳乡第四保保长吴再凰，偿还地湖场墟而保主权。

谨呈

　　　　　　　　天柱县政府县长兼田赋处处长　谢〇〇
　　　　　　　　南宁镇第八保保长　吴宗炳

"插花地"：文化生态、地方建构与国家行政

> 副保长　吴得卿
> 第九保保长　吴炳炎
> 副保长　吴宗崃

民国三十三年，在天柱和会同两县县长的高度重视下，在天柱县南宁镇副镇长杨德培与远口征收处主任姚见昭以及会同前粮政科科长林再桂、会同田管处第三科长唐人倜、会同朝阳乡乡长蒋运鉴等人的具体落实下，并在各属保长的积极配合下，该年五月一日至三日，地湖重编田土会勘工作取得了历史性的突破。不仅远口征收处姚见昭主任亲自绘制地图，将重编之田土分为果字段和珍字段两段，并将果字段与珍字段坵号逐一造册登记。其中果字段共计45坵号，珍字段共计38坵号。与此同时，会同县委派编丈人员也绘制"湘黔交界地湖重编田土登记册（朝字五段）"。

经过双方的实际勘查，在证据确凿的情况下，天柱县政府认为，会同重编天柱县之四百余坵号理应予以注销。兹据前往会勘之该县南宁镇副镇长杨德培、远口征收处主任姚见昭呈称："料职地之会民，意图抗粮骗税，谋为不轨，借以经界不明，粮亩复杂，编丈过重等情，蒙混该管，政府派员重丈（未）果。于本六月中旬，该政府派员遂将职等保行政区域之珍、果、附果字三段会民之田，并柱民所卖与会民之田，越界重编抽丈，希图推动已丈成案之亩，影响粮政。窃思粮亩系国家最重要政，若不呈报钧座察核转呈县府移咨会同县注销重编坵号，将来必致一田两税，后患何堪设想等情。据此查会县重编地湖边界田土坵号已奉钧处三十二年十二月二十七日天民二字第二九二号训令，以咨准会同县政府先民字第一七八八号函，复以所有重编地湖边界。"[①]

---

① 《为会勘地湖田土重编一案咨请查照见复由》（天柱县政府、财政部贵州省天柱县田赋管理处咨，天民二字第四九八号，民国三十三年五月十七日发），天柱县档案馆藏档案，档案号：1644，第106~107页。

第五章 插花地整饬之殇：民国地湖插花地清理拨正历程

据此天柱县政府暨田赋管理处于民国三十三年五月十七日以《为会勘地湖田土重编一案咨请查照见复由》[①] 致函湖南省会同县政府暨会同县田赋管理处，咨请"将所有重编坵号予以全部注销，以免纠纷，而利征收，并希见复为荷"。

由于地湖插花地居民犬牙交错程度较高，若单一以自然形势划分的话，势必存在很大的问题，于是就地湖田土重编四百余坵号中未注销之一百八十余坵号是否应予注销的问题，两县产生了分歧。天柱县认为，应该将其全部注销，而会同县则不愿就此注销。从会同县民国三十三年五月二十七日致天柱县政府暨田赋管理处《为勘明地湖粮赋实况咨请查照办理见复由》（会同县政府咨，翊财字第529号）函文中可知其缘由，原文[②]如下：

案查贵我两县交属地湖粮赋一案，前准贵府、处本年四月十五日天民一字第一二六号咨复，订于四月三十日双方派员会勘，以资解决等由过府比。经令派本府指导员林再桂特□前往会勘，去后旋据该员赍呈，与贵县委派姚征收主任见昭，及当地双方乡镇保长等勘会笔录，并贵县缮绘重编田土册图连同查勘经过，报告与贵县咨准本县杨前县长处。允请注销之鸳鸯桥上首、红学堂、上田段、水平头三处田土略图暨当地会民缴呈文件等项前来，兹将会勘所得事实及理由，为之总括，揭述如次：

甲、田土部份 （一）贵县二十九年举办清丈，未经召集

[①] 《为会勘地湖田土重编一案咨请查照见复由》（天柱县政府、财政部贵州省天柱县田赋管理处咨，天民二字第四九八号，民国三十三年五月十七日发），天柱县档案馆藏档案，档案号：1644，第106~107页。

[②] 《为勘明地湖粮赋实况咨请查照办理见复由》（会同县政府咨，翊财字第529号，民国三十三年五月二十七日发），天柱县档案馆藏档案，档案号：1645，第40~46页。

"插花地"：文化生态、地方建构与国家行政

地湖双方士绅耆祥署询沿革情形确定两县分界，徒凭贵属当地保甲指引，以先到为主之计，单独从事，竟将历归本县管之水平头、上田段、红学堂等处越疆割编，并延伸凸入本县内地之庚屋场、桐木垅各地，一并改隶天柱版图。此乃贵县当日编查人员不察事宜，论凭一面之言致□，即为本案纠纷肇造之主要原因。（二）本县于三十二年奉令举办土地陈报会，□人民要求，凭当地主干溪为界，以溪流左岸为会属，右案为柱属，并对已经贵县越溪编丈之甄家墓大桥以下小部分田土予以放弃，仅将甄家墓以上至小平头溪流左岸一带（包括庚屋场、红学堂、上田段、水平头各处在内），并桐木垅等坵段，指引编查人员重行编归本县管辖，以求取该地聚居之会民纳税，管理之便利。旋于编完后，按准贵县来咨以红学堂、上田段、水平头一连三处，计四百余坵号，已经贵县编丈在先，请予注销。而本县杨前县长任内经办人员漫不加察，□遂贸然转函土地陈报处，复允照办。消息传出，该地会属人民无不坚决表示誓以死争。此为本县办理该地湖编查工作经过，及杨前县长再铸大错，致使问题愈滋之大概情形。（三）该处脱地一瓯，虽经贵县历管有案，但其面积边缘先无明显标识，可征该地民众主张，以天然形势之主干溪流为界，自属正当按会勘笔录所载，计自甄家墓至庚屋场并桐木垅两处之重编地，依本县土地陈报处绘制坵形图册，计共壹百七十八号（贵府漏编十四块，止一百六十四号），其中业权属会籍者数达三分之二，属柱籍者仅有三分之一，且其地均在主干溪流之左岸以内，本诸民情地势实有应归会同之必要，至鸳鸯桥上首之红学堂、上田段、水平头一连三处地段，□均在溪流左岸。又经该地会民再三环请□谋，杜绝纷争，即依顺舆情起见，□应撤回杨前县长复准注销原案，为本县管辖。

乙、赋税部份　（一）查地湖住民，无论柱属、会属，

第五章　插花地整饬之殇：民国地湖插花地清理拨正历程

均因相居年久，土地互有转移，一户而有两县粮籍者甚多，在未编丈之先，各遵粮册完纳，毫无二致，及自贵县按照二十九年清丈亩积，不分柱、会，一律制券征收，后会籍原有之粮册，未曾减移，以致成为一田双赋之叠税。现本县虽于三十二年清丈完竣，但因整理册籍骤难按亩科赋。对此双赋问题，本年（民国三十三）度仍不能解决。（二）该地叠税之事实，已如上述，在本县地湖人民经向本籍完纳持有粮券者，而仍欠贵县之粮赋，感受贵县前次迭派员誓勒完之痛苦。但贵县地湖粮户，历年积欠之会粮，则概自贵县清丈新征缴，每籍□已向贵县完纳，竟置会粮于不问。现查会同粮户欠纳贵府之粮，自经贵县勒完后，为数无几，而贵县粮户拖欠会同之粮，为数甚多。想贵我同一国税，自不□畸重畸轻，有失平均负担之原则。

　　丙、结论　（一）依照上述两点，特拟订办法如此：(1) 拟请将会勘明确之重编地划为会同所有，以报留本县土地陈报处绘编之图册；(2) 凭地湖鸳鸯桥上首曾经本县清丈，旋准贵县咨请本县杨前县长转准土地陈报处，咨复注销之红学堂、上田段、水平头一连三处之坵号，仍应请予划还。由本县派员复丈，以便依溪界管理；(3) 赋税积欠，无论贵、我粮户，在本县未经依照清丈结果制券征收以前，应请贵县仍照旧有粮册征收，以维湘籍湘税、黔籍黔税之成例，而免人民一田双赋之负担。（二）上项处理意见，因贵县清丈在先，应请详转贵省政府核准更正，施行准咨前，□除会勘笔录、图册，经贵县会勘人员呈复有案，不予检案外，相应绘□红学堂、上田段、水平头三处地原略图及贵县粮户积欠册各一份，咨复请烦查照办理，并希见复为荷。

　　此咨

　　　　　　　　　贵州天柱县县政府　田赋粮食管理处
　　　　　　　　　　　　　　　　　　　县长　杨粹

"插花地": 文化生态、地方建构与国家行政

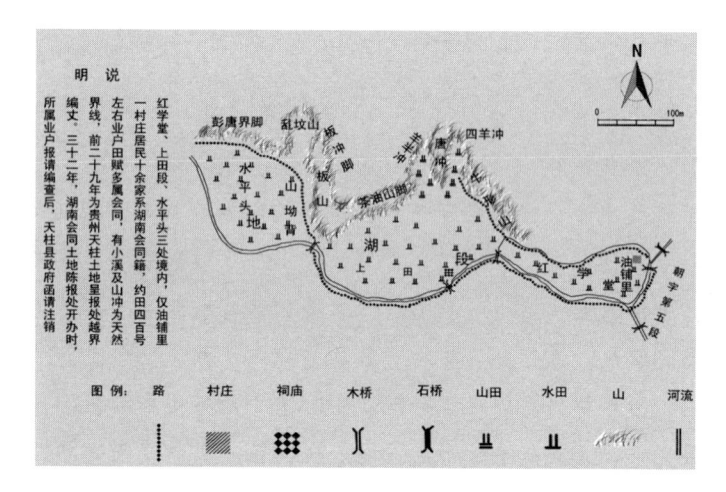

图 5-4　前会同县土地陈报处编丈后经天柱县政府函请注销坵段略图

资料来源: 天柱县档案馆藏档案, 档案号: 1645, 第47页。蒋琴绘制。

表 5-5　财政部湖南省会同县田赋管理处广坪征收处所辖地湖及毛公冲一带飞地粮户正艮册

乡别	住址	姓名	银两	数	年份	备注
地湖乡	桥冲	吴顺连		〇五〇	二十二年起	
	地湖	吴源严		一七八	三十年起	
	地湖	吴裕国		三九二	三十年起	
	地湖	吴再荣		二二五	三十年起	
	地湖	吴受义		一〇一	二十九年起	
	地湖	吴修煜	一	四七四	三十年起	
	地湖	吴明化		一二二	三十年起	
	地湖	吴受焜		〇五〇	三十年起	
	地湖	吴福兴		〇三七	三十年起	
	地湖	吴启兴		一一一	二十九年起	
	地湖	吴受爵		二〇九	三十年起	
	独坡	吴受成		一三七	三十年起	
	独坡	吴祥严		〇三七	三十年起	
	独坡	吴吉记		〇九三	二十九年起	
	独坡	吴顺亲		一八五	二十九年起	

第五章　插花地整饬之殇：民国地湖插花地清理拨正历程

续表

乡别	住址	姓名	银两	数	年份	备注
地湖乡	元界脚	吴明珠		一四三	二十九年起	
	元界脚	吴明富		一九八	三十年起	
	地湖	吴明训	一	一六六	三十一年起	
	地湖	吴明智		○五五	二十九年起	
	地湖	吴受皇		七三六	三十一年起	
	大树脚	吴宗蕃		○四八	二十九年起	
	大树脚	吴善顺		四一八	三十年起	
	大树脚	吴兴祥		二八三	二十九年起	
	大树脚	吴顺周		○三七	三十年起	
	大树脚	吴宗渊	一	○四一	二十九年起	
	大树脚	吴明福	一	三一二	二十九年起	
	大树脚	吴修然		二九八	三十年起	
	大树脚	吴顺周		二三四	三十一年起	
	大树脚	吴明珠		○二四	二十九年起	
	元界脚	吴锦春		○九二	二十九年起	
	元界脚	吴顺信		○三九	三十年起	
	元界脚	吴受镒		三五八	三十年起	
	地湖	吴恒昌		四五九	二十九年起	
	地湖	吴萃山		四九四	三十年起	
	地湖	吴顺禄		一二六	三十年起	
	地湖	吴明继		一三○	三十年起	
	地湖	吴顺传		○四八	三十年起	
	地湖	吴子庄	一	二一一	二十九年起	
	地湖	吴宗汉		五六七	三十年起	
	地湖	吴氏宗祠		二四六	二十九年起	

注：因原表涉及包括地湖在内的众多村寨，笔者在重新制作表格时，只截取地湖有关部分。

资料来源：天柱县档案馆藏档案，档案号：1645，第48~69页。

该函文从田土部分和赋税部分两个方面给出了不宜将未注销之一百八十余田土坵号注销的原因。会同县根据上述两点，于该年五月三十一日以《准贵县天民二字第四九八号咨处请查照办理见复由》致函天柱县政府暨田赋管理处,函文指出:"查本案前据本府派往会勘之指导员林再桂呈处前来,经于本年五月二十七日以翊财字第五二九号咨并抄绘附件,请贵府(处)查照办理在卷。兹据天咨内载,贵属职员呈报查勘情形与本府查勘所报中有出入,应请贵府(处)查照本府前咨,申叙各点分别办理,以维建制,并希见复为荷。"① 会同县政府的态度似乎已很明确了,希望天柱县政府按照会同县政府翊财字第529号函文咨请,分别办理,以维建制;并不希望将未注销的地湖一百八十余垞号田土注销后,归属天柱县管辖。

天柱县在收悉会同县政府翊财字第552号函文后,显然也很不愿意就此将这一百八十余号田土予以放弃,于是于民国三十三年六月二十七日以《为准咨关于地湖疆界及田赋问题一案复请查照由》致函会同县政府,旨在妥善解决田土重编问题。函文原文②如下:

为准咨关于地湖疆界及田赋问题一案复请查照由

案准贵府本年五月二十七日翊财字第529号咨,以会勘地湖边境田土重编所得事实及理由,总括指述各点嘱查照见复等由过县正拟办间,旋准五月三十一日翊财字第552号咨,以本县派往会勘人员呈报查看情形,与贵府查勘所得有出入,嘱查照前咨申叙各点分别办理见复等由。准函查地湖疆界问题前,经内政部派员查看,自应静候裁夺,本府、处似未便□专处理所有该地红学堂、上田段、水平头等处田土,既经本县依据行

---

① 《准贵县天民二字第四九八号咨处请查照办理见复由》(会同县政府咨,翊财字第552号,民国三十三年五月三十一日发),天柱县档案馆藏档案,档案号: 1645,第70~71页。

② 《为准咨关于地湖疆界及田赋问题一案复请查照由》(天柱县政府暨田赋管理处咨,天民二字第568号,民国三十三年六月二十七日发),天柱县档案馆藏档案,档案号: 1645,第72~74页。

第五章 插花地整饬之殇：民国地湖插花地清理拨正历程

政地域及天然形势划分界线，编查在先，后经咨准贵县杨前县长将重编部份注销，并呈报有案，未便反复转请更正。若以府顺舆情为理由，则本县居住该地人民亦曾有同样之请求，其词意之坚决恳挚，较之贵属人民之表示与热望尤有过之，且土地陈报系采属地主、业主虽不属本县，而田地坐落本县境内者，一律予以编查，即如地湖瓯脱贵县境内之地灵、龙毛等地，旧赋原属本县，以地形便于贵县管理，故本县即予放弃，至一田两赋情形，本县业经呈报，上峰仍应静候处理，所有前经咨准，贵县杨前县长注销之部份，仍希维持原案。总之，本县对于疆界问题，向无成见，但求合理合法，减少人民因而产生纠纷而已，至于粮赋方面，无论属湘属黔，为同一国税，殊能争夺必要。在疆界未确定前，仍宜□准现状，彼此协助催征，以裕库收，而敦邻谊。相应咨复，即希查照为荷。

此咨

会同县政府

县长兼处长　谢〇〇　受训
副处长　　　黄〇〇　代行
秘书　　　　陈〇〇

从此咨文中可知，天柱县政府从两方面出发，表示对会同县政府翊财字第529号和第552号函文的不满。其一，地湖疆界问题，业经内政部派员查看，自应静候裁夺；其二，若以顺意舆情为理由，则天柱县居住该地人民亦曾有同样之请求，其词意之坚决恳挚，较之贵属人民之表示与热望尤有过之。因此，希望会同县政府不宜随意撤回杨前县长复准注销原案，在内政部未给出裁夺、疆界未确定前，应维持现状。

与此同时，天柱县远口乡乡长杨德高于民国三十三年八月四日以

"插花地"：文化生态、地方建构与国家行政

高民字第 221 号函文，将本乡第八、九两保（地湖）保长吴宗炳、吴炳炎呈送给远口乡乡公所的报告转呈给天柱县县长，希冀以天柱县县政府的名义咨函会同县政府，早日解决一田两赋的问题，此外，函文中对地湖一田两赋产生的原因有较清晰的说明。原文①如下：

为据情呈报越界又复重丈已编之田恳请移咨会县
注销坵号而免一田两税阻碍粮政由

案据本乡第八、九两保（地湖）保长吴宗炳、吴炳炎呈称：窃职等地处黔湘极边，犬牙交错，所有田产粮亩，柱、会两境参杂不一。过去无分经界，前县府派员清丈田亩时，按照法令，将职等保行政区域之田产，以天然界线划编珍、果、附果三字段清丈。嗣后，无论柱民会亩，会民柱粮，悉数丈作柱亩，迄今已历数年，完纳无异，诇田亩肆佰余坵号。业经函准会同县土地陈报处查明注销，查报单亦均作废等由，前来合行令仰知照等因。饬知在案，惟查杂居地湖之会民，因抗纳柱粮之坵，每每借词蒙控该管（理处），政府派员重丈，故前次重丈之田，不惟不予注销，现在又复派员深入境内，插花零丈，非特与编查整个地段之法规抵触，抑且一田两税，躅累边民，何堪设想，据报前情，理合备文，呈请钧长鉴核，恳请赐咨会县，准予注销先后重丈之亩，以免边民受此一田两税之躅累，公德两便。

　　谨呈　天柱县县长　谢〇〇

职　杨德高

---

① 《为据情呈报越界又复重丈已编之田恳请移咨会县注销坵号而免一田两税阻碍粮政由》（天柱县远口乡公所呈，高民字第二二一号，民国三十三年八月四日），天柱县档案馆藏档案，档案号：1645，第75页。

第五章 插花地整饬之殇：民国地湖插花地清理拨正历程

天柱县县长在收悉该函文后，于八月八日以财政部贵州省天柱县田赋管理处的名义，给湖南省会同县政府发去《为据呈地湖田土自被零丈重编咨请查照注销见复由》（天民二字第650号）咨函，还是希望将地湖插花地重编部分的田土号予以迅速注销，以免引起更多纠纷。函文原文①如下：

为据呈地湖田土自被零丈重编咨请查照注销见复由

案据远口乡公所呈称（原文照录）等情。据此，查该处前被重编田土业经咨准贵县杨前县长注销并呈报有案，自应维持原案，所有此次派员深入境内插花零丈重编部份，更应迅即注销，以免纠纷，兹据前情，相应咨请，查照办理，并希见复为荷。
此咨
会同县政府

县长兼处长　谢〇〇

其实，在民国三十三年七月二十二日，贵州省政府就天、会省界问题以民一字第五三〇号训令致函天柱县政府。笔者目前虽无法找到该函文的原件，但从民国三十三年八月天柱县政府公函《为奉省政府令以关于湖南会同黔阳与本省天柱县省界饬定期派员会勘交接一案函请查照派员会同划拨交接由》（天柱县政府公函，民民一字第1835号）中可了解其大致内容。函文原文②如下：

---

① 《为据呈地湖田土自被零丈重编咨请查照注销见复由》（财政部贵州省天柱县田赋管理处咨，天民二字第650号，民国三十三年八月八日），天柱县档案馆藏档案，档案号：1645，第76~77页。
② 《为奉省政府令以关于湖南会同黔阳与本省天柱县省界饬定期派员会勘交接一案函请查照派员会同划拨交接由》（贵州省天柱县政府公函，民民一字第1835号，民国三十三年八月八日发），天柱县档案馆藏档案，档案号：1645，第78~80页。

"插花地"：文化生态、地方建构与国家行政

为奉省政府令以关于湖南会同黔阳与本省天柱县省界饬定期派员会勘交接一案函请查照派员会同划拨交接由

案奉贵州省政府本年七月二十二日民一字第五三〇号训令为准，内政部函以天柱县与湖南会同黔阳两县省界纠纷一案经呈奉。行政院转奉，国民政府指令核准解决办法如次：

一、天会南段省界仍自黄檀城脚遗址起，沿龙凤山、蒋山、老黄田，经八宝山三角塘，至溪口一线为两省省界。所有会同县境内天属杂居地地湖、牛角界、大树脚、桐木塂、炉家塝、苍管团、独坡、中河、龙毛等处，划归会同县管辖。

二、天会北段省界——沿上下金子中间山脉，抵洪坡尖骑仑倒水为界，原湘省会同县属上金子与原黔省天柱县属下金子交换管辖，尖坡至溪口一带仍旧。

三、飞地——黔阳县境内天柱属黄花溪飞地，与会同县境内天柱县属笋洞、田产场、镰刀、岩寨溪飞嵌地，及天柱县境内会同属梁家寨范香云飞地，分别划归所在省县辖管，并附发勘划湖南会同、黔阳与贵州天柱县省界地图一份，饬遵照定期派员会同划拨交接，监立界碑，并绘具区域界划详细地图三份呈府核办等因。奉此，除咨会同黔阳两县政府定期派员划勘外，相应抄同田额粮赋统计表二种，希即查照，惠予派员会同划拨交接清除，并绘制各该划拨地区田赋部份垅形图，连同上项统计表暨垅领户册、户领垅册各三份，检送过府，以便呈转备查为荷。

此致

财政部贵州省天柱县田赋管理处

谢杰民

第五章 插花地整饬之殇：民国地湖插花地清理拨正历程

根据内政部的裁夺，需要将所有会同县境内天属杂居地地湖、牛角界、大树脚、桐木埬、炉家塆、苍管团、独坡、中河、龙毛等处，划归会同县管辖。天柱县田赋管理处在收悉该公函后，于八月十九日给财政部贵州省田赋管理处处长、副处长发去电函，认为："若依照上述办法调整疆界，则本县'珍''光''果''果复''李''菜附''木'等字，每人口赋额均须划归湖南管，本年粮赋仍由本县征收，因无行政权之协助，势将无法催收。尤以地湖一带居民，心向湖南已久，历年粮赋均抗不缴纳，一旦划归湖南，更将颗粒不缴。所有上列各字粮赋额，应请准予开除，移请湘省征收，以免纠纷，除字每垞号放分粮额，候勘划清除后，另案造具图册。"① 贵州省田赋管理处收悉该电函后，于该年九月十五日复电天柱县田赋管理处并转该县政府。复电中要求："该县应行拨交湖南省会同、黔阳两县赋额，着速造具田亩、赋额、粮户统计表，专案经呈本处核办。在未呈案核定前，原赋额自不得予以开除，仰即遵照。"②

贵州省政府也于该年十月十二日以民一字第五〇一号③电函天柱县政府，其主旨则是结合该年七月二十二日民一字第五三〇号函文精神，要求天柱县就该县与湖南会同及黔阳省界划拨问题查照办理。但天柱县政府觉得"本案尚有待行筹商解决事项"，于是在致该县田赋管理处《为奉令省界划拨事宜应从缓办一案函请查照由》

---

① 《为奉令划拨地湖等地本年度粮赋无法依收请帖移交湘省管辖以免纠纷由》（天柱县田赋管理处代电，天民一字第一八三号，民国三十三年八月十九日发），天柱县档案馆藏档案，档案号：1645，第83~84页。
② 《财政部贵州省田赋管理处代电》[赋二（2）第7017号，民国三十三年九月十五日发]，天柱县档案馆藏档案，档案号：1645，第85~86页。
③ 贵州省政府民国三十三年十月十二日民一字第五〇一号代电函文原件笔者并未查到，但据天柱县政府民一字第2101号函文揭述，其内容大致与贵州省政府民一字第五三〇号函文同，即要求将会同县境内天属杂居地地湖、牛角界、大树脚、桐木埬、炉家塆、苍管团、独坡、中河、龙毛等处划归会同县管辖。

"插花地"：文化生态、地方建构与国家行政

函文中指出，"兹查本案尚有待行筹商解决事项，除由府函达内政部外，特电知照，所有划拨事宜，应从缓办，听候另令办理"。从该函文中可知，天柱县政府并没有按照内政部以及贵州省政府的要求迅速着手处理该县与湖南会同、黔阳省界划拨一事，而是希望在田土赋税额完全移交的情况下，再行将地湖等地划拨给会同县管辖。函文原文[①]如下：

为奉令省界划拨事宜应从缓办一案函请查照由

　　案奉贵州省政府本年十月十二日民一字第五○一号代电，以关于本县与湖南会同、黔阳省界划拨一案。前准内政部决定办法，函请查照过府，经于三十三年七月二十二日以民一字第五三○号令行遵办在案，兹查本案尚有待行筹商解决事项，除由府函达内政部外，特电知照，所有划拨事宜，应从缓办，听候另令办理等因。奉此，查本案业经本府以民民一字第1835号函请贵处定期派员划勘交拨在案，兹奉前因，相应函请，查照为荷。

　　此致

　　　　财政部贵州省天柱县田赋管理处

　　　　　　　　　　　　　　县长　谢杰民　公出
　　　　　　　　　　　　　　秘书　陈开明　代行

三　清理拨正、田土编丈致一田两赋悲剧

　　民国二十九年，在贵州省政府的要求下，天柱县与会同县就

---

① 《为奉令省界划拨事宜应从缓办一案函请查照由》（贵州省天柱县政府公函，民民一字第2101号，民国三十三年十月二十八日发），天柱县档案馆藏档案，档案号：1645，第81~82页。

第五章　插花地整饬之殇：民国地湖插花地清理拨正历程

图 5-5　勘划湖南会同、黔阳与贵州天柱省界地图

说明：绘制时间为民国三十三年。

资料来源：会同县档案馆。

地湖插花地问题进行了清理拨正，旨在"以明行政管辖，而利清剿"。两县政府共同努力，对地湖及周边地区的经界酌情进行了清理，对田土进行了编丈，但从最终的结果来看，本次清理拨正工作的效果并不明显，甚至给地湖及周边片区的粮赋收取带来了很大的不便。于是，民国三十二年，在内政部的主持下，对地湖田土进行了重新编丈，以利粮赋收取。因天、会省界不明确，致使两县田土编丈人员在编丈过程中重编部分垅号，导致该地"一田两赋"悲剧的发生。

在土地编丈过程中，两县政府都已经认识到，若不将地湖重编之田土垅号明确其所属，势必会造成"一田两赋"悲剧的产生。这一点从前文的众多函文中可以得到佐证。但由于双方在重编田土

"插花地"：文化生态、地方建构与国家行政

所有权问题上存在分歧，都不愿予以放弃，最后终究酿成了"一田两赋"的悲剧。笔者在天柱县档案馆时无意中收集到几份专门处理"一田两赋"案例的函文。

民国三十三年十二月十四日，为解决朝阳乡第六保第九、十两甲粮户刘其盛、刘克标、刘秉堂、刘克银及朝天宫湖南庵首士等人（处）的"一田两赋"问题，会同县田赋粮食管理处以《为据本县人民刘其盛等报请制止天柱县越界征粮咨请查照办理见复由》致函天柱县田赋粮食管理处。函文①如下：

  案据敝处所属广坪乡镇办事处主任刘景生，本年十一月二十九日，广景字第四一号呈据所属朝阳乡第六保第九、十两甲粮户刘其盛、刘克标、刘秉堂、刘克银及朝天宫湖南庵首士等报称：窃民等祖居朝阳乡饭香垅，与贵州天柱县接壤，所管田亩历系完纳本县（会同县）田赋。民国二十九年，天柱县编丈田亩，该县边地人民、保甲蓄谋混编我县田土，弥补该县粮额，串通编丈人员越界匿丈。事后，经民发觉，据理直争，并经报请政府转咨撤销有案。乃事阅数年，该天柱县仍未将越界编丈田亩注销，竟于昨日送来征粮通知单，迫民完纳。民等以一田两赋，无力完纳，万难承认。为此报请察核，转呈制止等情。附呈完纳本县三十二年田赋券票六币，并抄本县土地陈报所编段号、坵号、通知书，及天柱县田粮处征粮通知单各一张。据此，理合检同原赍粮券及通知书单，呈请鉴核示遵等情。据此，查到刘其盛等所居地址及所管田亩确在本县境内，其应完田赋，未经历□，本处完清。贵县二十九年越界编丈之

---

① 《为据本县人民刘其盛等报请制止天柱县越界征粮咨请查照办理见复由》（会同县田赋粮食管理处咨，全慎一字第720号，民国三十三年十二月十四日发），天柱县档案馆藏档案，档案号：1645，第87~89页。

240

第五章　插花地整饬之殇：民国地湖插花地清理拨正历程

田亩，自应仍请注销，免予配赋征收，俾免一田两赋，无力完纳。据呈前情，除指复外，相应抄同贵属原送征粮通知单，咨请查照，迅赐令制止，仍希惠复为荷。
此咨
　　天柱县田赋粮食管理处

处长　俞劲

附抄录天柱县田赋处送来征粮通知单：
　　刘湖南　壹亩五分
　　朝天宫　贰亩四分
　　湖　南　一亩九分
　　湖南庵　三亩二分
　　刘秉堂　壹亩二分
　　（查所丈之田，该县因未知业主姓名，以湖南二字为代表，名词不胜，具多聊举数件，以备查收）

根据该函文内容，会同县田赋粮食管理处认为，造成该县朝阳乡第六保第九、十两甲粮户刘其盛、刘克标、刘秉堂、刘克银及朝天宫湖南庵首士等人（处）负担"一田两赋"的局面，责任全在天柱县这一边。其理由在于，民国二十九年，天柱县编丈田亩时，为弥补该县粮额，串通编丈人员越界匿丈。后虽报请会同县政府转咨撤销，但天柱县仍未将越界编丈田亩予以注销。

天柱县田赋管理处收到函文后，认为情况并非如会同县所言，于民国三十三年十二月二十日以《为准咨制止本县越界征粮一案咨复查照见复由》对上述情况进行了解释，"所有越界重编部份，业经函请贵县杨前县长查照开除在案，该业主等所呈本县越界匿丈一带显非事实，且本县陈报成果早经呈报有案，本处无权注销。关于省界问题，仍应静候会峰解决，双方不必挟持成见，加之田赋、

241

"插花地"：文化生态、地方建构与国家行政

军粮无论缴黔缴湘，均系中央所有，彼此实无争执之必要，谊属邻对，尤有互助之谊"。函文原文①如下：

为准咨制止本县越界征粮一案咨复查照见复由

案准贵处本年十二月十四日会慎一字第七二零号咨，以据广坪乡镇办事处主任刘景生，转据所属朝阳乡粮户刘其盛等，以所有柱会边境饭香堓田地重编一田两赋，无力完纳，呈请转请注销制止征收一案，嘱查照见复等由，抄送本县征粮通知单一份。该处查本县土地陈报系于二十九年办竣。贵县土地陈报系于三十一年办理，所有越界重编部份，业经函请贵县杨前县长查照开除在案，该业主等所呈本县越界匿丈一带显非事实，且本县陈报成果早经呈报有案，本处无权注销。关于省界问题，仍应静候会峰解决，双方不必挟持成见，加之田赋、军粮无论缴黔缴湘，均系中央所有，彼此实无争执之必要，谊属邻对，尤有互助之谊，准咨前由，相应复请，并希见复为荷。

查照严饬该粮户□□速扫缴本处远口征收处恳收，以重国课，并希见复为荷。

此咨

会同县田赋粮食管理处

兼处长　谢〇〇

由于此事涉及省界调整问题，天、会两县都无权处理，但

---

① 《为准咨制止本县越界征粮一案咨复查照见复由》（天柱县田赋管理处咨，天民二字第821号，民国三十三年十二月二十日发），天柱县档案馆藏档案，档案号：1645，第90~91页。

242

第五章 插花地整饬之殇：民国地湖插花地清理拨正历程

"一田两赋"之事又亟待解决，在天、会双方无法解决的情况下，会同县田赋粮食管理处电函湖南省田赋粮食管理处，恳祈着手处理该问题。湖南省田赋粮食管理处收悉会同县田赋粮食管理处发来的电函后，于民国三十五年元月五日致电贵州省田赋粮食管理处，商议解决地湖杂居地"一田两赋"问题。笔者虽然未找到湖南省田赋粮食管理处致贵州省田赋粮食管理处的电函原文，但上述内容在民国三十五年三月五日贵州省田赋粮食管理处致天柱县田赋粮食管理处的电函中得到呈现。情况如下：贵州省田赋粮食管理处在收悉湖南省田赋粮食管理处函文后，于民国三十五年三月五日电函天柱县田赋粮食管理处，要求天柱县田赋粮食管理处咨请会同县田赋粮食管理处约期派员会勘，以定该地赋籍，仍将勘查情形并绘图说呈候查核。函文原文①如下：

贵州省田赋粮食管理处代电

天柱县田赋粮食管理处案准湖南田赋管理处三十五年元月二十四日先叁字第1099号子迥代电开：案据本省会同田赋粮食管理处三十四吴三（328）戌敬代电称：案据本县朝阳乡第三保保长朱昌显、第四保保长吴载凰等报告称：窃职等历隶湘会同县朝阳乡，第三、四保世属地湖与黔天柱远口乡第十一、十二保飞地人民杂处，职地距会城仅三十华里，柱属上项飞地距柱县百四十华里。于民国二十九年，柱县横将职原属湘赋丈去九百余亩，于是年来柱县催粮，重兵压境，鸣枪吊索。职等被迫完纳三十、三十一、三十二各年度之一田双赋，自是成例。现又发给通知，知已派重兵在境，又迫职等完纳三十三、三十四二年度之一田双赋。职等同在一个政府，彼柱县□

---

① 《贵州省田赋粮食管理处代电》（民国三十五年三月五日发），天柱县档案馆藏档案，档案号：1645，第106~109页。

"插花地"：文化生态、地方建构与国家行政

此苛政，待职边氓何堪设想。职等代表为保人民，为特据具呈泣恳钧座鉴核，恳请怜恤边氓，指定一县纳赋，以苏民困公德形便等情。查本案曾于三十三年四月二十五日以洪炎总字第（208）号代电呈报钧处在案，当时并经双方县政府及田粮处数次会勘，因人地复杂，迄无结果。据陈前情究，应各何办理，本处未便□专，理合转呈钧处鉴核示遵等情。查本案前因战局影响，迁延未决，亟应会勘确定。兹据前情，除以准予转电贵州田赋粮食管理处，转饬柱县县政府田粮处，约期派员会勘，仍仰会同该县县政府呈函洽商派员会勘确定，仍将勘查情形并绘具图说申复备核等语。电复遵照外，相应电请查照，希即转饬柱县县政府田粮处，约期派员会勘，以定该地赋籍，仍希见复为荷等由。准此，除电复外，仰即会同该县县政府约期派员会勘，仍将勘查情形并绘图说呈候查核，贵州田赋粮食管理处，丑岁二印。

咨请

会同县政府、会田粮处订期派员会勘

民国三十五年三月五日

在湖南省田赋粮食管理处和贵州省田赋粮食管理处高度重视下，以及在会、天田赋粮食管理处的共同努力下，经友好协商，双方将会勘日期确定为民国三十五年四月十五日。

在双方确定好会勘日期后，天柱县政府暨田赋粮食管理处则以田二字第五五〇号函令致天柱县田赋粮食管理处远口办事处，"饬于本年四月十五日前往地湖会同会县会勘人员会勘天、会两县交界之地湖一田两赋田亩，并饬将勘查情形绘具图说，呈候核办等因，附原电及图册"。

远口乡公所、天柱县田赋粮食管理处远口办事处在收悉天柱县

244

第五章　插花地整饬之殇：民国地湖插花地清理拨正历程

政府暨田赋粮食管理处（田二字第五五〇号）训令后，乡长吴明荣、天柱县田赋粮食管理处远口办事处主任姚见昭以及远口办事处稽征处处长龙天瑞等人如期前往地湖会勘，会同县也指派县政府指导员吴毅卿、会同县田赋粮食管理处科长凌□、会同县朝阳乡乡长吴□山、会同县参议会议员宋亮德、会同县田赋粮食管理处派技士吴晓园以及会同县朝阳乡代表会主任吴信之等人实地勘查。四月二十七日，姚见昭主任和吴明荣乡长将本次会勘情形呈报给天柱县县长兼处长。原文①如下：

为奉令前往地湖勘察一田两赋经过情形报请鉴核由

案奉钧府、处民国三十五年四月九日田二字第五五〇号训令，以饬于本年四月十五日前往地湖会同会县会勘人员会勘天、会两县交界之地湖一田两赋田亩，并饬将勘查情形绘具图说，呈候核办等因，附原电及图册。奉此，遵即如期前往地湖会同会县会勘人员实地勘查，兹将勘查结果情形分两大要点缕呈于下：

（一）查地湖本系天、会两县交界地方，惟柱县在二十九年丈田时，纯依据乾隆二十五年间鉴立两县之界碑内之柱民所居住，并行政区域以内之田，依法实行编丈，惟其经丈田亩区域内外之柱、会两县粮额，因代远年湮，同时因处边境关系，不免稍有混杂，一丈下来，两县粮额互相得失（在柱境杂有会县少数粮额，即依照境地丈归天柱，至天柱杂在会境之田亩，放弃不丈者，为数不少）第。查会县在三十二年未火田亩以前，因以天、会新旧粮额交征关系，其中间有重税，其中

---

① 《为奉令前往地湖勘查一田两赋经过情形报请鉴核由》（天柱县远口乡公所、天柱县田赋粮食管理处远口办事处，会呈字第〇〇二号，民国三十五年四月二十七日发），天柱县档案馆藏档案，档案号：1645，第96~99页。

"插花地"：文化生态、地方建构与国家行政

或吃无粮田者（一以原系会县老粮，而经柱县新丈之会有粮户，连年均借新推旧，借旧推新，结果两县抗不完纳；一以会民原有柱县之老粮而在会境，未经柱县编丈，如地灵、桥冲等处比比皆是），此种情形，实际有之。

（二）查会县自三十二年丈田以后，如果依照天柱丈田区域以外之境地丈去，嗣后两县均属新粮，则无新旧田亩错杂之纠扯，惟是会民为欲骗免过去借旧推新，借新推旧粮额。计乘其会县三十二年编丈田时，即申请该县采取属人主义，而竟在天柱已丈珍、果及附果三字段内，插花重来编丈一次。已经钧处于三十二年十月十八日以天民二字第二一三号咨，准会县先民字第一七八八号函复以所有重编地湖边界四百余坵号，一律注销，有案可查。旋后该县人民因抱骗免积，欠柱县粮赋之成见，又复申请该县仍在前已函准会县注销重编，于天柱珍、果及附果字段内，又随会民业户插花重丈（请详阅附后图说）似此不依行政经界，不根据丈田先后（柱县于二十九年丈的，会县至三十二年才丈），虽则政府顺于人民之申请，人民未免不自取重编之深累，迭经两县派员勘查，无奈该县人民偏于成见，争执纷纷，迄无结果，上烦下累，莫此为甚，若不报请将此问题解决，将来边区纠纷，永无了日。为此，除将会勘记录及绘具图说附后呈核外，拟请依照本县行政区域，根据丈田先后，在此合法合理之原则上，并请仍依过去函准会县准予注销重编田亩之成案，再咨会县依据法令手续始终准予注销，一则以息该县人民申请重编自取其咎之深累；一则以免两县往返派员会勘之麻烦，政府甚幸，人民幸甚。

谨呈

　　天柱县县长兼处长　　张〇〇

第五章　插花地整饬之殇：民国地湖插花地清理拨正历程

附呈会勘记录及绘具图说各一份，原代电一份，查报册坵形图共四本

主任　姚见昭

乡长　吴明荣

附1：天柱、会同县政府暨田赋粮食管理处会勘会同县原地湖湘黔地带谈话会记录①

地　　点：地湖吴家祠堂

时　　间：三十五年四月十六日上午八时

出席人：会同县政府指导员　吴毅卿

　　　　天柱县远口乡乡长　吴明荣

　　　　会同田粮管理处科长　凌□

　　　　会同县朝阳乡乡长　吴□山

　　　　天柱县田粮处远口办事处主任　姚见昭

　　　　会同县参议会议员　宋亮德

　　　　会同田粮处派技士　吴晓园

　　　　会同县朝阳乡代表会主任　吴信之

　　　　远口办事处稽征处处长　龙天瑞

讨论事项：地湖一带柱、会重编土地应如何勘查案

议　　决：一、重编土地当查明天柱县编于珍、果、附果等三段内，会同编于朝字附十一段及附九段，及朝字第五段内（会同县编系以会同民田为范围）。二、会同重编段次地号，其未及查明者，俟会同查明后造册咨请天柱县查对呈报核示。

记　　录：朱昌烈

---

① 《天柱、会同县政府暨田赋粮食管理处会勘会同县原地湖湘黔地带谈话会记录》，天柱县档案馆藏档案，档案号：1645，第102~105页。

"插花地"：文化生态、地方建构与国家行政

附2：会勘地湖联保重编经界图

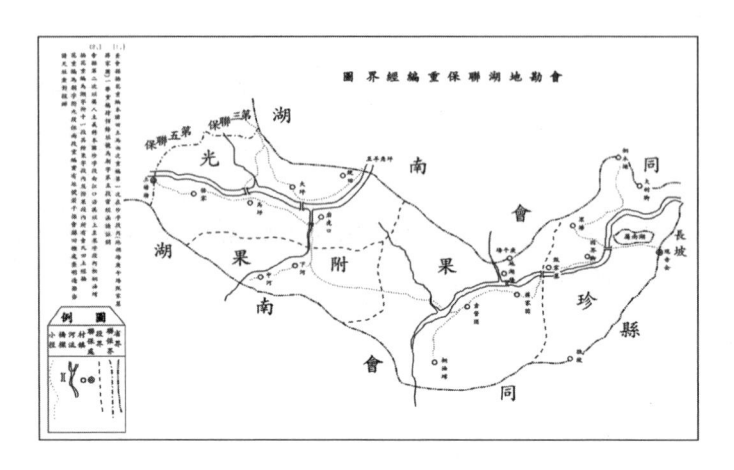

图5-6 民国三十五年会勘地湖联保重编经界图

资料来源：天柱县档案馆藏档案，档案号：1645，第100~101页。蒋琴绘制。

姚见昭主任和吴明荣乡长的这份报告，将地湖"一田两赋"产生的历史过程交代得清清楚楚、明明白白，若不是由于当时全国的时局和战事，地湖插花地问题可能在这次就能得到妥善解决，但造化弄人，当时的国内形势，迫使相关行政部门放弃继续整饬地湖插花地。新中国成立后，百废待兴，暂时无暇顾及地湖这一小小的插花地问题，从而使地湖插花地一直存续到了今天。但通过分析地湖"一田两赋"的历史过程可以发现，插花地并非只是行政区划下的地理空间概念，还是一种交织着生态、政治、经济以及各种权力博弈的社会文化空间关系。因此，要全面了解插花地问题，最好的路径是透过这一空间格局形成的社会文化历史过程的揭示，阐释其背后隐含的社会文化意义，最后才可望从整体上理解插花地问题。

民国时期，国民政府为了特定的目的，要求在全国范围内清理插花地问题。在这种背景下，湘黔边地地湖也成了需要清理拨正的

第五章 插花地整饬之殇：民国地湖插花地清理拨正历程

对象。民国二十九年至民国三十五年，地湖插花地经历了界限会勘、土地清丈等旨在"清理拨正"的工作。从上述遗留下来的档案资料可以看出，贵州省与湖南省相关行政部门尽心尽力，非常希望彻底解决地湖插花地问题，也花费了大量的人力、物力，但因各种原因，地湖插花地的问题还是没有得到彻底解决。地湖插花地整饬之殇，从表面上来看，可能是由当时的时局动荡、问题的难度较大、地方社会的阻力太大等原因所致。但从根本上来说，实际上是由一种在资源控制上的政治权力和文化认同的交错格局所致。

同时，我们还需要看到，插花地并非只是一种国家行政区划格局下的行政隶属关系问题，实际上是在地方社会历史过程中形成的一种地方政治格局、经济关系、身份的区分，甚至是族群认同的标记。我们在看待插花地存续问题时，需要将插花地问题置于社会文化历史过程的空间格局中去加以把握，这样才可能对插花地问题有较深刻的认知与理解。

第六章　权利"息壤"及博弈：地湖插花地的内在张力

在上两章中，笔者重点探讨了插花地形成与延续的问题，旨在强调插花地得以形成是文化生态、地方社会的自我建构和国家行政互动、调适后的产物。诚如前文已讨论的那样，插花地的确立，从行政管理的角度看，确实带来了诸多的不利影响，具体表现为管理成本的提高和管理成效的降低，但同样也需要注意到，这其实是插花地地方社会自我建构和发展的内在张力。

第一节　同村中的"外村人"：制度下的权利差异

据田野调查得知，建立在行政区划基础上的族群划分，现在在地湖似乎已经变得模糊了。同一寨子的人，不管是贵州人也好，还是湖南人也罢，只要哪家举办红白喜事，都踊跃参加，不会因为你是贵州人、我是湖南人，而互不理睬。但国家行政区划下分隶湘黔两县的影响力却实实在在地影响着他们的日常生活，使地湖片区的人们得时刻关注自己贵州人或湖南人的身份，不得因自我认同方面的模糊而刻意规避国家行政层面的政区划定。笔者将以国家落实到地方的政策为例，对这一情况略加说明。

国家在制定相应政策时，会结合各省份的具体情况因地而制，各省份根据中央的相关文件精神逐步将相关政策落实到地方。贵州省属于我国西部地区，而湖南省则属于我国中南地区，根据目前的情况来看，国家在制定各项政策时，在一定程度上会优先照顾诸如

第六章　权利"息壤"及博弈：地湖插花地的内在张力

贵州这样的西部省份，以利统筹全国的整体发展。但地湖这样的插花地社区，居民插花居住情况非常普遍，这样就会导致虽同住一村，享有的待遇却不同。不过当地的乡民对这种情况却习以为常了。

为了解这一情况，笔者分别访问了湖南省会同县地灵乡甄家墓村村支书蒋 K.L. 以及同住在该村的贵州省天柱县地湖乡永光村村支书吴 X.P.。他们认为，总体而言，目前贵州省能享受的各项政策待遇要略好于湖南这边。当然，这里所讲的政策待遇，并不是指宏观层面的问题，而是深入地湖后，地湖人民能够直接感受到的实惠。因此，笔者也就按照当地人的话，使用"政策待遇"一词。在问到哪些方面贵州政策待遇要好于湖南时，两位书记列举了很多，概言之，有如下几个方面。

（一）教师待遇。此问题往往是当地老百姓茶余饭后津津乐道的话题。因地湖乡治与湖南地灵乡治相距也就3公里的路程，平日里每逢农历五日、十日，是地湖乡场集，而二日、七日则是地灵乡场集，两省人都会相互串场，对对方的情况也比较了解。老百姓经常会问："为何同样是在中学教书，两省老师的待遇差距会这么大呢？"在笔者的追问下，终于知道所谓的待遇差距到底是多少了。从整体上讲，地湖贵州籍老师平均起来一个月拿个3000元以上是没有问题的，而湖南老师在同等情况下只能拿1000多元。为进一步核实这一数据的准确性，笔者还特意咨询了双方的老师。了解到，同样具有中教二级职称的老师，地湖贵州籍教师比地灵湖南籍教师每月要多拿1500~1700元，而中教一级起码多拿2000元以上。退休教师的待遇也不一样，若以中教一级职称退休的话，贵州地湖退休教师比湖南地灵同一级别的退休教师每月可多拿2000多元退休金。

（二）村干部工资。湖南村支部书记一个月只能拿300多元，而贵州村支部书记则可以拿到800多元。干同样的活，且都住在隔

"插花地":文化生态、地方建构与国家行政

邻隔壁,拿的工资却呈现出明显的差异。退休村干部的待遇也不一样,湖南退休村干部一般只能拿100多元/月,而贵州省的退休村干部则可以拿到300多元/月。

(三)计划生育。贵州省已婚夫妇不管头胎是男是女,都可以生第二胎,而湖南则不同,若第一胎是男孩的话,则不允许生第二胎,若第一胎是女孩的话,则可以申请指标,生第二胎。①

(四)救灾物资。贵州省属于我国西部,近年来,在西部大开发的过程中,得到国家扶持的力度要大一些。以2013年3月地湖的冰灾救济金为例。该年3月,地湖片区曾普降冰雹,致使地湖片区的房屋等有不同程度的损毁。前文已对地湖村落格局进行了说明,湘黔两省居民的房子相互交错,两省居民同住一村的情况比比皆是,因此,从受灾程度和面积来说,是完全一样的。但据调查得知,贵州籍村民得到的救灾物资远远多于湖南籍村民。地湖片区贵州籍一个村能得到的救灾大米有好几吨,10公斤一袋的大米共计200多袋。而地湖片区的湖南籍整个乡所得的救灾物资也就40袋大米,具体到每个村就更少了,平均到每户几乎微乎其微,可以忽略不计了。当地湖南籍老百姓感慨说,难道这些冰雹就只砸到贵州人的房屋了?湖南人房屋的毁损也不小呀,为何差距会这么大?抱怨归抱怨,感慨归感慨,同住一村享有不同的政策待遇却是事实。

类似的事例还没完。2013年8月,由于西南地区持续的干旱,包括地湖在内的贵州境内广大地区以及湖南广大地区都遭受了旱灾。2013年8月18日,地湖乡民政部门干部开始发放救灾物资。此次救灾物资分为两类,一是现金,二是米。地湖片区属贵州的几个行政村中,60%以上的人获得了救灾物资。其具体发放标准为:以户为单位,凡是符合获得救灾物资条件的户,可领取60元现金

---

① 以上材料来源于当地老百姓的口述,若与国家相关法律法规不符,以国家相关法律法规为准。

第六章　权利"息壤"及博弈：地湖插花地的内在张力

或 15 公斤的米 1 袋。地湖乡政府将这批救灾物资统一发放到各个村委会，各村委会干部根据可享有救济家庭的具体情况逐一列好清单，哪些家里适合领米，就让他领米，哪些家庭拿钱更合适，就让他拿钱。整个发放过程井然有序。领到救灾物资或救灾款的贵州籍乡民个个欢欣雀跃，感谢党和政府现在的政策好，处处为老百姓着想。若是在以前，这种事情想都不敢想。同时也有人庆幸自己是贵州人才能享受到这一优惠政策。湖南籍居民则没有拿到一分钱或一粒米。当看到这一情景时也只有在心里面羡慕国家对贵州的扶持、资助力度大，期望能有那么一天自己也能享受贵州人那样的政策待遇。

（五）电价。贵州籍乡民用电，每度电只要 4 角，而住在其隔壁的湖南籍乡民用电则是 6 角/度。笔者在调查后得知，地湖片区有些湖南籍的民众在建新房子的时候，充分利用地湖插花地这一特殊性，拉上贵州的电，这样就可以少交点电费。

（六）考试分数线。地湖中学招收湖南和贵州籍的地湖片区学生，但在考高中时，湖南籍学生需要去会同县考试，而贵州籍的则去天柱县考。同样的教育环境和教育水平，但在录取的时候就体现出明显的差别来，贵州招生时的分数线明显低于湖南。

针对上述情况，笔者也曾访问当地湖南籍老百姓，试图以他们的角度去评价这一事情。在笔者问到是不是心里存在嫉妒、羡慕、不甘心，或想加入贵州籍时，蒋书记还是斩钉截铁地说，嫉妒、羡慕这种心态肯定是有的，因为平时都是同住一村寨的邻居。不过当地老百姓习惯了湘黔两省的待遇差异，也能理解国家政策偏向贵州的事实，在平时安慰自己国家对贵州实施的政策也只是暂时的，有朝一日，湖南也能享受同等待遇或优于贵州的待遇。但若是说要让这些人加入贵州籍，老百姓从心里都没有想过。老祖宗都是湖南籍，为何要忘祖而加入贵州籍呢，钱、物其实是身外之物，但老祖宗不容背叛。

但当地老百姓同时指出，并不是所有的有利政策都被贵州人占有，在基础设施建设方面，湖南这边的落实情况就要好很多。用当地人的话来说："湘黔两省分别修建的公路的质量就存在明显的差异，现在地湖境内的好路都是湖南修的，而坏路都是贵州修的。原因是湖南这边的政府重视公路质量，贵州在这一点上有所疏忽。"此外，就新型农村合作医疗政策方面来说，当地老百姓也认为湖南的政策要好于贵州。举例说，湖南居民若在县外医院住院，其报销补偿的程序就比贵州简单得多。湖南人可直接在所在医院住院部办理报销补偿手续，而贵州则需要将住院的所有材料全部寄回户口所在地的乡政府，经核查后再予以报销补偿，费时费事。老百姓给出的解释是，贵州这边的政府官员怕老百姓以生病为幌子，套取新农合资金。

通过上述事例可知，地湖片区出现的同住一村却享不同"待遇"，其实都是国家权力格局下的地方性呈现。笔者虽不完全赞同国家与地方社会这种简单的二元分类的观点，但通过从上述事例出发，国家确确实实无处不在，影响着地方社会发展的进程。但地方社会，尤其是身处插花地的地方社会，当国家的影响稍有松动时，立即就会表现出其内在张力的一面，可以轻易规避国家权力的制约，能动地建构起自己的社会。在下文中笔者将结合相关事例对此问题做进一步的说明。

第二节 "簧老爷"：民国地湖地方势力的崛起

来到地湖乡，与乡民们拉家常，他们经常会提到一个人的名字，这人叫吴受簧，民国年间人。据说他是地湖乡土生土长的一个"土豪"，势力最大时，掌控着地湖乡及周边地区各县的大片土地，各级行政当局都对他敬畏三分。尽管对他的所作所为毁誉参半，但当地乡民还是将其称为"簧老爷"，对其故事很熟悉，因而乡民们

第六章　权力"息壤"及博弈：地湖插花地的内在张力

有时也会因为他的存在而自豪。这样的事实很容易给局外人造成一种假象，似乎插花地很容易导致地方势力的恶性膨胀。不过这样的结论往往是将观察的视角停留在插花地本身而做出的误判，因为就在吴受簧横霸一方的同时，国内其他地区甚至中原腹地存在的类似地方势力不胜枚举。差异仅在于，由于地湖是一片插花地，吴受簧的存在与势力的膨胀，会波及湖南和贵州两省，因而引起的社会反响会在无形中被放大。同时也需要指出，吴受簧是不是地方恶性势力，显然也需要一个客观公正的评价。而要做出客观公平的评价，不能单看吴受簧本人的所作所为，还需要将其事件置于当时国内的整体局势以及插花地这一独特的地理区位中加以考量。

一　"簧老爷"的历史与记忆

据地湖乡桥冲组吴 Y.Z. 老人家回忆："'簧老爷'那可是民国时地湖片区最大的财主，其掌握着很多田土，用当时的话来说，他控制的田产山林'上抵秀灵山，下抵桐油湾，左抵平坦独坡，右抵苗田大开'，共计约 25 平方公里的土地。"现在地湖乡的面积为 30.5 平方公里，也就是说，若以地湖现在的面积算，"簧老爷"掌握着地湖绝大部分的土地。之所以没能控制住整个地湖，是因为吴宗林父亲也有一定的势力，现地湖乡的岩板头、李家团、甄家墓等寨子，则控制在他的手中。"簧老爷"当时控制的这些山林田土并不仅限于如今的地湖乡辖区，地湖周边的湖南会同县地灵乡和靖县堡子镇一些地方的土地也归其管辖。

查阅 1987 年十八修的《吴氏族谱》得知，当地人记忆中的"簧老爷"，其实就是族谱中记载的吴受簧，吴顺义次子，生于光绪乙亥年（1875），殁于民国甲申年（1944）九月二十日。吴受簧长子吴明槐生于光绪丙申年，贵阳南阳中学毕业，曾任国民革命军陆军少校营长及联保主任、小学校长等职务，民国甲申年殁于镇远；其二子吴明柱则死得比较早，年轻时死于病患。据当地乡民介

"插花地"：文化生态、地方建构与国家行政

绍，吴受簧现没有直系子孙生活在地湖了。但桐油湾现在仍有其旁系孙子居住，其中现任地湖吴氏宗族族长吴 Z.Z. 及其兄弟六七人都是其旁系孙子。吴 Z.Z. 的亲爷爷为吴受簧的亲哥哥，根据当地亲属称谓，吴 Z.Z. 等人应该称呼吴受簧为"二公"。

为了弄清吴受簧的有关情况，笔者曾好几次走访吴受簧的旁系孙子吴 Z.P.、吴 Z.Z. 等人，就吴受簧的个人生命史、发家史等问题有过深入的交流。

据吴 Z.P. 回忆："二公之所以能发家，从而成为控制地湖片区大部分山林土地的土豪，并非靠做木材生意发家，而是靠雇长工，种桐油发家致富。"他介绍说："民国丙寅年，湖南地区普遍遭受灾害，老百姓四处逃难，流离失所。一些人纷纷逃往地湖讨口饭吃。二公就收留了十多个这样的难民，供他们饭吃，但不付他们工钱，要他们给他家耕田种地，充当起了长工。二公也利用这样的机会，开辟荒山，种植桐油和造林。随着势力的变大，二公反而喜欢收留一些曾当过强盗、犯过错误而四处逃离的人。这些人之所以成为被收留的对象，其原因在于，这些人的工钱较低，且一旦被收留后，死心塌地地为二公做事。二公之所以能收留这些人，其原因又在于，他势力较大，有人、有枪、有钱，政府要来捉拿这些罪犯时，一见到这些人被二公收留了，也就不敢前往抓人。如此一来，二公收留的人就越来越多了，势力也就越来越强大了。"

从这一表述中可以看出，吴受簧是靠雇用廉价的劳动力为其辟山造林、种植桐油发财致富的，但为什么吴受簧养得起这么多长工？在笔者的追问下，吴 Z.P. 给出了他的解释。

> 二公之所以能养得起这么多人，这与他母亲有关。二公的妈系唐达月，为当地有名的"看香婆"，即巫婆的意思。当时地湖片区的人，只要有人久病不愈或认为家里不是很顺当或认

第六章 权利"息壤"及博弈：地湖插花地的内在张力

为某人灵魂出窍，都要请唐达月过去看看情况，唐达月每次给人看香后都会获得一定数量的看香钱以及一只活公鸡。唐达月本人艰苦朴素，看香得来的鸡自己舍不得吃，转卖出换成钱，再把钱交付给儿子吴受簧买田置业。日积月累，吴受簧购置的田产越来越多。

从这一表述中可知，吴受簧发家的原始根基来自田产的购置。有了田后，就可以供人饭吃，就能养更多的人了。

除此之外，由于吴受簧雇用的人越来越多，势力越来越大，他会凭借自身的势力做出一些类似"圈地运动"的强占山林田土的行为。据吴 D. F. 老书记介绍："只要是吴受簧山林田产在这个地方，那么周边山林或田地，全部都会被吴受簧占为己有，这样下来，他的山林田产面积呈几何倍增长。当时吴受簧拥有的山林面积有 2000 多亩，田产有 1000 多亩，雇有长工、士兵共计 200 多人。势力强大，自己造纸，有枪，老百姓都不敢惹他。"

不过总体上讲，吴受簧又有别于地方上的棍痞、流氓、恶霸，除了顺手牵羊强占了当地人的一些山林田土外，不做对地湖片区的人收取额外的保护费等地痞流氓做的出格事情，反而踊跃参加地湖片区吴姓人群举行的诸如挂亲、晒谱等活动。在举行类似这样的活动时，他往往会拿出比别人多几倍甚至几十倍的钱来促成这些活动的举行。此外，若外面的人想来地湖偷盗、抢劫，吴受簧会不惜动用自己的"部队"，第一个站出来为地湖人打抱不平，保护当地人的生命财产安全。据吴 D. F. 老书记介绍："大约 1920 年，距离地湖十多公里外靖州辖区坳上镇有一位叫作佘会清的大强盗，曾想到地湖抢劫。吴受簧得信后，立即调他自己的'部队'，连夜进军坳上，准备捉拿佘会清。与此同时，佘会清也得信了，知道'簧老爷'不好惹，连夜逃跑了。吴受簧抓不到人，一气之下，将佘会清的几间房子烧了，并警告佘会清，若再敢侵犯地湖，下次决不放过他。这也算是给地湖民众报仇了。同时也树立起在地湖片区的威信。"

从当地人的这一表述中又可以得知，吴受簧虽势力强大，但还是个处处为地湖着想的热心人。若要当地人评价一下吴受簧，"既受人仇恨，又受人爱戴"是对他的准确评价。在争田产、山林等小事面前，他显得贪得无厌，但在触及地湖片区整个吴姓人群的根本利益问题上，他坚决站在吴姓人这一边，并冲在最前边。

二 对民国"簧老爷"故事的评价

应当如何正确地对待乡民们的口述，确实是一个值得深究的问题。从表面上看，这位吴受簧确实在当地不可一世，黑道白道同时兼备，甚至将各级政府都不放在眼里。但必须注意，就在吴受簧势力鼎盛之时，国内恰好正值军阀混战、民不聊生之时，该地相关的各级行政部门的官员随着军阀势力的消长，也会和全国其他地方一样，犹如走马灯，变化无常。统一的政策法律不只在地湖乡，就是在全国其他地方也难以落实到位。在这样的背景下，单单谴责吴受簧无法无天，其实不近情理。如果换一个角度，就各级地方行政管理当局而言，既然政令无常，那么哪一任行政官员能做到有原则可言？为了施政的顺利和当地局势的稳定，他们在内心其实是需要吴受簧这样的人替他们稳定边远地方的局势，甚至帮他们惩处犯人，处理当地社会的民事纠纷。若处理时过得去，他们落得清净；若处理过了头，他们自然就会将责任推卸给吴受簧，避免引火上身。事实上，他们在暗地里支持这样的地方势力膨胀。对吴受簧而言，一介平民，身处乱世，仅仅是出于自卫而不得不扩大势力，为此他主动勾结当地各级行政官员，其实是十分自然的事情。乡民们传说他是靠母亲积攒下来的钱扩大势力，这显然是一种误判。当地乡民本分持家由来已久，就在吴受簧发迹的同时，类似的家庭主妇多多有之，但只有吴受簧一人发迹而其他人不行，这主要在于吴受簧对当时的乱世有所领悟，巴结各级行政官员，从而促成其发迹。

第六章 权利"息壤"及博弈：地湖插花地的内在张力

在吴受簧的故事中，值得关注之处还在于，他组织了大规模的林业生产，并凭借桐油买卖获得巨额利润。这显然也不是他一个人的问题，一则当地的自然条件适合发展桐油和林业；再则当地的乡民本身就有育林造林的文化传统，再加上国际国内市场对桐油的需求旺盛，价格高昂，吴受簧只是看准时机，果断进行大规模生产而已。成功的关键恰好在于，他能凭借武力压制乡民之间的纷扰和纠葛，因而取得了成功。外部环境对这一成功的取得真正有价值的帮助仅止于这里是一片插花地，在全国政局混乱之际，来自外部的冲击不成规律，只要能整合插花地上的居民，要化解这样的冲击反而容易办到。总之，乡民们把好事坏事都归因于吴受簧个人的努力和才干，归因于行政部门对插花地的管理不利，显然有失偏颇。吴受簧的发家其实也是当时时局的产物，至于他的影响力被人为放大，才是插花地特殊地位造就的结果。

如何正确评估吴受簧这类地方势力的所作所为，如下三个方面的立场需要坚持：其一，地方势力无处不在，插花地也不例外，差异仅在于插花地的地方势力，由于行政管理上的客观困难，兴起很快，影响会被扩大而已，但性质上和其他地方一样，都是当地人为了自身的私利而结成势力集团。其二，必须明确非法与合法的界限，地方势力尽管存在，但只要不违法乱纪干扰地方社会的正常运行，就不能称之为恶势力、黑社会。如果有违法乱纪行为在这其中，那么就应当称之为恶性膨胀。在追究法律责任时也不能只停留在当事人本身，而需要连同相关行政部门一道追究法律责任，比如各级行政官员的营私舞弊。其三，不能将事实本身与事实的被放大混为一谈，插花地那样的特殊地区，不管是好事还是坏事很容易被人为放大，吴受簧的所作所为在乡民的口中通常都会被渲染放大，人们常常会讲其势力如何强大，行为如何出格，这显然是寻求一种精神依托的需要。我们其实更应该注意的是，吴受簧在做了不少违法之事，如收留盗匪、私养军队、私造钱币等的同时，还大规模组织桐油的生产和造林，而这些生产组织是其势力得到巩固的真正基础。

要还原一个真实的吴受簧，显然需要关注其合法存在的一面。总之，从表面上看，插花地容易发生动乱，地方势力容易崛起，但就实质而言，插花地上发生的事情往往仅是全国局势的缩影而已，插花地之所以容易崛起这样的地方势力，恰恰是插花地社会的内在张力所使然，当国家权力的枷锁紧锁时，地方势力就会偃旗息鼓，但枷锁稍有松懈，插花地社会就会利用这样的机会，进行地方社会的自我建构。

第三节　同"公"不同"籍"：地湖人群认同的多面向性

在地湖片区，一个很特殊的现象吸引了笔者，即当地普遍存在着同"公"不同"籍"现象。所谓同"公"，即同一个祖先繁衍下来的子孙。之所以成为"公"，是根据当地人对祖先的称呼。按照当地的亲属称谓习惯，己辈的上一辈称为"爹"，上两辈称为"公"，上三辈称为"太公"，上四辈及以上统称为"伯太公"。从该亲属称谓中，可以看出，只要己辈两辈以上者一律都称谓"公"。"太公"也好，"伯太公"也好，都属"公"的范畴。因此，本书在此所指的"公"，并非仅指爷爷辈，而是泛指两辈以上的祖先。而所谓"籍"，指涉的则是行政区划概念，类似于"籍贯"之意。

同"公"不同"籍"的现象，在地湖片区普遍存在，甚至可以说是地湖片区社会的一大特色。据笔者在地湖片区各村寨田野调查所知，几乎每个行政村中都存在这一现象。现地湖街上吴姓人属于湖南籍的，有吴Y.D.、吴Y.J.和吴Y.Y.三家，其他吴姓居民都是贵州籍。三管团组有吴Z.J.等36口人属于湖南省会同县地灵乡团结村管辖，而住在其屋前背后的20多户吴姓人则属于天柱县

第六章 权利"息壤"及博弈:地湖插花地的内在张力

地湖乡永光村管辖。此情况也可见于桥冲,该村共有9个村民小组,其中8个村民小组属于湖南,1个村民小组属于贵州,隶属永光村。又如江口村的桐木塝,一半吴姓人群是湖南籍,一半是贵州籍。

笔者刚到地湖调查时,对这一情况非常好奇,于是决定去厘清其中的来龙去脉。笔者首先试图从地方上留有的民间文献资料入手去找寻其中的答案。但查阅了地湖片区的所有《吴氏族谱》《吴氏族谱分谱》,以及留存下来的契约文书和碑刻资料后,竹篮打水一场空,没有找到与此问题有关的任何蛛丝马迹。之后,笔者改变了原来的思路,试图利用当地乡民的记忆去探究此事的由来。笔者就此问题,访问了很多吴姓乡民,尤其是湖南籍吴姓乡民。在问到这一情况是何时产生的时,答案较为集中的则是"我们祖辈就是这样"。例如在访问三管团组现年已80岁的吴Z.J.时,他告诉笔者,自从他记事起,就已经划到湖南去了,而且他父亲辈、爷爷辈都属于湖南。在桥冲组问到吴L.X.时,得到的答案也差不多。对于这一问题,要得到具体的答案,估计很难。但从当地老百姓的回答中,笔者大致可以推测,地湖片区同"公"不同"籍"现象起始时间不会出现在解放以后,民国时期也会有一部分人因各种原因由贵州籍变成湖南籍,但数量不多,真正的起始时间应该要追溯至清朝。但具体是哪个时期,很难找到答案。

至于同"公"不同"籍"现象产生的原因,从乡民口中得出的答案则呈现多样化。一些乡民强调是因为逃避贵州方面的税赋而产生这个现象;一些乡民则告诉笔者,是因为"国民党时期",部分人为了逃避被抓去充当"壮丁"才会变成这样的。将上述回忆综合归纳起来,乡民认为主要有如下原因导致同"公"不同"籍"现象的产生。其一,逃税。由于现地湖乡于万历二十五年开始,就演变成了真正意义上的"飞落湖南境内的插花地",湘黔两省田土、山林犬牙交错,疆界瓯脱,辖境中的山林田土界线直至民国以

"插花地"：文化生态、地方建构与国家行政

前都未彻底得到过清查。因此，历史上的部分地湖居民为了逃避来自贵州省的税赋任务，家里面除留有贵州籍门牌号外，通常还会留有一个湖南籍门牌号。当贵州这边催缴税赋时，就声称自己是湖南人，把湖南籍的门牌号挂在自家的门前以示佐证，久而久之，原本属于贵州籍的吴姓人就演变成了湖南人。其二，逃避被抓去充当壮丁。民国时期，清朝实行的募兵制已无法满足国民政府兵员的需求量，民国二十二年国民政府颁发第一部《兵役法》，规定"凡年满18～45岁之中国籍男子均需服行民国兵役"，实行征兵制度，且规定每县每年征兵数额，并逐步下达征兵任务。[①] 当时抽壮丁的标准是"三丁抽一，五丁抽二"，不过据当地老百姓回忆，除了以上标准外，"飞山独子也要上"。也就是说，一个家庭中，只要有三个男丁，就需要抽出一丁作为壮丁。家庭中若有五位男丁，则需要抽两位男丁充当壮丁。飞山独子，在当地的意思是"孤儿"，指即使是孤儿，也要被抓去充当壮丁。上文已经说过，地湖片区的山林田土呈现犬牙交错、境界瓯脱之形势，当民国政府派人来地方抓壮丁时，当地部分乡民，尤其是贵州籍吴姓乡民，为了逃避被抓，就声称自己是湖南人，从而避免被抓去充当壮丁。这种做法其实是人们在当时为了应对国家政策而采取的一种生存策略。但这一策略的后果则为同"公"不同"籍"埋下了伏笔。其三，上报户口时自由选择。当地老百姓在历史时期以来的各次户口登记时，都会留有余地地考虑到底申报加入湖南籍还是贵州籍。吴Z.J.老人家说道："当时（民国时），一些男丁较多的家庭不知道到底是填报湖南好还是贵州好，最后想来想去，就让一部分兄弟申报湖南户口，另一部分兄弟则申报贵州户口，就是为了不至于让整个家庭处于被动的局面。"笔者在永兴村调查时，就收集到这样的事例。据该村现任会计回忆："民国时，永兴村元界脚组就有

---

① 贵州省天柱县志编纂委员会编《天柱县志》，第267页。

第六章 权利"息壤"及博弈:地湖插花地的内在张力

两兄弟分别申报不同籍贯的例子。吴 Z. F.、吴□□(弟弟的名字吴会计忘记了,只知道他的小名叫二伢仔。——笔者注)两人是亲兄弟。民国时期为了逃避被抓去充当壮丁,两兄弟故意申报不同籍贯。哥哥吴 Z. F. 申报了贵州籍,而其弟二伢仔则申报加入湖南籍。"

老百姓的这些解释是否完全真实可靠,这个问题一时半会儿也得不出准确的答案来。但有一点是确定的,那就是同"公"不同"籍"现象,肯定是地方社会在因应国家行政挑战时才得以产生。若没有国家政治的影响,当地人也不会无缘无故就放弃贵州籍的身份而加入湖南籍,从而也就不会形成上述情况。但同样需要注意,国家的干预不会只针对地湖,天柱县和会同县的其他地方也同样能感受到国家行政的干预,但这些地方为何没有形成如在地湖出现的同"公"不同"籍"现象,这显然与地湖属于插花地这一特殊情况有关。地湖居民可以利用国家行政管理中的疏漏,根据自己个人利益的诉求而有目的地加以应对。这不能说是地湖居民狡猾,也不能完全说是行政机构在管理上的疏漏所致,应该说这恰好体现了作为插花地的地湖存在的内在张力。

地湖部分吴姓人群以各种原因放弃贵州籍身份而选择加入湖南籍,以应对国家行政政策,从而确保自身利益的最大化。即使他们加入了湖南籍,但为了避免被大部分贵州籍的吴姓人群排挤,乃至与其划清界限,反而利用文化策略强化了"祖宗"认同。他们利用"祖宗"这一象征性的文化资本,与贵州籍的吴姓人群保持文化或族群上的联系,以免陷入被动状态后而孤立无助。其具体表现为:每年举行的挂亲、晒谱等宗族活动都踊跃参加,该出钱的出钱,该出力的出力,始终保持地湖片区同"公"这一宗族层面上的认同。在日常生活中,则有意或无意淡化湖南、贵州这一行政区划层面上的认同。这同样体现了作为插花地的地湖的内在张力。这部分人在应对来自国家行政层面的挑战时加入湖南籍,但在日常生活中，又不得不加强与贵州籍吴姓人群的联系，因此，就会利用同"公"这一策略维系与贵州籍吴姓人群的关系，从而使自身继续得以发展。这同样表明地湖部分吴姓人群可以通过同"公"这一策略与贵州籍的吴姓保持身份上和族群上的认同，这同样也可算地湖插花地才有的这种张力。

通过这些事例的分析，关于社会身份如何获取或确定，笔者的观点与萧凤霞和刘志伟两位学者的观点一致。"社会身份可以被赋予，也可以逃避摆脱，可以借助某种手段去宣示，更可以通过文化的操作去制造。"① 在社会动荡的年代，插花地本身就为寻求改变社会身份和社会地位的人提供了很好的便利。而对于历史时期地湖的吴姓人群而言，以改变社会身份而面对国家机器的控制，最有效的途径是入湘籍，寻求在社会层面中身份的改变；但在文化层面上，仍旧与贵州籍的吴姓人群保持一致的认同感。

第四节 "皂角壕"与"地湖土地纠纷"事件：插花地产权纠纷的当下演变

插花地一旦确立，由于在空间上与它所属的行政单位距离遥远，这就自然会导致其所属的行政当局在管理时面临成本的提高和监控难以到位这两大难题。而它所邻近的行政单位虽然近在咫尺，却无法实施直接管理，因而凡遇到诸如行政管辖边界纠纷此类插花地普遍存在的问题时，自然也就难以独立插手经管。类似问题需要插花地所属行政部门与其邻近的行政部门双方同时到达现场后才能着手处理，这又必然会导致管理上的复杂化。正因为处理插花地问题比较复杂，牵涉相关部门的面很广，因而一些细

---

① 萧凤霞、刘志伟：《宗族、市场与蛋民——明以后珠江三角洲的族群与社会》，《中国社会经济史研究》2004年第3期，第1~13页。

第六章 权利"息壤"及博弈：地湖插花地的内在张力

小的纠纷问题很难做到全然兼顾，施政上的脱控问题也就在所难免了。

一旦插花地与其所属辖区出现冲突，由于相关行政档案被分别保管在两个不同的平行单位中，核实处理时，事无巨细都得两个平行的行政单位反复协调后才能做出裁决，由此而造成的行政管理疏漏往往会耽误事情的处理，做出的处理也难以到位。这就为插花地与周边地区乡民追求自身的利益提供了可乘之机。钻行政管理漏洞的空子，牟取非法利益，更会给相关管理部门造成人为的困难。类似情况与插花地的存续相始终，仅仅因为此类的管理疏漏牵涉面太窄，因而在历史上留下的记载并不多。加之有关行政部门为了自身的政绩，也会人为地掩盖这些问题。以至于从天柱设县时地湖形成了跨县、跨府的插花地直到清朝灭亡，有关类似行政管理上疏漏的历史资料，被保留下来的并不多。但是乡民们对20世纪以来地湖乡行政管理上的疏漏和纠纷难以解决的记忆和口述资料却极为丰富。

一 "皂角壕"事件始末

在地湖，另一个乡民们津津乐道的话题就是山林纠纷造成的纷扰。乡民们不无委屈地诉说他们这里一个小小的山林纠纷往往要几个月或几年才能得到判决，几经努力所做出的判决往往因难以落到实处而得不到真正的解决。对类似的抱怨，开始时笔者感到万分同情，但冷静分析后却得出了与乡民有别的结论。由于插花地的特殊地位，当地的林权档案必然被收藏在两个并行的行政机构内，因而只要涉及跨省的林权纠纷，就必然惊动两省和两县的行政主管部门，因此哪怕仅仅涉及几根原木的纠纷，都需两县官员到位，施政成本的高昂确实是客观的事实。以下仅以20世纪80年代天柱县地湖乡永光村与湖南省会同县地灵乡桥冲村有关"皂角壕"山林纠纷的问题略加说明。

"插花地"：文化生态、地方建构与国家行政

关于要求复核皂角壕木山争执的报告①

永光大队圹坎头生产队社员吴 D.F.（原主），祖传遗木山一块，在皂角壕，我方证据是，有同治年之契约，有道光之分关契约，有土地证（四抵分明），并且还有广坪公社罗白圹、杨光兰（已死），在民国三十年包栽培合同一份，（该契约系）地灵公社团结大队蒋光表执笔写的。当时他本人为了逃脱壮丁，曾在皂角壕，共栽树三个月之久，约栽杉木一万余根。同时有湖南地灵公社桥冲大队吴 Y.C. 的山在皂角壕，与我的山相邻，争执这块山时，双方大小队于几次解决，他们未有契约和土地证，他们的证据，只是有人证，凭口说。

由于双方大小队于几次解决都未成功，在八二年十一月左右，有地灵公社□□□（票付证？），地湖公社吩咐这样。我们双方派人到炮团公社中兴大队宋××家调查（大概是他栽的），双方到中兴大队宋××家调查情况，但桥冲大队不执行领导安排，仍然没有成功，一直到现在，他突然有契约，我队认为既然他有契约，就有土地证，而且他突然来的契约，不与过去的纸张黑，这不是过去的。

在今年五月十八号，双方公社大队最后一次协商解决，有宋××的老婆也来作证，双方公社裁判只听一方证明，这样解决是不妥当，因此要求上级进行复核：

（一）要求上级把契约进行化验；

（二）要求桥冲大队把土地证拿出来作证据；

（三）要求双方人证到场查□，□□清楚。

永光大队　83 年 6 月 5 日

---

① 笔者在天柱县地湖乡永光村岩板头组吴 D.F. 老人家中抄录而来。

第六章　权利"息壤"及博弈：地湖插花地的内在张力

表 6-1　本案原主吴 D. F. 家族世系

辈　　分	姓　　名	备　　注
高祖父辈	吴顺亲	同治七年和八年分别从李宏礼和吴杨氏手中买到"皂角壕"杉木砍伐权
曾祖父辈	吴受文	光绪六年从吴顺亲分关中获"皂角壕"山所有权
祖父辈	吴明金	作为"皂角壕"山户主,同意杨光兰出卖该山的栽手股份
父　　辈	吴宗载	
本　　人	吴 D. F.	本案的原告

根据这份报告中提供的信息，笔者有幸收集到与此次纠纷有关的契约文书证据。其中同治年间的契约文书有两份，即同治七年李宏礼卖子杉木契，以及同治八年吴杨氏卖杉木契；另有光绪六年吴顺亲分关文书一份，以及民国三十三年杨光兰卖苦力养木契一份。为了弄清皂角壕山林纠纷产生的历史根源，笔者先从同治年间的契约文书入手，进行分析。

契 1：李宏礼卖子杉木契[①]

立卖子杉木契人李宏礼，今因要钱用度无从得出，是以将到自己面分之子杉木一块，坐落地名皂角冲头，上抵杨姓木，下抵杨姓，左右抵油树，四抵分明，欲行出卖，无人承受，自己请中上门问到吴顺清名下承买，当日凭中三面言定木价每根谈价十七文正，其钱照数领明，自卖之后，其木任从卖主管理蓄禁，日后木植长成砍伐，土归卖主，不得异言，今幸有凭，立此卖字一纸，吴姓子孙永远存据。

其价照根数领足，领不另书，所领是实。

[①]　天柱县地湖乡永光村岩板头组吴 D. F. 家藏。

"插花地":文化生态、地方建构与国家行政

      凭中 吴集梅
      请笔 吴增毓
同治七年六月二十二日 李宏礼 立卖

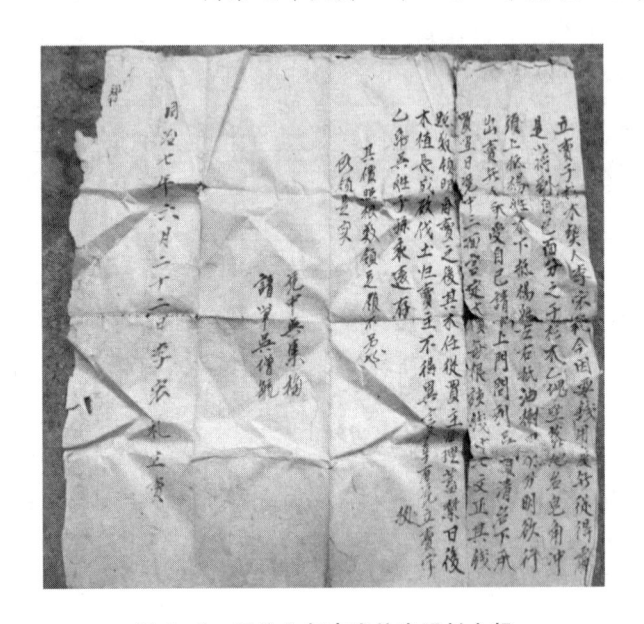

图 6-1 同治七年李宏礼卖子杉木契

契2：吴杨氏卖杉木契①

  立卖杉木契人吴杨氏，今因家下要钱使用无从得出，是以母子商议情愿将到自己分上土名皂角冲杉木块出卖，无人承受，自己请中问到族孙吴顺亲名下承买，当日凭中言定价钱每根木拾贰文，其钱亲领入手，其木日后坎（砍）伐下河，退土，今开四抵，上抵卖主油树，下抵卖主老木山，左抵毫，右抵李姓木山，四抵分明，今幸有凭，立卖契。

  其价领足，所领是实

---

① 天柱县地湖乡永光村岩板头组吴 D. F. 家藏。

第六章　权利"息壤"及博弈：地湖插花地的内在张力

内添三字，改一字

　　　　　　　代笔　房亲　吴开禄
　　　　　　　凭中　吴运福

　　　　　　　　同治捌年二月廿日
　　卖主　吴杨氏　同子　开福　开喜　开寿　开文　立卖

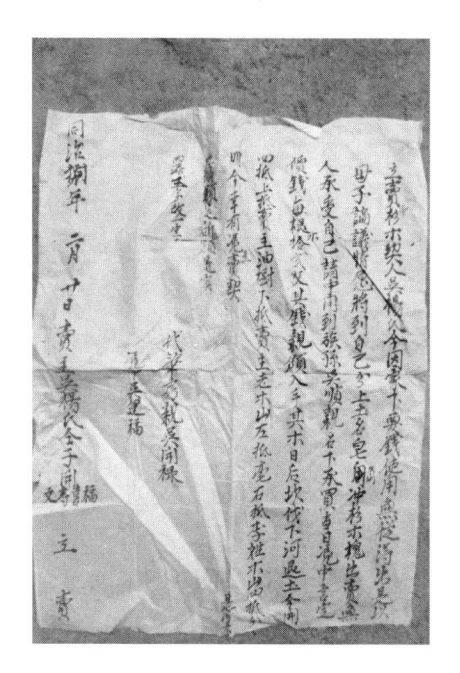

图 6-2　同治八年吴杨氏卖杉木契

上述两份契约文书所指涉的地名都为"皂角冲"，是不是本案所指的"皂角壕"，笔者曾一度表示怀疑。但咨询了当地乡民后才知道，契约文书中出现的地名"皂角冲"就是本案所指的"皂角壕"，两地为异名而同指。从这两份契约文书的内容可以

"插花地"：文化生态、地方建构与国家行政

得知，买方只获得该山蓄养和砍伐杉木的权利，而不具备对该山土地所有权的享有。如契1中明确指出"自卖之后，其木任从卖主管理蓄禁，日后木植长成砍伐，土归卖主"，契2中也有"其木日后坎（砍）伐下河，退土"这样的记载。若单凭契约文书中所记载的内容来看，吴顺亲或其后人在砍伐完"皂角壕"山上的杉木后，理应将该山的土地所有权归还给卖方。据此推算，当时若按照契约文书记载的那样"土归卖主""退土"的话，也就不会出现20世纪80年代有关皂角壕山的纠纷。是不是吴顺亲或其后人在砍伐完该山的杉木后没有"退土"，抑或此后吴顺亲或其后人又将这片山的土地所有权也买过来了，没有其他资料佐证，笔者不敢妄自猜测。但从如下光绪六年吴顺亲的分关文书中可以看出，吴顺亲已将皂角壕山作为个人的财产析分给了其后人吴受文，并明确载明该山从李宏礼处买得，其分关文书内容如下：

契3：吴顺亲立分关契[①]

　　立分关人吴顺亲，同魏氏所生三子，曰受文、曰受尧、曰受汤，年皆已长，奈余年已迈，家业难已（以）支持，爰请房长将祖留遗并已续置一切家业三股均分，好媿相□（业），肥硗互派，先书字号，次写分书，以征数定，以杜猜嫌，自分之后，各管各业，各自支持，当思产业维艰，守成不易，庶几家业昌隆，田产丕振，恐后无凭，立此分关一样三纸，存照。

　　计开边单，地字号屋宇、田地、油树、荒山、堵场于后。

　　立传横屋贰间地基、墙坦传与吴受尧名下耕管为业。会同受文收吴受尧户内载税贰亩壹分正。

[①] 天柱县地湖乡永光村岩板头组吴 D. F. 家藏。

第六章　权利"息壤"及博弈：地湖插花地的内在张力

凭房长　吴修崇（笔）顺国　顺瑚　顺锡　受禄　受汤　明裕

牛栏屋贰间并地基

草屋一间

板冲田一处

闷塘冲口田一处

抟猪山田一处

沙帽坵田一处并修和屋边小田

大四坵田一坵

桃子冲破老垮一半中分

板冲马道子脚破水壕　上分

□板冲庵边油树一块

白角垮油树一块

桐油冲上分油树一块

老蔡园一所

路坎上地基三间（修宁　卖）

荒山皆后冲　一块

皂角冲　一块（宏郁　卖）

岩垻垮　一块

金竹　岀油树一块

□凉冲一幅阳修伦、吴集秀二人卖屋基六间在内

此纸受文名下收执管业

　　　　　　房长　吴修道　顺祯　顺成　顺锡　顺国
　　　　　　代笔　顺和

　　　　　　　　　　光绪六年四月十三　吉日　立

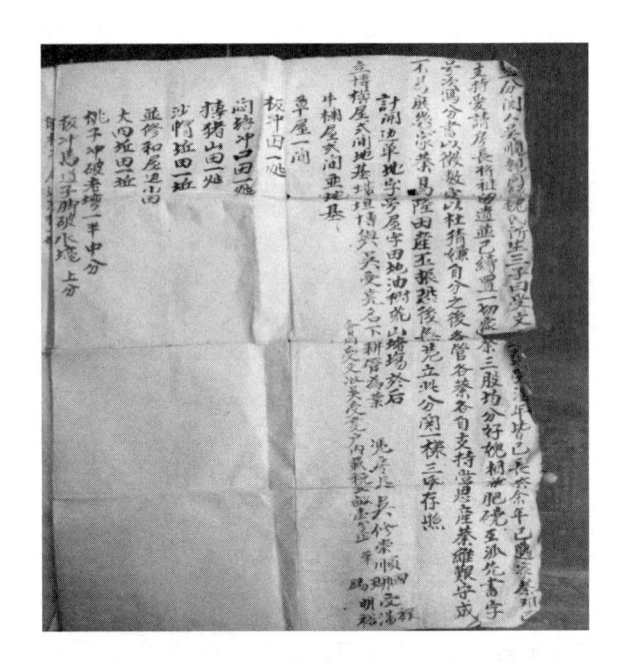

"插花地"：文化生态、地方建构与国家行政

图6-3　光绪六年吴顺亲分关文书（一）

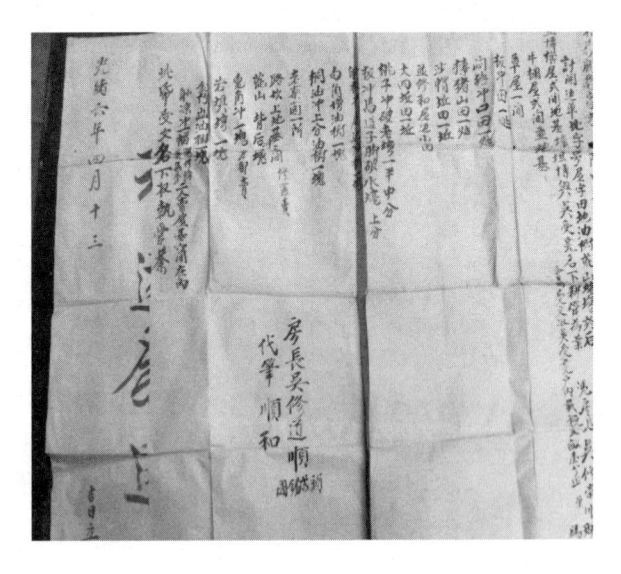

图6-4　光绪六年吴顺亲分关文书（二）

第六章　权利"息壤"及博弈：地湖插花地的内在张力

分家一直是中国社会普遍存在的社会现象，麻国庆教授曾说过："中国家的内在运行机制是分家。分家是家庭再生产的基本方式，它通过重新分配原有家庭产权而使这一再生产得以实现。"[①] 通过平均分配权利和产权，使其不至于集中在某些人手中，从而确保了传统社会结构的再生产。作为插花地社区的地湖也一样，人们通过分家而使财产与土地权属维系在以血缘为基础的亲属范围内，不至于随意流转给外人。在分家的过程中，虽出现了分，但也体现了继，分中有继。[②] 以上述分关文书为例，吴顺亲通过分关，虽将家庭产权进行了划分，但承担着家庭延续责任的吴受文却继承了部分家庭产权的权力，因而使上述案例中涉及的皂角壕山的产权能够在家庭内部流转。这也为其后人在20世纪80年代后处理上述纠纷提供了历史依据。

契4：杨光兰卖苦力养木契[③]

立卖苦力养木契人杨光兰，情因需洋用度无出，是以自己与付（户）主吴明金商议，将到皂角壕金盆境□养木壹块，自栽苦力养木出卖，无人承受，请中问到友谊吴永杰名下承买，当日面议，时价洋柒仟捌佰捌拾捌圆整，其洋亲手入领，其苦力养木卖与买主蓄禁砍木，退土，日后不得异言，于欲有凭，立此卖契，存照。

随契领足，所领是实

外批　随付约买乇，存照

[①] 麻国庆：《家与中国社会结构》，文物出版社，1999，第37页。
[②] 麻国庆：《家与中国社会结构》，第49~52页。
[③] 天柱县地湖乡永光村岩板头组吴D.F.家藏。

"插花地"：文化生态、地方建构与国家行政

  凭房亲 杨光谱
  凭中   吴修级 杜文应 吴永廉
  笔   蒋光表

  中华民国三十三年四月十八日 杨光兰立卖

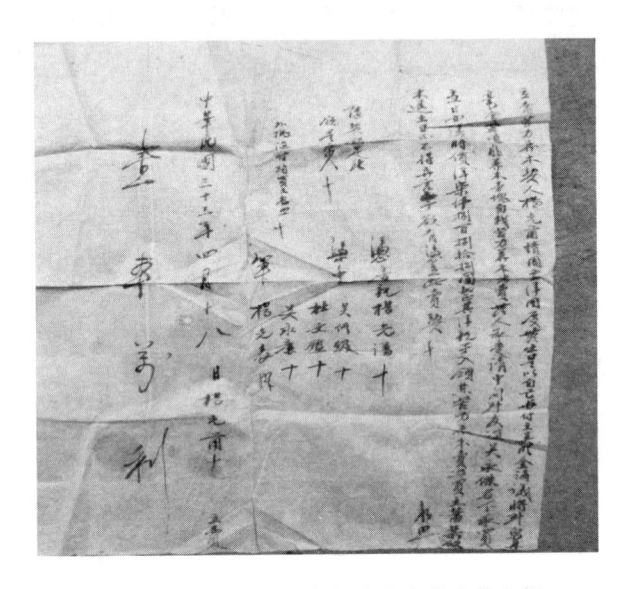

图 6-5 民国三十三年杨光兰卖苦力养木契

  从这份契约中可以看出，到民国三十三年时，皂角壕这片木山的所有权已经流转到了吴明金（上述报告中原主的父亲）手下。不过吴明金虽作为该山的户主，但杨光兰却拥有这块山的栽手股份，具体占有几股，因契约中并未明确记载，我们不得而知，只知道杨光兰将这块山的栽手股份卖给了吴永杰。案例中的原主吴 D. F. 基于上述证据，认定皂角壕山应该属于其所有，因此要求上级部门对该山的权属问题进行复核。上文已说，插花地所产生的纠纷问题往往会牵涉几个平行行政单位，若其中的一个单位没有出面处理的话，纠纷往往难以得到有效的解决。既然皂角壕纠纷已经产生，且产生了很大的社会反响，

第六章　权利"息壤"及博弈：地湖插花地的内在张力

各级行政部门就不能坐视不管。于是，1983年8月4日，贵州天柱和湖南会同两县县政府、法院、林业局、区、社、大队共计16人深入现场勘查，最终对本案做出了结论。其结论内容如下：

关于会同县地灵公社侨冲大队与天柱县地湖公社永光大队在皂角壕争执山林的调查及结论①

侨冲大队与永光大队在皂角壕（地名）争执一幅山林，据双方反映均有证据。为了弄清真相，两县县政府、法院、林业局、区、社、大队共十六人，于一九八三年八月四日深入现场踏查，加之阅读证据，情况已经明了，并作出了结论。

一、争执的山一块，地名皂角壕。山的形貌为一个长弯，内含两个小岔弯，系成材杉树。踏查时，树木被侨冲大队砍伐运完。这幅山侨冲的证据，有业主吴永成有民国二十一年买山契约一份，有宋运发于民国三十一年承包业主山栽树的承包合同一份，有土地证一份，有入社登记册一份，四抵分明。侨冲大队据证与现场符合，而永光大队证据与现场不符。结论：此山林的所有权和管理使用权属侨冲大队。

二、据侨冲大队代表和业主吴永成说，永光大队的山在争执山的右侧（以座山为向）系一长弯。踏查时，成材杉树永光大队已砍伐约二百余株，其余尚未砍伐。这幅山的依据有业主吴D.F.的先辈在同治十年的买山契约一份，有光绪六年分山的分关一份，有民国三十三年、民国三十四年买此山养木契各一份，有杨光兰、杨光贵民国三十年租业主栽树承包字据一份，有土地证一份，入社登记册一份，证据与现场符合。这幅山的座落是在金盆坎脚，上至金盆界岭古路，下抵弯口杨光汉的山，左右都抵侨冲大队原业主吴永成的木山，左右均以两边

---

① 天柱县地湖乡永光村岩板头组吴D.F.家藏。

"插花地"：文化生态、地方建构与国家行政

正岭山梁观音竹直下为界。结论：金盆坎脚的这幅山林的所有权和管理使用权属永光大队。

根据上述情况，原永光大队认为皂角壕的那幅山是他们的，是由于历史年限长，对山貌座落记忆不清所致。通过这次工作，做了结论，双方应按结论管好各自的山林和土地，不能再有争执。违者，引起一切后果，由肇事一方承担全部责任。

会同县副县长	杨 Y. G.	天柱县副县长	吴 H. X.
林业局	任 S. Q.	林业局	杨 Y. M.
	刘 S. H.	法　院	杨 W. M.
法院	唐 Z. J.	远口区	吴 H. J.
区		地湖公社	刘 T. C.
地灵公社	杨 Q. S.	永光大队	吴 D. F.
	胡 S. Z.		
	何 Z. Y.		
侨冲大队	吴 S. W.		
	吴 M. Y.		
	吴 M. Q.		

一九八三年八月七日于天柱县地湖公社

这个事件之所以会牵动两省天柱县和会同县的相关行政部门，审结后还难以执行，在于插花地疆界犬牙，加之历史时期以来，土地自由买卖现象频繁，致使土地权属和省级权属经常变动，给各级行政部门管理带来了诸多不便，这也给插花地乡民错乱疆界、冒认对方财产提供了可能。事实上，从审判的结果来看，两片林地的界线双方证据可以对接，事实真相早已明白如画。开始时双方能各持一段，而且都能言之成理，原因在于没有经过实地踏勘。两县政府

第六章 权利"息壤"及博弈：地湖插花地的内在张力

官员一旦实地踏勘后，真相也就很清楚了。地湖乡民在冒认失败后，仅仅是因为颜面扫地而拒不执行判决，问题的实质仅在于地湖乡如何教育乡民。我们必须注意到乡民钻空子由来已久，以后还会出现，对插花地而言，教育乡民遵纪守法才是正义，仅看表象就轻率断言插花地地界不清、产权不明，事实上混淆了不该混淆的原则问题，那就是把行政管理与乡民的钻政策空子无原则地混为一谈，这样的误判不仅存在于乡民和行政官员中，就算是有关研究者也在所难免，这是需要关注的问题。

这个案件的最终结果是以地湖乡民吴 D. F. 错乱疆界而最终判定其输。不过从这个案例的整个过程来看，笔者最感兴趣之处在于，到了20世纪80年代，契约文书还可以作为山林纠纷的证据。据目前研究清水江契约文书的大部分学者判断，随着新中国的成立，以及20世纪50年代以来的土地改革政策落实，清水江契约文书已经完成了其历史使命，价值不在。但在本案中，契约文书反倒成了重要证据，这算是作为插花地地湖在解决跨省纠纷案件时才有的事情，从而也进一步凸显了插花地地湖在案件审理中内在张力的一面。

二 20世纪90年代地湖土地纠纷事件：地能否随人走？

除上述"皂角壤"事件外，20世纪90年代，地湖还发生过湘黔两省因山林产权纠纷而引起的大规模土地纠纷事件。笔者在地湖调查期间随便问到中年人，他们对此事件都记忆犹新，甚至还有很多人参与其中。据乡民的回忆，这次纠纷的前因后果大致如下：

> 地湖乡桐木壤原贵州籍村民吴 S. Q.，新中国成立后依照中共中央有关土地改革法的精神，分到一定数量的山林。不幸的是，由于其老婆去世较早，因此，他就入赘湖南省会同县地灵乡姚家，奈何命运不济，在20世纪80年代在姚家去世。地

"插花地"：文化生态、地方建构与国家行政

灵乡姚家人认为，既然吴 S. Q. 已入赘姚家，加之没有后人继承其财产，其生前所属财产理应归姚家村集体所有。

但江口村村干部认为，吴 S. Q. 人虽已入赘为湖南籍，且已去世，其留在桐木垅的财产理当归江口村管辖。因此，1994年，江口村村干部组织一些村民，将吴 S. Q. 生前在桐木垅所植的木山砍伐，并锯成木板，准备出卖。但就在此时，地灵乡姚家村村民得信，认为吴 S. Q. 生前的财产理应归姚家村集体所有。村干部就组织姚家村一些村民将江口村锯下来的木方强行抢去一部分。江口村民众料想不到事态会发展到如此地步，已经超出了他们所能驾驭的范围，因此，就将未被姚家村抢走的木材移交给地湖乡乡政府管理，认为既然我江口村不能享有该木材的所有权，你们姚家村也休想，干脆交给政府充公。而姚家村村民则无视这一套，组织该村中男男女女，400~500人，欲强行将交给乡政府的木方运走。地湖乡吴姓人群见到这一情况，心想这完全是一种野蛮的行为，是不是以为地湖乡小，才敢这么欺负我们，就去远口、老黄田等地召集 500~600 个吴姓人来地湖帮忙壮势。最后前来地湖乡的吴姓人也有300多人左右。姚家村见状也不敢将乡政府存放的木方运走。形势比较复杂。涉及的人员越来越多，最后在双方乡镇干部的调解下，双方才没有发生大的冲突。其最后的调解方案是，姚家村运走的木方不予追究，而存放在乡政府的木方则作为地湖乡集体财产进行处理。

当然，地湖乡乡政府为了稳住局面，让这些从远口、老黄田等地来的 300 多名吴姓人在地湖乡政府住了两天，杀了几头猪款待他们，以防事态进一步恶化。

这个案例反映的是地湖乡典型的土地权属问题：人走后，该地应该归谁管辖。从老百姓的口头中得知，其实这个事件从一开始就

第六章　权利"息壤"及博弈：地湖插花地的内在张力

是贵州人不对。因为历史上，该地一直是流行地随人走，比如两兄弟，为了逃避抓壮丁，一个申报湖南户口，一个申报贵州户口，申报湖南户口的兄弟，其田都属于湖南省管辖，到湖南去交税；反之，则属于贵州省管辖，在贵州交税。吴 S. Q. 虽然入赘湖南，但其田土应该是归属于他，既然他都已经成为湖南人了，那么他原先所得的土地田产就应该归湖南管。这是当地老百姓对此次山林纠纷的看法。

在这一案例中，最值得一提的在于最后的判决结果有欠公正。自然产权认定本属湖南，那么乡民抢运板材到乡政府存放，本身就是一种违法行为，乡政府默许这样的违法行为，则是乡政府在护短，判决的结果是将这些被倒运的财产充公为地湖乡财产，显然是对这些违法行为进行姑息，事实上已经扰乱了司法的工作，今天当然没有必要重新追究其法律责任，但从这样的事例中吸取教训十分必要。

总而言之，发生在插花地上的产权纠纷由于相关档案保存在不同的单位，审理成本较高，办理起来有难度，这都是客观存在的事实，但这样的事实与司法的工作、与管理的成效并不存在必然的联系，发生在地湖的产权争执从终极意义上讲肯定会得到公正的审理，真正需要关注的不是插花地本身，而是要教育当地乡民和相关干部遵纪守法，只要乡民和干部的觉悟得到提高，看上去久议不决的产权纠纷，其实是可以得到妥善处置的。

讨论与结语

我们生活在一个高度理性化的时代，同时也生活在一个崇尚实证的时代。由于习惯使然，无论做什么样的研究工作，我们都希望得出一个既简单又明晰的结果。这样的希望和要求对自然科学而言似乎不成问题，而一旦涉及社会现象的研究，情况就可能大不一样了。具体到本书的研究对象，行政建置中出现的插花地，如果单从行政管理的视角看，其存在不仅会提高管理的成本、降低管理的成效，还会使管理办法必须多样并存，因而可以说是无一益处。然而，行政建置中的插花地，不仅古代有之，今天依然存在，事实既然如此，那么任何一种简单的因果归纳显然都不足以阐明其中的原因，形成的结论也难以让人信服，因而使插花地的大量客观存在和与之相关的理论分析的贫乏形成尖锐的对立。

究其原因，其实并不复杂，当我们讨论一个因果关系时，不管是通过实验手段，还是通过实地观察分析，总是习惯于在无意识中将原因和结果置于同一个时空场域中去做出判断，得出的结论与事实之间的差距就可以忽略不计了。而本书必然面对的难题恰好在于，无论是中国还是外国，行政设置中的一片插花地一旦被确立，少则延续几十年，多则要延续上百年甚至数百年；然而，在漫长的历史长河中，无论是自然还是社会都会发生难以预测的变化，这就会导致当初确立插花地的原因与其后插花地得以延续的原因之间不仅不存在必然的联系，甚至还会变得风马牛不相及。这将意味着我们在讨论插花地时，若单凭某一因果关系去给出结论显然是远远不够的。作为一种长期延续的历史事实，某一插花地的确立和延续，甚至最后被裁撤，其实都是多重因果关系综合制约下的产物。由于这些因果关系并不是同时发挥作用，而是在不同的时空场域中主因、次因和辅因之间会相互转换，以至于在不同的时空场域中，决定插花地命运的原因会各不相同。对此，前文已就地湖这片插花地做了尽可能翔实的分析。无论是在人类学话语圈内，还是在历史学话语圈内，前人已经做了一定程度的探讨，但前人研究的不足之处或在于，很少有人注意到这两门学科理论分析之间的内在逻辑联系，当然也无法将两者的理论分析结合起来去解读插花地长期存在的原因。

一 插花地的长期存在

20世纪中期以来，人类学的理论建构进入一个新的阶段，学人不再满足于精确地表述某一民族文化的属性和特点，或揭示该种民族文化与现代社会的差异，而是致力于展开跨文化的对话，或重点关注人类社会与所处环境的互动制衡关系。标志性的理论建构以怀特、斯图尔德和萨林斯等人完善起来的新进化理论为代表。在这一理论建构中，斯图尔德明确指出导致民族文化变迁的原因不是一个，而是三大类因素群（即该民族的特殊历史过程、该民族文化对所处环境的适应以及跨文化的民族文化传播）综合发生作用。[①]正因为影响文化进化的原因多元并存，因而，一些从直观上言之成理的因果分析在真实的文化进化过程中，仅是一种可能性，因为其他因果关系的影响会导致民族文化的进化路径并不是一条直线，而是呈现充满变数的复杂轨迹。

需要注意的是，斯图尔德的这一理论表述所涉及的研究对象乃是漫长历史过程中的历史演化轨迹，而不是具体的事实和事件。他

[①] 朱利安·斯图尔德：《文化变迁论》，谭卫华、罗康隆译，杨庭硕校译，贵州人民出版社，2013，第24~25页。

"插花地"：文化生态、地方建构与国家行政

确认的文化进化动力也不是一个原因，而是三大因素群。研究对象的性质和他给出的答案表面上与本书探讨的插花地不相关联，但若就研究对象的时空跨度而言，其间却存在很大的相似性。插花地的存在也是一个超大时间尺度和空间范围的社会事实，因而，如果斯图尔德的分析贴近事实的真相，那么对插花地的探讨自然也值得加以仿效。至于推动插花地确立、延续和裁撤的原因，更是与文化进化的原因极其相似。

通过前文的分析我们可以看到，插花地所依托的自然环境，所着生的生态系统，相关的民族文化乃至国家行政管理体制的健全和完善都可能影响插花地的存废和延续，都会使插花地上的居民和地方社会建构发生难以预测的变动。从这一层面出发，斯图尔德提出的新进化论思想对我们深化插花地的认识大有裨益。

无独有偶，相映成趣的理论建构不仅发生在人类学中，也发生在历史学研究中。年鉴学派的学人果断地抛弃了传统的英雄史观，明确指出人类历史进程并不是特殊的英雄人物造成的，而是一系列因果关系的综合产物；是特殊的背景造就了英雄，而不是英雄创造了历史。探讨历史的过程不仅要关注现已成文的史料记载，更需要关注基层社会的运作实情，探明影响社会运作的各种原因，因为恰好是这些原因在影响历史的进程，却被忽视于史料的编纂中。因而，研究历史需要形而下的务实精神，需要注意社会进程原因的复杂性和多样性。尽管年鉴学派的表述方法与人类学表述方法略显不同，但其内涵和人类学新进化论的表述其实并无二致。笔者正是受到了这样的双重启示，没有将研究的视野只局限于现已成文的史料之中，而是走向了田野，通过参与式调查去感受和领悟插花地居民的自我表述。他们的这些表述本身就包含插花地得以存在和延续的原因，也包含国家权力为何要确认插花地存在的合理性。

年鉴学派的学人也像人类学家那样，高度关注影响社会进程的原因在时空场域分布上的非共时性和非均衡性。他们从前人对历史

讨论与结语

的探讨积累入手，有目的地将影响社会历史进程的原因区分为长时段因素、中时段因素和短时段因素。[①] 这当然是一些极为含混的表述，但如果参考他们对这些区分的例证后，我们依然可以发现，他们所做的这些区分和斯图尔德所做的因素群的区分，存在很大的相似性。他们所称的"长时段"因素大致等同于斯图尔德的自然地理因素和生态因素。凡属这一类型的因素，不仅在整个人类历史过程中发挥作用，而且在广大的范围内可以对人类的历史进程产生相似的影响。他们所称的"中时段"因素，与斯图尔德所理解的文化的传播极为相似，因为文化的传播既涉及跨文化的相互习得问题，又涉及相关民族文化的重组问题。他们所称的"短时段"因素，在史学领域内指的是特殊的"人物"和"事件",[②] 在人类学研究中，则是指那些标志性文化剧变。比如启用新的制度，引进新的作物，确定新的是非准则，等等。这样的事件会在当事人心中留下深刻的影响和记忆，但对民族文化的影响却不像想象的那样大。因为整个民族文化还得遵循最小改动原则,[③] 按照自己的特殊历史过程衍生下去。

总之，从表面上看年鉴学派的理解建构和人类学新进化论的理解分析差距很大，但若就其适用的研究对象而言却极为相似。它们都适合研究长时段、大跨度的社会事实，都适合多重因果关系并存下的社会变迁研究，而且都同时注意到多重因果关系的并存并不是齐头并进均衡地发挥作用，而是在时空场域的主次地位不断变换中去影响社会文化的进程。因而，他们所建构的相似理论对分析插花地的存废也是适用的。这是因为这些理论建构所适用的研究对象的基本特征，插花地同样具备；各种原因的主次关系会出现动态的变

[①] 费尔南·布罗代尔：《论历史》，刘北成、周立红译，北京大学出版社，2008，第29~31页。

[②] 费尔南·布罗代尔：《论历史》，第29~31页。

[③] 杨庭硕、田红：《本土生态知识引论》，民族出版社，2010，第78页。

"插花地":文化生态、地方建构与国家行政

化,也与插花地长期稳定延续的原因极为相似。考虑到插花地的确立是一种政治范畴中的举措,而且是与行政管理所需要的机构建置和疆域划分直接关联,因此,本书在划分制约因素时,除了参考斯图尔德的意见,将自然地理原因、生态原因和民族文化原因做出了相应的区分外,还加入了国家权力这一因素群,并以这样4个因素群对地湖这片小小的插花地展开系统的研究。其结果不仅证实了插花地确立和延续的原因极其复杂,进而还注意到这样的认识和理解还适用于对国内外类似插花地存废的探讨。为此,显然需要在地湖乡的基础上扩大视野,在更大范围和更长时段内去揭示插花地存废和延续的原因及其可变性。

一提到插花地,史学研究者都会很自然地联想到中国的大西南。原因在于,在这一地区内,插花地存在极其普遍,其延续的时间又极其漫长,对今天的社会影响又极为深远。对插花地成因的分析却极为简单,或者认为大西南社会发展滞后,或者认为这一地区交通不便、社会封闭,甚至以为这里的民族众多,国家权力不得不做出让步。这样的解释如果立足于经典进化论的线性发展构想,基本上可以做到言之成理,却无法解释当下插花地依然普遍存在的原因。如果换一个视角,从大西南的客观自然背景出发,注意到我国大西南的自然地理极其错综复杂,同一地理类型在空间上相互隔离,生态系统的类型分布也相互穿插和隔离,民族文化亦是如此,那么就会获得对插花地普遍存在的不同解读。鉴于上述三大因素群都是国家权力不能轻易改变的自然与社会事实,那么今天还有大量插花地存在也就不足为奇了。我们不得不承认政治因素在西南地区实际的影响力是十分有限的,是国家权力适应客观环境的需要,才导致行政管理上的插花地在这一地区长期存在。下面就黔省其他地方的事例略加说明。

明永乐十一年(1413)创设贵州省之际,乌江、舞阳河和清水江的分水岭地带,一直存在四川行政辖区插入贵州境内的大片插

花地,① 以至于贯通贵州全境的驿路主干线从偏桥卫到平越卫之间直线距离不到 200 公里,但驿道上行人要多次从贵州境内进入四川境内,又要多次从四川境内越界进入贵州境内,才能走完这短短的路程。无论从行政管理的角度,还是从方便通行的角度看,都十分不便。而当时之所以如此划分省境,其原因在于,新建的贵州省财政极其困难,每年的财政收入维持不了这段驿路上兴隆、清平、平越三卫的供给,这样的情形可从郭子章所撰的《黔记》一书以及《明实录》中得到佐证。《黔记·舆图志》载:"又军民岁计半仰楚蜀,兵荒交值时,且弗继,其形情悉矣。"②《明实录·宣宗宣德实录》则有更详细的记载:"贵州兴隆卫经历陆升言:'本卫官军俸粮计二万余石,除收四川播州等处税粮支给外,余于重庆等府支……'"③ 按照当时协济方案,这一大片土地被划归四川行省行政管辖,从行政区划来看,上述地区成为一片插花地,但朝廷这样划分的目的是依靠四川行省的财政支持卫所屯军给养,④ 以维持驿路的畅通,也就是说设置这片插花地对朝廷而言是一项迫不得已的政治举措。平播之役后,朝廷将这片插花地划拨给了贵州,并设置了平越府。⑤ 朝廷能够做到这一步,原因不在于政治方面,而是因为经过 200 多年的发展,这条驿路沿线有大量的汉族移民定居,而且这些新移入的汉族移民靠朝廷所提供的驿路津贴补济才得以在这条驿路沿线定居下来,从而改变了当地已有的民族结构。从驿路建设初期苗族和布依族密集定居在驿路沿线,最后变成苗族和布依族

---

① 杨斌:《明清以来川(含渝)黔交界地区插花地研究》,第 65 页。
② 郭子章:《黔记·舆图志》,伍孝成、吴卢军考释,贵州人民出版社,2013,第 13 页。
③ 《明实录·宣宗宣德实录》卷 46,转引自贵州民族研究所编《〈明实录〉贵州资料辑录》,第 196 页。
④ 罗康智、王继红编著《明史·贵州地理志考释》,贵州人民出版社,2007,第 5 页。
⑤ 罗康智、王继红编著《明史·贵州地理志考释》,第 146 页。

"插花地"：文化生态、地方建构与国家行政

被密集定居的汉人挤出了驿路沿线，进入深山定居。也就是说，废除这片插花地的可能性得益于民族文化结构的改变，创设与延续的原因和结果前后各不相同，创设插花地是为了协济，废止插花地则是因为民族文化结构的改变。

金竹安抚司是黔中地区影响很大的一个中级土司，明朝末年，该土司不能控制境内布依族的动乱，自愿改土归流。万历皇帝接受这一请求后，将其领地改建为广顺州，隶当时的贵阳府统辖。① 查阅清《广顺州治》后发现，该州的辖地极为广阔，全境辖地分为"十里十八枝"，② 这"十八枝"的辖地遍及今天的长顺县、惠水县、贵阳市、紫云县、罗甸县和望谟县。通过核对民族志后，又进一步发现它所辖的这"十八枝"，其主体民族都是苗族，但这些苗族分布区都被布依族分布区隔开，从而形成诸多的插花地。比如位于今天惠水县的甲腊冲一带，在当时被称为来格里，③ 这片辖地与广顺州之间被布依族分布区隔开，不相毗邻，直到民国三年清理疆界时才将这一片区划拨给定番县（今天的惠水县）。从民族文化角度看，这一地区的居民仍然是苗族；从自然与生态系统角度看，当地山地丛林生态系统这一属性没有发生改变。改变之处仅在于当地的苗族经历了漫长的历史岁月后，基本上通晓了汉语，划给其他县管辖不会严重影响行政治理。这同样表现出插花地裁撤和设置的原因不相关联，而是与文化的传播相互关联。广顺州南部的辖境也是大片的插花地，当时设置为插花地的原因是方便该州的管理，朝廷不必配置专门的翻译，只要借助金竹安抚司的后裔就可以妥善解决语言沟通问题。

但在清雍正后，经济形势却发生了剧变，清廷鉴于这片南部插

---

① 罗康智、王继红编著《明史·贵州地理志考释》，第41页。
② 金台修，但明伦纂《广顺州志》卷1《舆地志》，道光二十七年广阳书院刻本。
③ 金台修，但明伦纂《广顺州志》卷1《舆地志》。

讨论与结语

花地的苗族居民从事的是游耕,① 所出产的产品无法在国内市场流通,根本无法按照清廷的要求向国家交纳地丁银,因而,以行政力量在这一地区推行麻的种植,② 以便当地苗族通过麻换取现金,以完成地丁银的交纳。但是随着麻的普遍种植,这片南部的插花地与广顺州本部在经济上拉开了很大的差距,以至于这片位于南部的插花地成了周边各县竞相争取的对象。清朝末年,将这一插花地的东区划归定番州和罗斛厅。民国年间,又将这一南部插花地划给了独山专业公署,还在这一插花地上新设了望谟县。成为插花地是因为属于苗族分布区,而撤废插花地则是种麻导致的后果,原因与结果在历史进程中都发生了剧变。

明清两代贵州所辖的永宁州即今天的关岭县,也是一个插花地随处皆是的行政单位。明清两代该州的辖地涉及今天的安顺、镇宁、六枝、晴隆等县市,其中该州所辖慕役长官司的领地就深入今天的镇宁、贞丰、兴仁等县的毗邻地带,是一片远离州治的插花地。明清两代之所以把这片称为"六马"③的插花地交给该州管辖,原因仅在于,这片土地是普安彝族土司的冬牧场,每年冬季,彝族土司的牲畜都要穿越永宁州进入六马地区放牧,如果这片插花地不划给永宁州,牲畜过境时就要牵动过多的辖地,于管辖不利。也就是说,设置这片插花地的原因是为照顾民族文化和传统生计在资源利用上的完整性。值得注意的是,这样的照顾,使当时朝廷和当地社会都获得了巨大的利益,关岭黄牛闻名全国就得益于这一设置。民国三年,将永宁州改建为关岭县,④ 但其拥有的插花地则大

---

① 金台修,但明伦纂《广顺州志》卷1《舆地志》。
② 杨庭硕:《苗族生态知识在石漠化灾变救治中的价值》,《广西民族大学学报》(哲学社会科学版)2007年第3期,第24~33页。
③ 黄培杰纂修《永宁州志》卷3《地理志》,光绪二十年沈毓兰重刻本,第474页。
④ 陈钟华纂辑民国《关岭县志访册》卷1《建置沿革》,贵州省图书馆油印本,1966。

"插花地"：文化生态、地方建构与国家行政

致未发生改变。奇怪的是，到了1958年，却把这片插花地划归镇宁县管辖，对划拨的原因，没有查到相关文献和档案中确实可凭的文字记载。但关岭县健在的退休干部却对此记忆犹新，他们一致认为，当年把这一地区划拨给关岭与解放时期的清匪反霸运动有关，当时小股的国民党残部盘踞"六马"地区与人民政权抗衡，关岭县武装部鞭长莫及，控制不了"六马"地区，因而经过当时贵州省军事委员会协调，将"六马"这片插花地划拨给镇宁县，以利就地监管，好完成清匪反霸工作。插花地的长期延续是彝族文化和相关各族文化达成谅解的产物，而插花地的撤废却是短期的政治运动所使然，原因与结果同样表现得互不关联。

明清两代贵州、云南、四川毗邻地区的疆界划定极为错综复杂。明代划分三省疆界时，大致是以当地彝族家支的管辖范围为界，永宁、水西、普安三部划归贵州；乌撒行政上由云南管辖，军事上由贵州管辖；东川、乌蒙和镇雄等部则由四川统领。当时做出这样的划界处理，主要是遵循彝族文化的传统，而划分的结果导致很不相同的自然与生态系统不加区别地全部划给了贵州省。永宁宣慰使的辖地是赤水河的峡谷地带，炎热潮湿，是典型的亚热带常绿阔叶林和湿地生态系统，但这片辖地与贵州本部之间还隔着当时属四川辖地的播州，对贵州本部而言，它是一片典型的插花地。至于乌沙土司和水西土司，则是典型的针叶和落叶混交林和高山草甸生态系统，是畜牧业经营的理想场所；而贵州所辖乌沙卫的防区却深入云南境内的宣慰司，这里已经进入半干旱的高山疏林草甸生态系统，在早年只能进行畜牧，难以实施农耕。明朝在行政区划时为何要跨越生态系统划定省界，其实也有它的特殊原因。当时的云南行省与内地的联系要通过贵州的驿路维持，历史上从四川取道青藏高原东部进入云南的通道在整个明代和清初长期受到漠西蒙古和硕特部的威胁，而沿赤水河河谷穿越乌蒙山进入云南的山间小道可以避开漠西蒙古的袭击。为了便于监控这条山间小道以确保云南方面的

军事补给,明末清初,才将生态系统很不相同的地方划拨给贵州,其目的在于行政管理的需要,以确保这条山间小路的畅通。

清雍正时期的改土归流彻底改变了西南边防的整个军事格局,随着东川、芒部等地改土归流的实施和漠西蒙古实力的削弱,跨越生态系统划界失去了军事意义,清廷才得以将东川、芒部等土司的辖地划归云南,将永宁土司的领地划给四川,[①] 将贵州西北各卫的部分防区划给云南,从而使各省辖地的生态系统趋向一致。在这里,插花地的形成与军事设防相关,插花地的撤废则与生态系统相关,存废同样不相关联。

上述四个事例不仅涉及贵州省,有的还涉及邻省的划界,插花地确立和延续的具体原因,与地湖相比又各不相同。但是,在不同的时空场域、并存的各因果关系中,主次关系会发生变化,并影响插花地的存废。因而,探讨插花地的存废和得以延续的机制,绝不能把原因和结果看死,必须针对特殊的时空场域具体问题具体分析,才能做出可行的讨论。避开时空场域去探讨插花地存废和延续的原因和结果,显然是毫无意义的。

二 插花地的形成与延续

前文所讨论的四大因素群,虽说对行政辖地的划分会构成重大的影响而导致插花地的出现,但若就其基本属性而言,这四大因素群却各不相同,自然地理和生态类型纯属自然科学问题,而民族文化和社会政治背景则属社会科学问题。也正因为如此,长期以来,不仅历史学就算是人类学也很少关注自然背景和生态类型对民族文化的影响,更不要说对社会政治的影响。然而,具体到插花地的研究而言,需要将这四大因素加以综合考量。这就很自然地给研究者提出了一个难题:在研究范式中,如何将这四大因素群加以整合分

---

① 民国《贵州通志·前事志》第3册,贵州省文史研究馆校,第189页。

"插花地"：文化生态、地方建构与国家行政

析。这个问题若处理不好的话，具体的探讨就很难落到实处。为此我们需要在这四大因素群中探寻一套能将四者包容其中的分析框架。这样的分析框架当然不是一种，但笔者从对地湖乡插花地由来的探讨中意识到，各种因素发挥影响力的时空场域差异可以作为整合这四大因素的思维框架加以使用，在整合这四大因素的整个机制中可以发挥较好的作用，以下就按照这样的思维框架对上述四大因素群展开讨论。

（一）自然地理因素在插花地确立时的作用

大体而言，各种各样的自然地理因素由于涉及面广，变化的速率很低，在时间和空间跨度上非常大。因而，它对行政管理和疆域划分所能发挥的作用往往具有间接性，在涉及行政管理的疆域划分时，只有明显的地理标识可以发挥非常直接的作用。其他的自然地理要素尽管也会发挥其作用，但影响力却表现得十分间接，在行政疆域划分时，只需要考虑大致的地理结构就够了。不过千万不要小看这样的影响力，尽管其发挥影响的机制十分间接，但发挥作用的持续时间却可以跨越漫长的历史岁月，可以涉及十分辽阔的行政区域划分。举例说，我们的长江中下游平原，因为地缘标识的存在被划分为几个省，如安徽、江苏等，但如果做下一层级的府县划分时，地势的高低、水域的深浅、河流的走向都会成为行政管辖中辖境划分的依据。如果其间存在土地资源使用上的差异，可能导致插花地的出现。比如前人在太湖周边的围湖造田就会成为府县行政区划时产生插花地的原因。还需要指出，这样出现的插花地由于涉及自然地理结构，所以一旦出现，很容易得到稳定的延续，要裁撤这样的插花地单凭行政手段是很难办到的。自然地理结构方面作用的隐含性和间接性在这样的事例中表现得十分突出。

我国的西南地区，由于自然地理结构天生具有破碎性，地理标识十分明晰，因而对行政区划的影响就会更加明显，作用力也会更持久。事实上，我国西南地区插花地现象如此普遍，从终极意义上

290

讨论与结语

讲,与该地区地理结构的空间分布的破碎性关系极为密切,以至于不仅插花地现象普遍,要消除插花地也非常困难。本书所讨论的地湖乡插花地现象之所以能长期存在,就与其所处的自然地理结构直接相关。正因为自然地理因素对插花地的确立和延续的影响力十分间接,因而,在查阅有关插花地的档案时,很难找到行政官员以自然地理因素为依据去确立插花地存在的直接记载。本书讨论地湖乡之所以成为插花地时,凡涉及自然地理因素的影响就无法找到当时官员留下的明确记载,而只能以地湖乡的地名、语意,结合在当地的观察才能发现,地湖之所以成为插花地确实与其所处的自然地理有关。

类似的情况在今天的黔东南各县也会碰到,贵州省黔东南州剑河县西南端的昂英、桥下等村寨,目前被包围在雷山、台江、榕江三县的辖地内,但在行政上却属于剑河县管辖。之所以会出现这样的插花地,其自然原因在于昂英等村是亮江支流的上游,这条支流早年是从山区排放木材的要道,而剑河县的前身清江厅又是清水江木材贸易的集散地。这充分表明昂英等村之所以能成为插花地,亮江在其间发挥了关键作用。有鉴于此,在讨论插花地的确立和延续时,一旦涉及自然地理因素,都需要注意以下两方面。

第一,因地理环境因素而形成的插花地,并不是只有某省或某县才有的独特现象,而是在全国范围内都会普遍遇到的现象。由此而形成的插花地的存续时间会非常长,而且在一般性的政治变动中不容易引起官员们甚至研究者的注意。

第二,凡属这一类型的插花地,在历史档案中即使被偶然提及,自然因素也往往隐而不显。通常情况下,家族、经济生活和文化的冲突更容易被史料记载,至于其自然特征往往得通过实地踏勘才会被研究者注意到。

(二) 生态系统在插花地确立时的作用

生态类型的相同和相似在一般情况下也不容易引起行政官员的

"插花地":文化生态、地方建构与国家行政

高度关注,反倒是不同生态系统所规约下的经济活动容易引起行政官员的注意。因而,相关典籍在提到因生态原因形成的插花地时,见诸记载的往往是经济方面的内容,很少提及其所处的生态属性。以地湖乡为例,无论查阅相关典籍还是当地留下的契约文书,通常都很难找到地湖乡与天柱远口在生态结构上相似的记载,但与林业相关的记载却异常丰富。比如对比在天柱县发现的契约和在地湖乡发现的契约可知,两地除了盛产木材外,还盛产桐油、茶油等,只有通过对这些产品的生物属性展开讨论,才能知道两地的生态类型相似,都属于亚热带山地森林生态系统。地湖之所以成为插花地,生态系统的相似性在其间发挥了重要作用。

黔中地区另一个插花地的实例则是与盛产名茶相关。这片插花地目前集中分布在贵阳市花溪区的高坡苗族乡。查阅有关该乡的历史文献很容易发现,目前该乡的辖地在民国三年以前,有些村寨是贵定县的辖地,有些是龙里县的辖地,有些是定番州的辖地,只有不到1/4的辖地属于当时贵阳府的管辖。也就是说,这里普遍存在的插花地从贵州建省以来一直延续到民国三年,时间长达500余年,直到民国三年后编绘的行政区划地图中才首次注意到这些插花地都集中分布在今高坡乡境内,若不细心地核对各村寨地名的历史沿革变迁,即使看到今天的地图,也很难相信,这里在历史上是一片很典型的插花地。因为生态类型所发挥的作用在漫长的岁月中没有被明确地记载,唯一的线索只有明清典籍中反复提及周边各土司要定期向朝廷提供宫廷用茶这一特殊产品,清代和民国典籍也明确提及龙里县、贵定县、定番州、贵阳府都盛产名茶,而茶叶的名称却分别称为云雾茶、东苗茶、赵司茶等。如乾隆《贵州通志》载:"贵阳府茶产龙里东苗坡即贵定翁栗冲,三五棵树,摆耳诸处。"[①]

[①] 鄂尔泰等修,靖道谟、杜诠纂乾隆《贵州通志》卷15《物产》,乾隆六年刻,嘉庆修补本。

又如民国《续遵义府志》载："阳宝山，在贵定县北十里，绝高耸，山顶产茶，茁云雾中，谓之云雾茶，为贵州茶品之冠，岁以充贡。然岁出常不足额。"[①] 再如民国《贵州通志》载："黔省各属皆产茶，贵定云雾茶最有名，惜产量太少，得之不易。"[②] 查证这些茶叶的名称后进而发现，这些茶叶全部产在贵阳市的高坡乡及其周边地区，包括远离高坡的苗岭山脊区段，而这些区段在明清两朝都是土司领地，只有做到这一步，才能够最终确定这里是一片长期延续的插花地。不难看出，这一探讨过程充满了曲折，史料记载也不完整，若不进行实地踏勘并参照今天精确测绘的地图，不要说探讨插花地的由来，就是发现这片插花地都极其困难。

凭借笔者做过的相关探讨，我们至少可以做出如下的归纳，探讨插花地的形成时，凡涉及生态原因时，大致需要遵循如下四项基本规则。第一，要高度关注被研究地区的物产结构。大量引用地方志中有关物产和贡赋的记载，从中就不难发现插花地与它所归属的行政机构在物产构成上肯定存在相似性，而物产的相似性可以间接证明其生态结构也具有相似性。比如上文提及的插花地，其地就属于高海拔多浓雾的针叶阔叶混交林生态系统，正是因为生态类型相同，才会成为周边各县的插花地。第二，要充分利用当代测绘的地图并辅以必要的实地踏勘。只要在地名沿革中查清其流变线索，插花地与它所属行政辖地生态系统的相似性就很容易被发现，进而可以确认生态系统的相似性在其间发挥了何种作用。第三，需要重视对特殊农牧产品的生物属性的剖析。比如黄牛和水牛，其生物属性就不同，因而出产水牛和黄牛的生态背景肯定各不相同。出产水牛的地区，一般都属连片的湿地生态系统，而盛产黄牛的地区则肯定

---

① 周恭寿修，赵恺、杨恩元纂民国《续遵义府志》卷12《物产》，1936年刻本。
② 刘显世、谷正伦修，任可澄、杨恩元纂民国《贵州通志·方物》，1948年贵阳书局铅印本。

拥有大片的高海拔疏松草地。一旦这些产品的名称被用来冠以地名，比如关岭牛、宗地花猪、榕江香猪等，那么就很容易弄清这些地名所代表地区的生态系统。第四，需要较多关注不同民族乃至同一民族不同支系的空间分布。其原因在于，不同民族的生计方式与某种特殊的生态系统有着较为密切的对应关系。比如所有的侗族，其建寨位置都不会超过海拔 800 米，因而他们的分布区大致属于常绿阔叶林生态系统或者亚热带湿地生态系统，有侗族分布的行政单位其辖地内一旦出现插花地，则往往与湿地生态系统或常绿阔叶林生态系统相关联。苗族麻山亚支系的苗族居民，村寨都建在喀斯特洼地中，所对应的生态系统都属于亚热带藤蔓生态系统或者溶蚀湿地生态系统，因而凡是辖地涉及喀斯特山区的行政单位，一旦出现插花地，大致都会与藤蔓丛林生态系统相关联。贵州省紫云、望谟、罗甸、惠水、平塘等县以及广西境内的河池地区普遍存在的插花地大致都与藤蔓丛林生态系统的分布直接相关。

总而言之，生态类型的异同对插花地形成的影响在空间分布上比自然地理特征相对要小，其发挥影响力的机制通常都是通过经济方式表现出来，而且在空间分布上，往往与民族及其支系的分布存在一定的对应关系，因而历代编写的民族志能够为对此类插花地的探讨提供间接参考。需指出之处在于，有关生态类型的科学属性迟至 20 世纪中期逐步定型后才被学术界接受。因而查阅典籍时，必须引起高度重视，在相关典籍中，几乎无法查到有关生态类型的直接系统记载。研究工作不得不凭借间接取证才能展开相应的讨论。

（三）民族文化在插花地确立时的作用

相比之下，民族及其文化的空间分布对插花地形成的影响关系就直接得多，这种情况在我国的西南地区表现得格外明显。直到今天西南地区州级乃至县级建制，都与特定的民族及其文化的特殊分布密切相关。如果民族及其文化在空间上不相连片，那么插花地的出现就在所难免了。事实上，各级行政辖地的划分，从一开始国家和地方行政机构都会很自然地注意到民族文化的分布,最直接的原因在于,语言的共通是行政管理得以有效的基础。而民族不同,所用的语言也不同,划定行政疆域时,不考虑语言因素,就会给行政管理带来不便。在这样的情况下,如果文化的分布不连片,出于行政管理的现实需要考虑,就不得不承认插花地的存在。清雍正改土归流后,新设的"新疆六厅"是一苗族和侗族聚居的分布区,相关行政机构只要配备苗语和侗语的翻译,有效的行政管理就不难实现,因此,只需将当代的民族志资料与历代方志中的疆域志资料相对照,这一地区客观存在的插花地就会变得明白如画。就这个意义上说,民族志很自然地成为插花地研究中的可贵资料,可以有效弥补历史典籍记载的不足。具体到地湖乡而言,苗族和侗族分布区在空间上的不连片,乃是导致地湖成为插花地的又一主要原因。不过还必须注意各民族的空间分布具有一定的可变性,因而在实际研究中也会遇到插花地的出现与民族分布对应不明确的事实存在,但出现这样的情况同样是有线索可查的,其中影响最大、涉及面最广的就是移民问题。

当代我国西南地区各级行政机构的设置,在很大程度上与汉族移民定居的关系十分密切。贵州境内至少有二十几个县的行政疆域是源于明代的卫所防区,而这样的防区虽然早年都是少数民族的栖息地,但其转变为县级单位,必然与汉族屯军移民直接相关。今天贵州境内的贵定、龙里、贵阳、平坝、清镇、安顺等县市,都源于明代相应卫所的防区,在确立为行政单元时,主体民族都是以汉族居民为依托,而这些行政单位所辖的居民如果在民族文化的空间分布上不连片,就会很自然地成为相关行政单元辖境内的插花地。

通过综合分析,笔者认为在探讨民族文化与插花地成因之间的作用机制时,如下四个方面的内容在研究过程中具有较大的指导意义。第一,展开这样的探讨,要尽最大的可能利用历史典籍中留下的民族志资料。各地方志中的苗蛮志、土民志、人种志理当成为展

"插花地":文化生态、地方建构与国家行政

开插花地讨论的关键历史资料,当代人类学家所编撰出来的地方志也具有直接的参考价值。第二,由于在漫长的历史岁月中,对少数民族一般不严格清查户口,不严格规定赋税和劳役,只需要它们提供一定的贡品就可以了,因而在探讨插花地时,历代方志中的贡赋志和税赋志、疆域志也具有重要的价值。凡属贡赋记载不明确或者贡赋与周边地区呈现重大差异者,相关插花地的确立和延续就肯定与特定民族的分布直接关联。第三,历史典籍不可能对少数民族的语言做精准的说明和描述,但是不同民族语言所赋予的地名在历史典籍中却能提供翔实的信息资料。凭借这些地名的存在,即使民族分布区发生变化,也容易将其恢复,前提是必须掌握各民族地名的命名特点。例如,布依族命名村寨时,地名的第一个字通常是曼或麦,其含义就是村寨;命名河流时,第一个字通常是打,打在布依族语言中的含义是河流;命名森林时,第一个字通常是弄,弄在布依族语言中的含义是森林。苗语与布依族语言不同,他们命名村寨时,第一个字往往是格、国、摆;命名河流时,第一个字往往是翁;命名森林时,第一个字往往是荣;命名田坝时,第一个字往往是章。只要掌握这样的语言规律,相关插花地与那些民族的分布关系就不难认清了。第四,历代方志一般都编有风俗志,对相关民族的风俗都有相关记载,尽管这样的记载极为粗疏,但对分析插花地同样可以发挥重大的作用。例如,在历史上,苗族喜欢打猎,居住地容易变动,如果以这样的记载为线索,一旦与相关插花地的风俗记载相吻合,我们就不难发现这样的插花地与苗族的分布存在关联性。明清两代在西南地区有计划系统地编撰过风俗志,如百苗图、皇清直贡图、滇黔图、龙胜苗蛮图,在探讨插花地的成因时都能提供翔实可凭的资料。

总之,民族文化这一因素群与插花地的形成关系更为直接,但其影响范围却相对狭小,仅止于特定民族甚至是特定民族支系的分布区,而典籍对类似情况的记载却较为分散。展开探讨时,需要对

原始资料进行全面的梳理才能满足探讨的需要,有些特异的习俗还得通过文化变迁分析才能派上用场。

(四) 国家行政力量在插花地确立时的作用

行政制度在插花地形成过程中起到的作用最为直接。一般而言,往往政治、经济、文化、宗教信仰等,只要一项或两项存在特异性,都可能成为决定成立插花地的直接原因;甚至是水路相通或与驿路相通都可能成为设置插花地的官方理由。不过,行政力量甚至包括国家权力在插花地的确立上作用虽然十分直接和具体,但是行政管理的需要可变性很大。以本书讨论的地湖乡为例,确认其插花地地位时,虽然考虑到了管理上的便利,但地湖乡从事的林业经营在其后的历史过程中发生了明显的变化。开始是提供狩猎采集用品,尤其是药材,其后是用材林商品的经营,最后才是经济林的经营。经济生活虽都与森林有关,但具体的内容却大不一样,经济活动不同必然会给行政管理带来新的挑战。也就是说,以后的经济发展会直接影响到插花地的延续,因而即使是从行政的视角考察插花地的存在,插花地的确立和插花地的延续应该作为两个问题去加以对待,而不能简单地混为一谈。

至于插花地确立的背景,要做到系统地把握,其难度就小多了,因为历代典籍对不同时代的政治背景和不同时代的国内国外形势都能提供翔实的记载,要探究插花地确立的政治原因,显然比上述三个因素群要容易得多。大致而言,插花地确立时,国内的政治背景和制度变革对插花地的影响最为重大,需要重点关注这一点。

综合比较后,可对四大因素群的作用机制大致做出如下的归纳:第一,从发挥作用涉及的空间范围看,自然地理因素的影响面最广,生态类型的影响次之,民族文化的分布又次之,行政的作用则最为有限。第二,从发挥作用的时间跨度看,自然地理因素最长,不仅古代可以发挥作用,今天依然继续发挥着作用;生态类型的作用时间则次一等,这是因为生态环境的属性,人类在一定限度

"插花地"：文化生态、地方建构与国家行政

内是可以改变的；民族文化的空间分布则更次之，这是因为民族可以变迁，外来民族可以移民定居，因而对插花地的延续的影响不会一成不变；而政治因素对插花地的影响为时极为短暂，一般只能明显影响到插花地的确立，对插花地的长期延续，其作用极为有限，反倒是插花地的居民要借助民族文化去强化自己的独特性，以确保插花地的长期延续。第三，从发挥作用的机制看，自然与地理因素一般仅能提供明显的标识，影响到地界的划分，其他地理因素对插花地的影响则往往要通过社会因素才能发挥作用，比如说影响到经济生活，影响到交通，影响到民族摩擦，等等。生态环境的作用机制也具有间接性，一般是影响当地居民的经济生活，才使得插花地的延续成为可能。民族文化对插花地的影响就直接得多，民族文化中的语言对插花地的确立和延续都能直接发挥作用，但各民族的风俗差异若不引发民族间的摩擦和纠纷，对插花地的延续一般不构成影响。政治力量对插花地的确立和延续一旦发挥作用，都表现为直接性的作用，其间的因果关系很容易在相关典籍中获得确认。不过，国家权力、地方行政部门和乡民之间的博弈在插花地确立和延续中则有所不同，国家权力往往作用于插花地的确立和裁撤，而地方行政部门和地方社会的建构对插花地延续产生的作用就比较直接了。

有鉴于此，如果从时空的框架入手，我们可以看到四大因素群对插花地的确立和延续事实上存在层次上的差异。影响范围大、时间跨度长的因素，也就是年鉴学派所称的长时段因素，对插花地的影响都会表现得非常间接和隐晦。中时段的因素如民族文化，其发挥作用的时间会比较长，但涉及的范围仅限于民族分布区，其发挥作用的机制有的比较直接，有的则较为隐晦。而短时段的因素，特别是政治的因素对插花地的影响则表现得非常直接和具体，但发挥作用的时间非常短，范围也非常狭窄。只需要把握这一原则性的分析框架，探讨插花地的由来及其延续的原因也就简单易行了。

三　插花地与国家行政建置

表面上看，地方行政建置中大量插花地的存在，从行政管理的角度出发，似乎弊大于利，要管好这些插花地意味着增加额外的行政管理成本。由于在空间分布上其所在地与所属行政区的主体辖区不连片，因而监管起来就很难到位，以至于插花地很容易被视为社会治安、民族纠纷的隐患。加之插花地的居民与其并行政区的其他居民交往密切，充分掌握并行政区实施的各项政策也就不是什么难事，若插花地居民感觉到待遇不公正的话，很容易产生对相关行政当局的不信任。此外，由于插花地所在地与其所辖主体在空间上不连片或被其他并行政区隔离开来，这就很容易导致一些不法分子利用插花地地理空间上的这一特殊性，钻政策的空子，容易使行政部门与插花地居民发生冲突。

对于这种判断，只要认真对插花地展开调查都能找到相应的证据，足以证明插花地的存在弊大于利。不过，进一步的调查研究又会使我们对这一简单的判断提出质疑。因为做出上述判断，往往是仅就插花地所归属的那个行政区与其并行的另一个行政区的对比而得出的结论，而不是把插花地的存在纳入全国的统一管理或纳入并行机构的协调运行中去加以考量。例如，本书重点探讨的地湖乡就值得做深层次的探讨，诚然地湖乡与天柱县远口乡两地的居民都是苗族，这是施政中需要考虑的问题，然而，假如当初把地湖乡划拨给会同县管理，那就意味着不仅天柱县需要配备懂苗语的翻译，而且会同县也需要配备懂苗族的翻译。这样一来，国家管理的总体成本就不是降低，反而是提高了。进而还需要考虑到地湖与远口两地都是山区，都利于林业生产，如果把地湖划入会同县管辖，两县都得匹配因林业生产或管理而产生的额外的支出，两县的管理成本都会增加。综合考虑，将地湖乡划入天柱县，管理成本更低，管理成效反而更高。

"插花地"：文化生态、地方建构与国家行政

有鉴于此，此前认定插花地一定是弊大于利，之所以能被一般人所接受，是因为其观察的视角过于狭窄，仅是针对相关的行政机构去下结论，而不是立足于国家的整体行政管理布局去加以考虑，因而这样的结论表面上言之有理，但实际上却偏离了行政管理的整体需要。

如果研究的视野不局限于具体的县和州，而是从全国治理的总体视角出发，情况将变得更加清晰。中国幅员辽阔，国家实施统一的行政管理，交通是实现统一管理的关键。全国的驿路或漕运如果分别由不同的省、府、州、县去加以管理，各级行政部门虽然在自己的辖地内监管，似乎更容易管理，但这样去规划行政管理，各省、府、州、县之间的协调就会成为行政监管中的大问题。驿路和漕运中任何一件小事情的发生都牵涉好几级、好几个行政部门，处理起来不仅费时，而且成效也不会很高。正是考虑到类似情况的普遍存在，因而在中国漫长的历史长河中，漕运、驿路、盐铁专卖、矿产的开采，特别是一些军事战略要地，一直都是由朝廷设置专门机构去实施管理。与此同时，如此设置的专门机构在空间分布上不可避免地牵涉沿途的各级行政机构，于是朝廷直辖的这些区域，对疆界区划来说本身就是各种各样的插花地。然而，实际管理的效果却恰好表明，承认这样的插花地普遍存在，由专门机构管理这些插花地，其成效反而十分理想。这就充分表明，对待插花地的利弊得失不能做简单化的逻辑推导，需要具体问题具体分析。历史上长期存在的插花地显然是经过漫长历史岁月的产物，其合理性本身就不容否定，立足于全国管理的综合需要，给插花地的存在一个公正的评价，这才是符合历史真实的可靠结论。

国家实施有效的行政管理，其实情比单纯的行政监管还不知要复杂多少倍，其间需要认真考虑的有如下三个重要方面。第一，行政管理的内容绝不能一成不变。随着时间的推移，相关地区的产业结构会出现变化，当地居民对国家的认识也会发生相应的变化，国

家应对各种不测事件的手段以及实施的法规也需要做出相应的调整。这样一来,实际的行政管理必然会超出照章办事的机械管理模式,行政管理本身也就自然需要创新和转型。比如对于连片的稻田区,按照面积落实到不同的农夫去耕种是一件很容易的事情,国家也可以很自然地实施统一的管理模式去实现有效的管辖。但是,我们不能忘记,同样的地域空间,当地乡民完全可以选择靠水产为生,将渔业作为支柱产业加以利用;他们也可以兴办作坊靠纺纱为生,也可以从事商业活动。不管当地的产业结构发生什么样的变化,都不意味着管理模式可以永恒不变。一旦出现了产业结构的变化,由于各种产业在空间分布上不可能与已有的行政辖境相重合,这样一来,新的插花地就可能出现。国家在实施一般性行政管理的同时,创设新的专门管理机构就不可避免,这样专设的管理机构也会推动插花地的扩大。因而专门的管理机构和一般的行政管理机构同时并存,相互制衡,而这样的行政管理格局,本身就不得不承认插花地存在的合理性。

第二,我们在前文已经反复讨论过,我国的自然与生态结构极其错综复杂,以至于行政疆域的划分客观上几乎不可能做到整齐划一。对这种情况,要寻找证据,根本无须远求,光看我国不同时代省府州县各级的行政辖区便一望可知。我国无论哪个时代没有哪个省的疆域是凭借直线拉出来的,都是以客观存在的山河、地缘标识而加以划分的,同时又照顾到生态类型的分布。正是因为自然地理结构和行政划分之间没有必然的联系,行政疆界不可能整齐划一,在疆域划分中出现插花地、犬牙交错地、瓯脱地,不仅古代如此,今天也如此,未来还将如此。不过,在今天的世界范围内,有这样的国家是凭借经纬仪直接测绘出疆界来的,比如美国和加拿大的国界就接近于一条直线,非洲的阿尔及利亚、利比亚、埃及、毛里塔尼亚、摩洛哥,它们现在的国界也接近于一条条直线。对这样的特点,我们不得不考虑到这些非洲国家的前身都是西方列强的殖民地，区域的划分往往是相关列强势力范围达成平衡的产物。更值得注意的在于，这些非洲国家的边界都处于撒哈拉沙漠之中，固定的地理标识很难确定，这才造成这样特殊的边界现象。这显然不是正常的疆域划分结果，而是特殊历史过程的产物，这样的情况完全不适用于我国各级行政疆域的划分。总之，行之有效的疆域划分如果要照顾到自然与生态结构的相似性，那么就不可能整齐划一，出现插花地就是必然的了。而且一旦出现插花地后，只要处理得当，非但不会影响行政管理的成效，反而有利于相关部门的协调和权责分明，更有利于当地居民的安居乐业。

第三，行政管理的直接对象是人，但中国是一个多民族的国家，各地居民分属各不相同的民族，而且各民族文化还存在一定程度的可变性。这意味着行政区域的划分不可能划得太死，保持一定程度可灵活调控的空间，才可能既照顾到同一民族的分布区尽可能处于同一行政机构的管辖之中，同时当情况发生变化时又可做出相应的协调。然而，民族分布在客观上需要做到连片划一，两者综合作用的结果必然导致插花地的出现，如果不承认插花地的存在，并在行政管理中预留可资调控的空间，那么确保各民族在政治生活中的公平和公正，行政管辖上的到位，事实上是很难办到的。因而，从多民族国家统一行政管理的需要而言，插花地的存在不仅必要而且必须，如果考虑到移民定居这样的社会动态事实，那么插花地的存在和实施有效的管理就更必不可少了。

综合上述三个方面的因素，我们不难看出，就国家管理而言，插花地的存在并不是坏事，而是国家实施动态管理的必然结果，更是国家为了优化行政管理而做出的可行选择。

如果将观察的视角稍稍调整，立足于那些长期延续的插花地，我们还可以发现，这些插花地的存在同样是利大于弊，其有利的方面至少包括如下三点。第一，插花地涉及的地域范围较小，但是在

讨论与结语

自然生态结构和民族文化上，由于与主体政区基本保持一致，随着时间的推移这就需要做出行政管理上的变通调整，插花地会比本土更容易实施，也更容易取得成效。以地湖乡为例，从用材林生产转向经济林生产，地湖乡就比天柱县远口发展得更理想，地湖乡居民的富裕程度远远超过远口片区。其原因在于产业运行的惯性各不相同，在远口由于生产规模大，利益牵涉面广，实施产业调整难度会更大。地湖乡地域小，牵涉的人少，产业调整需付出的代价不大，各势力集团的协调容易做好。产业转型、制度性的调整、行政管理办法的调整，插花地都容易做好。因而，凡涉及社会剧变时，插花地往往会被选为示范区，这不仅对插花地居民有利，对整个社会的调整也会起到重要的作用。经过对多地插花地的社会性普查，通常情况下，插花地居民都会比本土居民生活得更为富裕。其原因在于插花地的可变性和灵活性比其本土要大得多。

第二，由于插花地在空间上与本土存在一定的距离，本土对其管辖始终存在一定的难度，涉及的另外一个行政区又不能对插花地实施直接的管辖。这样的空间分布格局会导致另一个有利的情况，具体表现为如果插花地所属的行政区由于各种原因执行了一些失误的政策和策略时，插花地所受到的冲击会小得多。这里仅以侗族大歌的腹心地黄岗和占里为例略加说明。黄岗村当前隶属于黎平县，占里则隶属于从江县。两村之间的直线距离不过10公里，且处于同一自然生态和民族文化区。"文革"期间，有些部门实行极"左"的政策，严禁侗族乡民行歌坐月，演唱大歌，甚至要求侗族乡民将稻田周边的森林砍伐，以增强阳光的照射，提高稻田的产量。[①] 上述各项极"左"政策，有的伤害了民族感情，影响到民族文化的传统，有的破坏了生态环境，事实证明是错误的做法。然而，由于黄岗和占里两地都处在黎平和从江之间的犬牙交错地，

---

① 以上资料来源于2010年笔者在黄岗的田野调查。

"插花地"：文化生态、地方建构与国家行政

黄岗村的辖区像一个半岛那样从黎平县境内插入从江县境内，而占里也像一个半岛那样从从江插入黎平。这两村由于距离各自县政府远，又与邻近辖区相连，上述各项政策都未在这两村得到很好的落实，以至于行歌坐月、演唱大歌以及环境都不像两县的其他村寨一样遭到严重的破坏。中央一旦提出改革开放政策，在短短的两个月内，这两地的侗歌队马上得到恢复，工作也很快步入正轨。从这一事例来看，插花地反而成为民族文化传统的避风港。因而，今天认定的非物质文化遗产传统项目，有不少都位于插花地，在倡导非物质文化遗产保护的今天，插花地的这一可利用价值不容低估。

第三，由于行政区划使然，插花地居民借助异质文化、接触不同的生计方式、生活背景肯定会比其主体政区容易得多，接触的深度也要深得多。各种社会事实的碰撞和冲突也会表现得比本土更剧烈，对文化的再适应、生产方式的再调整、社会习俗的演进和创新特别是新技术、新装备的引进和消化吸收，都十分有利，这就使得很多插花地在新一轮的发展中很自然地成为接受新新事物的基地。这样的有利条件，对资源的高效利用，对民族文化的创新和重构都会产生良好的作用。

改革开放初期，今镇宁县所辖的"六马"地区布依族乡民所产出的优质桐油一度行销全世界，每吨优质桐油的国际售价高达11000~13000元人民币，[1] 其他地区即便仿效"六马"地区从事桐油生产，也都望尘莫及。"六马"桐油之所以能抓住商机创造辉煌，除了与布依族社会文化、改革开放政策以及当地自然和生态结构有一定的关联外，[2] 还得益于这一地区在历史上长期是关岭县所

---

[1] 潘盛之：《贵州"六马"桐油的辉煌与隐忧》，《贵州民族研究》1996年第1期，第47~56页。
[2] 潘盛之：《贵州"六马"桐油的辉煌与隐忧》，《贵州民族研究》1996年第1期，第47~56页。

辖的插花地。正因为这一地区是一片插花地,它的东南西北四面,都包围在其他县的辖境内,只有打邦和河谷可以直接抵达关岭县的县城,而这两地又正好是滇黔两省的交通枢纽,当地布依族居民对国内外形势的变动非常敏感,民间信息的交流十分便捷,这才是"六马"桐油走向辉煌的潜在社会原因,而且与插花地的存在紧密相关。

综上所述,插花地的确立和延续不管是在国家层面、地方管理层面还是乡民层面,都存在利益上的博弈,而博弈的结果尽管存在众多不利条件,但有利的一面始终占据主导地位,这才是插花地得以长期延续的根本原因,也是我们今天值得利用的社会事实。如果利用得好,不仅可以使插花地发展得更快,而且对非物质文化遗产的传承、对生态建设、对资源的高效利用也可以产生诸多的益处。为今之举,显然不是要消除插花地,而是要正确对待、高效利用插花地的存在,研究插花地的历史理当放在今天的利用价值之上,而不能简单地停留在对历史事实的复原上。

四 插花地与人类学研究

一段时间以来,中国的人类学或民族学研究习惯于仰仗田野调查所获取的共时态资料立论。尽管不少研究者曾试图使用中国历史上留下的浩瀚的典籍资料展开相关课题的研究,但难以很好地处理历时性资料与共时态资料相结合的问题。中国的史学研究则相反,往往较多依靠历史文献资料的记载展开分析,而对共时态的田野调查资料却关注不够,因此,史学研究如何服务于当代社会成了史学界亟待解决的问题。近年来,随着历史人类学的引入以及在随后的消化吸收中获得的成功,人类学对史学研究的影响力得到了快速的增长,历史研究的面貌也为之一变,共时资料和历时资料的结合取得了令人瞩目的进展,但历史事实与当地社会的联系依然不能得到准确的说明。

"插花地"：文化生态、地方建构与国家行政

面对这一影响深远的学术研究习惯，本书以历史上长期存在的一块插花地为研究对象，展开跨文化、跨学科的综合分析，试图将新进化论所倡导的文化生态学说和年鉴学派所倡导的历史发展由多因素决定这两方面进行有效的结合，从而使对插花地确立和延续的探讨具有跨文化、跨学科的特色。但这样的个案分析与当代社会之间到底存在何种关系，又要靠什么样的分析机制才能将历史与当代社会有机地联系起来，仍然是一个有待突破的难题。

以笔者的浅见，解决上述问题的关键性阻碍在于，此前，无论是历史学还是人类学研究都较少关注插花地客观存在这一事实，往往要么误认为插花地的确立是一个偶然的现象，要么将其认定为特殊原因造成的不可避免的过渡性地带而已。虽然此前的很多研究者已探讨过插花地问题，但插花地的学术定义却长期没有得到准确的表述，以至于插花地究竟包括哪些具体问题，一直是学术界研究的盲区和死角。史学研究者习惯于在典籍中查到明确的插花地记载才着手探讨其成因。但事实上，由于地图测量的技术在历史上并不完备，因此，保存至今的史料很难提供有关插花地的准确定位和记载，致使对插花地问题的探讨不得不集中在清代以后，很少有人涉足清代以前的插花地问题，甚至对军屯、设防区和行政辖境之间的插花地这类如此明确的插花地事实视而不见。在此前的研究中，学者们习惯于将其归入军事领域或行政领域中加以讨论，而没有注意到它们在空间分布上与插花地是一回事。

为此，本书不得不对插花地给出一个抛砖引玉式的定义，但这一定义一经提出，却猛然发现插花地不仅与行政决策相关联，还与更大范围内的自然地理结构、生态系统结构和民族文化分布息息相关。更值得注意的是，这样的相似性不仅在历史上普遍存在，即使到了今天也依然普遍存在。原因在于，自然地理结构、生态类型都属于年鉴学派所定义的长时段因素，民族文化属于中时段因素，而

政治决策则属于短时段的因素,但对历史进程而言,三种因素都会发生作用,只是发挥作用的机制各不相同罢了。于是,在这一基础上,历史上的插花地与今天的插花地之间的联系也就明白如画了。只要地质结构不发生剧变、生态系统不发生大的改变、民族文化还能传承,那么插花地这一现象就可能长期存在下去。因此,认识了历史上的插花地,从某种意义上说就认识了今天插花地的性质和功能。历史上管理插花地的经验和教训,在今天就可以派上用场;研究历史时期的插花地所积累起来的方法和分析模式也可以适用于研究今天的插花地。这将意味着在这一问题上,历时性与共时性的研究内容和相关结论之间存在密切的内在联系。历史的研究可以与当代的社会和政治研究相互兼容,而这一点正好是历史人类学和生态人类学长期致力于追求的目标。探讨插花地能产生这样的作用,事实上超出了笔者此前的预期。考虑到插花地在全球范围内都具有普遍性,在当代的社会生活和国际关系中,插花地往往会发挥不容低估的作用。当代社会,众多国家间的政治冲突、军事冲突和各民族间的矛盾,往往会在国际间的插花地中表现得更为突出。在这样的背景下,系统地总结历史上插花地形成的原因,总结管理插花地的经验教训,对当代中国社会而言,同样具有重要的意义。

从理性思维和实证分析角度出发,我们还必须注意到学术界长期以来致力于突破学科的樊篱,突破古今差异产生的种种惯性思维。行政区划中不可避免地出现的插花地现象属于多重因果关系综合作用下的产物,而这样的社会事实恰好不局限于插花地本身,它还与众多的社会现象,比如宗教的传播、经济联盟的达成相关。因此,以插花地研究为切入点,去探讨多重因果关系并存的互动机制及其发挥作用的理想时空场域,其价值和作用就显得至关重要了。由此而确立起来的研究范式和方法同样可以起到突破学科樊篱、贯通古今的作用。就这一意义上说,研究插花地所建立起来的方法和分析模式必然会突破插花地本身，而将获得更大范围内的借鉴价值。

总而言之，插花地研究不仅是一个新兴的研究领域，还是一个与当代社会休戚相关的研究领域，更是推动跨学科研究的理想切入点。但因笔者学术素养不够，很难彻底把握插花地研究的关键和要害，只能立足于个人的理解，仅做抛砖引玉式的表述，并以此求教于海内贤达。

附　录

一　江东之《定县名靖边方疏》

题为苗裔归心已久，居官查议甚详，恳乞乾断，赐名定县，以昭圣化，并留贤吏，以靖边方事。

臣闻来则不拒，去则不追者，自古帝王御外之长策。如去而追之以溃中外之防，来而拒之以阻向化之志，非计之得也。臣请以天柱所之夷情为皇上陈之。

万历二十一年，臣任辰沅兵备佥事，按行哨堡，沿途告哀，多称父子兄弟夫妻离散，由苗贼劫掠，傅良眉为最剧。臣窃忧之。

靖州知州彭举虁禀臣曰："将有介子奇功献者。"久之，不报。臣问会同知县陆可行，乃语臣曰："毫弁通苗为奸，遇上官督责，为此言以相证耳。自万历十一年守备周弘谟奉檄征垒处之乱，令苗输鸡粮，许遵旧议，请建县治。一年之后，盟渝法驰，苗因复叛。惟建县一事可使诸苗帖服，劫杀潜消。"臣驳之以"苗性犬羊，何乐于县官之拘系也"。陆可行曰："苗与洞民互相荼毒，官军收鹬蚌之利。如苗杀我民，官军声言剿捕，苗不得出入耕布。我民杀苗，无所告诉，统苗报复，或伏路要杀，或墩锁索赎，不问所报非所仇。卒之，利归剧豪，毒遗苗类，苗所以愿建县也。会同县洞民即苗之种，与天柱所近而离县远，不但苦苗劫杀，输纳不敢往县，奸猾征收，每一两骗至四五两。洞民素不甘心，日望建县更切于苗也。卫有贪官，县有贪民，建县之说，屡议屡止，其故难言之矣。"臣因革去通苗千户徐宏掌印，而选翟羽代之，至今院道称翟

"插花地"：文化生态、地方建构与国家行政

羽为廉吏。

陆可行有文武才，足任其事，但恐来忌者之口。臣与之盟，若尽心为国，脱有利害，愿以臣官陪之。于时臣荷圣恩升南京光禄寺少卿，分守道参政陈性学代臣接管，所见与臣同。亲临该所，以壮先声。陆可行率百户孔尚文一人，吏胥尽屏，单骑入傅良甯之寨，谕以朝廷威德，言论慷慨。傅良甯叩头请罪，愿纳鸡粮，为诸苗先。清水江十八寨莫不输款。臣窃叹用一陆可行贤于十万师远矣。

参政陈性学具详申报，抚按二臣以建县原非细故。作事贵于谋始，檄诸司会议。有欲移守备以坐镇，委边粮以巡行，及设会同主簿以分领，添设会同县丞以征粮。群策群举，慎始之道，当然也，苗皆不乐从，迁延至今。

三年之间，前兵备佥事孙守业、今兵备副使徐榜、分守副使兼参议郑锐、分训佥事陈惇临仍许申建县治，加意抚绥。

三道以吏目朱梓之得苗而时加策励，朱梓因三道之交奖而益自好修。诸苗慕之如慈母，畏之如神君，令之即行，禁之即止。虽有一二奸徒阻挠之谋愈巧，百千苗裔归附之诚愈坚。闻臣复来，相率迎于三百里之外，共称保留贤官朱梓。

湖北三道请臣亲临该所，以观苗情诚伪。臣许之，遂走万山崎岖中。近其郭，弘阔坦夷，四面如绣，虽中土都会无能逾之，所谓天开地运，不终沦于夷域者也。行其庭栋宇整饬，美哉奂仑，皆苗人运木赴工，不日成之，所谓不费官帑，县治聿新者也。升其堂，苗夷千人，衣巾汉制，伏阶罗拜，恳臣代奏万岁天子，愿为良民，诚所谓不借甲兵烟尘息警者也。臣率湖北诸臣北面稽首，扬言曰："我皇上德化暨及，三苗革心，自舞羽以来所未有者，臣何幸躬逢其盛。"因以花红犒诸苗头目，责治叛逆作剧者四人。朱梓报升海盐县主簿，勉留在任，俟会题请旨。诸苗益鼓舞，欢声载道。

310

臣抵贵州，湖北请建县治之申文至矣。臣意昔为专属，今为兼制，姑置之，俟湖广抚按定议，何敢越俎。抚臣李得阳、按臣赵文炳报臣书，以建县为久安至计。臣复行湖北三道，详议明妥。副使兼参议郑锐、会同副使徐榜、佥事陈惇临檄辰州府知府吴维魁、推官李从心及靖州知州张和中等反复查勘，备呈藩臣条议而悉剖之。

据其申文，大约以苗民视武弁如狼虎，望县官如云霓。摄服诸苗，非建县无以顺其心。欲建县以抚苗，非正官不能擅其权。欲设正官以图善后之策，非朱梓诸苗将掉尾而去。且新县新官，两不相信，此辈蜂拥乌合，易生他衅。恐抚之不可，制之不可，剿之又不可，此时何可失此机也。三道亲历其地，徐观其势，有万不得已于其心者，乞臣速为题请。等因。

该臣看得川、湖、贵筑之间，每年养兵防苗，所费何啻数十万，诸苗招之不来。今天柱所之苗，惟建一县治，即麋之不去。事当谨始而虑终，时尤难得而易失。苗欲受成于县而县不立，苗欲听令于官而官不设。地方官屡许之而屡不上闻，再失信于今，无以控驭于后，诚有如三道臣之所虑者。昔人亦有言：得原失信，所亡滋多，得信得苗，谁曰不可。且苗粮因建县而纳，不建则不纳。以苗之粮，供苗之用，不但县治一新，虽文庙与典史衙各皆领认，是钱粮无不敷也。洞乡四里与囗六、囗七士民诣臣投牒请恩，愿附新县。推官李从心审得其情，是地方无不利也。有城郭不必改筑，有人民不必改聚。设知县，裁会同之主簿；设典史，裁天柱之吏目；设教谕，移会同之训导。诸臣旧有成议，是官事无不备也。建县之举，有利而无害，酌事机之宜者，何惮而不为。

再照建县非难，得人为难。不得其人，何论科目；苟得其人，何拘异途。近日杨昊、罗一敬皆以吏目得升知县。如朱梓之廉能，何不可展其长才，使之为国家辟土地、增户口、救此生灵于锋镝中耶！且陆可行之于傅良甡，即张纲降广陵之寇；朱梓之得苗心，有

311

"插花地"：文化生态、地方建构与国家行政

虞诩化朝歌之风。陆可行以守制去，他日之边才可储；朱梓以升任留，今日之借寇尤急。

伏愿陛下明灯万里夷情，俯念边陲重地，敕下该部酌议。如果臣言有据，钦赐命名定县，将湖广抚按开报丁粮、里数收入版图，并敕吏部将朱梓照杨杲、罗一敬例擢用。则用一朱梓而已归之苗益亲，设一天柱县而未归之苗咸化。臣见七十三寨共为穷发编户之民，一十三哨渐睹戢戈櫜矢之盛矣。

二 《县东天会界碑叙》*

原夫州县之有界碑也，盖即先王画井分疆，使之截然不紊，以正经界，以专责成之遗意也。两县交界在此，两县分界亦在此。断未有于界碑之外，尚得少渝尺寸者也。查和尚坡界碑之设，始于本朝乾隆年间，当时必以东归会同，界碑以西归天柱无也。后不知始自何时，界碑以西竟有七八里之地归入会同，而界碑至今仍屹然不动，询之土人则曰：地方系天柱之地，纳粮、考试、词讼一切均归会同，独至地方命盗劫抢之案，则应归天柱办理。在以前，地方官置若罔闻。一似利则归会同，害归天柱者，殊不可解。余于本年二月莅任，会同县汪君竹溪，亦于本年二日莅任，嗣因两县隔省交涉之事甚烦，始订期于九月二十四日会哨于此，比到后，附近老黄田绅民，苦向余再三言及并联名具禀，乞为拨正。余闻惊之曰：异哉！天下顾安有是事哉！夫官郎实缺，至多不过数年，疆土之区分，则万古不易者也。余既亲历之而弗与及时正之，百姓之害亦有司之过也。与爰汪君反复辩论，汪君亦豁然大公，并无异说。于此，亦可见天理人心之同。而两处绅民人等，当亦欣然乐从者也。因趁会哨之便，谕绅民等，于老黄田坎下石桥交界处，别置一碑，

---

* 光绪《天柱县志》卷8《艺文志》，天柱县地方志编纂委员会办公室编印《天柱县旧县志汇编》，第275~276页。

使永远垂为定制。庶此后，彼疆此界，则有攸归，而居是土者，亦断不至袖手旁观，令盗匪时出没于境内而莫之顾也，则幸甚！幸甚！是为序。

  天柱东界兴文里   会同西界口四里
    知湖南靖州会同县事汪文修
    贵州镇远府天柱县廖镜伊 同立
           光绪十一年

附 镇远府知府全懋绩札文

  为札饬遵照事，案准湖南靖州直隶州潘移开：窃照敝州会禀，遵饬会勘客民荣太和失事地方情形，拟请嗣后黔楚两省分界，从大石桥起另立界碑。由该处至和尚坡，均归会同县管理一案，兹于七月二十日奉臬宪李札奉抚宪陈礼如禀办理，仰按察司分饬遵照，仍候督部堂批示，缴绘图碑文均存。奉此，合就札行。札到该州，即便转饬遵照并移镇远府知照，嗣后自大石桥至和尚坡一切命盗，均由该县勘验外，相应备文移会，为此合移，请烦查照。等因。到府，准（奉）此，除通报各大宪外，合行札饬。为此，札该县官吏遵照毋违，特札。

          光绪二十三年丁酉仲冬

三 《建天柱县咨文》

  巡抚湖广都御史李得阳、巡按赵文炳会题：为建设县治，并留贤吏以固边圉事。据整饬辰常等处兵备、分守湖北道兼管抚苗湖广按察司副使兼布政司右参议郑锐，为苗人归心已久，多官查议甚详，恳乞乾断，赐名定县，以昭圣化，并留贤吏，以靖边方事。准本司，咨奉巡抚湖广都察院右佥都御史李得阳。案念准户部，咨该本部，题湖广清吏司，案呈奉部，送准吏部，咨吏科抄出该巡抚贵

"插花地"：文化生态、地方建构与国家行政

州都御史江东之、巡抚湖广都御史李得阳、巡按湖广御史赵文炳，各题同前事。等因。俱奉圣旨，该部知道，备咨到部，送司案呈到部，着得贵州巡抚江东之、湖广巡抚李得阳、湖广巡按赵文炳，会同题称湖广所辖天柱所，地方各寨苗头，与靖州所辖会同县侗民及苗老陈文忠等，各愿纳粮输银建设县治，将天柱所原辖苗并十八寨编为三里，并割会同县侗乡四里，共七里，所该丁粮，另行造册申报，诸苗自行输木兴工，创造堂宇二所，其文庙明伦堂等项，各有人承造。无劳大费，即中间少有不足，不妨渐次处置，要将议定县名，及天柱所吏目朱梓，改升知县，并铨选典史一员，议革会同县主簿一员，改移训导一员，前往新县，掌理学务，江东、镇远二巡司，俱付新县，属靖州管辖，其官员俸粮无俟加增，并听随时酌议。及铸造该县印信，儒学条记各一节，除官员升迁，裁革改移，铸造印记。等事。听吏、礼二部议复外，为照天柱所设在民苗交错之地，向昔兴兵构衅，互相仇杀耕布者，苦其剽掠输纳者，不便往来，即其凶逆之状，何殊魑魅之乡，乃今诸寨苗蛮，感抚戢之深恩，遵建县之宏议，输饷运木创葺堂宇，即其倾心向化。固一时所仅见者，至于会同县洞乡四里，汉民附籍天柱新县所辖，令其鼓舞苗人护守边疆，以垂永利。既经抚按等官会题前来，相应依请，恭候命下，本部移咨贵州湖广各巡抚及咨都察院，转行湖广巡按御史，督行司道，将天柱所地方勘拣开旷地面，建立县治，以本所原管，并十八寨苗，编为三里，谕令各苗户推举素有行止，家道殷实者充为里长，并询年高有行者，充为乡约保长。并割会同县洞乡四里，通共七里所，该丁粮若干，俱属新县管辖。其文庙明伦堂等项，俱照原议承造，如有不足，从容经理。该县各官俸薪彼中相时酌处，仍于每月朔望两日汉民苗民会集公所宣读。

圣谕律令，以薄维新之化，潜消旧染之习。前项县名恭候，圣明钦定，先将该县丁户、粮户数目造册报部，以立经制。本部仍咨吏礼二部，查照复议施行。等因。万历二十五年四月初二日，太子

少保，本部尚书杨等具题，初四日奉圣旨，是县名唤做天柱，钦此钦遵。等因。奉此，理合就行。为此案仰本司官吏，照依咨案内事理，即便转行湖北守巡三道，并该府州县遵照前件，着实举行。其吏目朱梓，改升并新县印，仍听吏、礼二部议复，明文至日遵行。等因。准此，拟合就行。为此，案仰本官照依案内事理，即便遵照，其本官改升并新县印信，仍听吏、礼二部议复，明文至日遵行。

前后条陈边务款目：

——建县设学，以图永治。

——展筑城垣，以防外寇。

——创建棚栏，以弭内盗。

——严立保甲，以安地方。

——清查屯粮，以防侵占。

——剿惩首叛，以警良苗。盖因富虫寨苗傅良觜，革溪寨苗民同山蛮寨苗金总仲，一时僭称草派，荼毒汉民。

——严禁投苗，以杜挑衅。此款至今为要。

——较定权量，以便商民。

——禁贩禾米，以安地方。盖此地所出不广，即年丰收足自给。若不遇□，民不聊生。

——举行乡约，以昭劝惩。

——建立社学，以移易风俗。

——请割口七汉里，以杜苗衅，以兴学校。

——比例赏款，以鼓舞苗心。

——移堡，以保全边隅。即撤茅营建□头是也。

——设铺递，以速邮传。

以上条款不惟朱君当日举行甚善，即后世亦宜遵行，反复以思，真安边策也。

四 《省市县勘界条例》*

（民国十九年五月三十一日国民政府令，准同年六月十二日内政部公布）

一、各省市县行政区域，如因界域不清或因变更编制须新定界线时，依本条例堪议审定之。

二、省市县行政区域之编制，依下列原则：

1. 土地之天然形势；
2. 行政管理之便利；
3. 工商业状况；
4. 户数与人口；
5. 交通状况；
6. 建设计划；
7. 其他特殊情形。

三、省市县行政区域界线之划分，除有特殊情形外，依下列标准：

1. 山脉之分水线；
2. 道路河川之中心线；
3. 有永久性之关隘、堤塘、桥梁及其他坚固建筑物可以为界线者。

四、各省市县行政区域，在本条例公布以前，如早期明白确定界线从未发生争执及有不便利者，应维持其固有区域界线。

五、固有省市县行政区域，如确系旧界太不明显因而发生争议时得重行勘划，依本条例第二条规定各款原则，议定新界线。

六、新设之省市县行政区域，除有明文规定界线外，应依本条

---

* 《省市县勘界条例》，贵州省档案馆藏档案，档案号：M8-1-2875。转引自杨斌《明清以来川（含渝）黔交界地区插花地研究》，第 191~192 页。

例第二条规定各款原则,勘议界线。

七、固有行政区域遇有下列情事之一者,于正要时得变更编制,重行勘议界线。

1. 因省或市行政区之变更,必须裁并或改置时;

2. 固有区域与天然形势抵触过甚,有碍交通时;

3. 固有区域太不整齐,如插花地、飞地、嵌地及其他犬牙交错之地,实于行政管理上甚不便利时;

4. 固有区域或狭或畸,与县治距离太远或交通甚不便利时;

5. 面积过于狭小,或过于广大时;

6. 户口过于稀少,或过于繁密时;

7. 地方经济力与邻近各县相差过甚时;

8. 警卫之支配及自治区域之划分甚不适宜时;

9. 有其他特殊情形时。

八、省或隶属于行政院之市,其行政区域如须新定界线时,应由关系各省市政府派专员定地履勘后,再议定界线,连同图说咨内政部核呈行政院转呈国民政府核定,于必要时得由内政部派员会同勘界。

九、县或隶属于省政府之市,其行政区域如需新定界线时,应由民政厅委派专员会同关系各市县政府实地履勘后,再议定界线,连同图说呈请省政府核定,咨由内政部核呈行政院备案。

十、勘划省市县行政区域界线遇有关系国界时,除依前二条规定外,于必要时得由外交部加派熟悉边务人员会同办理。

十一、省市县行政区域无论旧界新界,其界线即经确定以后,应即于主要地点树立明显坚固之界标,并绘具区域界线详细地图三份,送由内政部分别存转备案。

十二、本条例之规定于设治局备用之。

十三、本条例如有未尽事宜由内政部呈准修正之。

十四、本条例自公布之日施行。

五 《县行政区域整理办法大纲》[*]

（民国二十三年三月内政部依据会议决议拟订，呈奉行政院第十八次国务会议决议照准）

一、整理县行政区域，除依《省市县勘界条例》各条之规定外，应依本办法大纲办理。

二、县行政区域如有《省市县勘界条例》第七条所列各款情事之一，行政上感有重大不便者，应即切实加以整理。

三、整理办法如下：

1. 厘正。将毗连各县边界交错之地划归整齐，勿使参差。

2. 互换。为管辖及地形上之便利，将毗连各县地段互相更换一部分或数部分。

3. 划分。土地辽阔之县施政不易，应将其划分两县或并入他县一部分，以便治理。

4. 归并。割数县之一部新设县治，或将旧治取消，与他县归并，另成新县。整理之原则，参照《省市县勘界条例》第二条之规定。

四、各省民政厅应于本办法通行三个月内，将所属各县行政区域有无《省市县勘界条例》第七条各款情形，切定查明，详细表列，并拟具整理方案，绘图立说，交由省政府核转内政部查核。

五、各省民政厅查拟报部以后，即该依据所拟整理方案，于最短时期内切定施行。如关系两省以上者，应由该管民政厅秉承各该省政府会商办理。

六、整理县行政区域可由协议决定。无须履勘者，即由该管民

---

[*] 《县行政区域整理办法大纲》，贵州省档案馆藏档案，档案号：M8－1－2875。转引自杨斌《明清以来川（含渝）黔交界地区插花地研究》，第193页。

政厅依照程序呈报定案。如关涉两省以上者，应由各该省政府会同咨部，转呈定案。

七、整理县行政区域如须定地履勘时，仍照《省市县勘界条例》第八条、第九条所定履勘程序办理。

八、县行政区域改划定案以后，应即依照《省市县勘界条例》十一条之规定，就新划界线，树立界标。

九、县行政区域改划以后，原有之户口、赋税、文卷、簿册与官产、公产、学校、局所、慈善机关以及寺庙、名胜、古迹、古物等项，应一并随地移转管辖，惟人民之执业权，则仍其旧。

十、本办法大纲于设治局备用之。

参考文献

一　正史、档案

贵州民族研究所编《〈明实录〉贵州资料辑录》，贵州人民出版社，1983。

《汉书》

《后汉书》

《康熙朝汉文朱批奏折汇编》，江苏古籍出版社，1989。

《清史稿》

《史记》

《隋书》

《雍正朝汉文朱批奏折汇编》，江苏古籍出版社，1989。

《元史》

中国科学院民族研究所贵州少数民族社会历史调查组、中国科学院贵州分院民族研究所编《〈清实录〉贵州资料辑要》，贵州人民出版社，1964。

二　地方志

《八寨县志稿》，台北：成文出版社，1968年影印本。

《关岭县志访册》，贵州省图书馆，1966年油印本。

光绪《古州厅志》，光绪十四年刻本。

光绪《会同县志》，台北：成文出版社，1975年影印本。

光绪《靖州乡土志》，台北：成文出版社，1975年影印本。

光绪《黎平府志》，光绪十八年黎平府志局刻本。

光绪《续修天柱县志》，光绪二十九年刻本。

《广顺州志》，道光二十七年广阳书院刻本。

贵州省地方志编纂委员会编《贵州省志·地理志》，贵州人民出版社，1985。

贵州省地方志编纂委员会编《贵州省志·民族志》，贵州民族出版社，2002。

贵州省天柱县志编纂委员会编《天柱县志》，贵州人民出版社，1993。

弘治《贵州图经新志》，贵州省图书馆，2015年影写晒印本。

湖南省会同县志编纂委员会编《会同县治》，生活·读书·新知三联书店，1994。

会同县志编纂委员会编《会同县旧志汇编》，1993。

嘉靖《思南府志》，上海古籍书店，1962年影印本。

康熙《天柱县志》，台北：成文出版社，1968年影印本。

民国《贵州通志·前事志》，民国三十七年贵阳书局铅印本。

乾隆《贵州通志》，乾隆六年刻，嘉庆修补本。

乾隆《开泰县志》，贵州省图书馆，1965年油印本。

乾隆《清江志》，乾隆五十五年抄本复印本。

乾隆《镇远府志》，贵州省图书馆，1965年油印本。

黔东南苗族侗族自治州地方志编纂委员会编《黔东南苗族侗族自治州志·林业志》，中国林业出版社，1990。

黔东南苗族侗族自治州地方志编纂委员会编《黔东南苗族侗族自治州志·政权志（政府分册）》，贵州人民出版社，2002。

《榕江县乡土教材》，民国三十二年编印。

天柱县地方志编纂委员会办公室编印《天柱县旧志汇编》，1988。

《天柱县五区团防志》，民国八年刻本。

万历《贵州通志》，书目文献出版社，1990年影印本。

《永宁州志》，光绪二十年沈毓兰重刻本。

三　笔记、文集、诗集

爱必达：《黔南识略》，道光二十七年罗氏刻本。

陈鼎：《滇黔土司婚礼记》，中华书局，1935。

陈鼎：《黔游记》（"黔南丛书"第九辑），贵州人民出版社，2010。

郭子章：《黔记》，北京图书馆古籍珍本丛刊本，书目文献出版社，1998。

蒋攸铦：《黔軺纪行集》（"黔南丛书"第九辑），贵州人民出版社，2010。

林溥：《古州杂记》，民国贵阳文通书局排印本，1938。

刘岳昭：《滇黔奏议》，沈云龙主编《近代中国史料丛刊》第51辑，台北：文海出版社，1973。

陆游：《老学庵笔记》，李剑雄、刘德权点校，中华书局，1997。

罗绕典：《黔南职方纪略》，台北：成文出版社，1974年影印本。

檀萃：《黔囊》（"黔南丛书"第十辑），贵州人民出版社，2010。

田雯：《黔书》（"黔南丛书"第十辑），贵州人民出版社，2010。

王士性：《广志译》，中华书局，1981。

王士性：《黔志》（"黔南丛书"第九辑），贵州人民出版社，2010。

魏源：《圣武记》，中华书局，1984。

徐家干：《苗疆闻见录》（"黔南丛书"第十一辑），贵州人民出版社，2010。

张澍：《续黔书》（"黔南丛书"第十辑），贵州人民出版社，2010。

四　族谱

《蒋氏续修谱》（道光七年）
《吴氏续修房谱》（民国三十六年）
《吴氏族谱》
《吴氏族谱》（1987）
《吴氏族谱·朝资公分谱》
《朱氏族谱》（2001）

五　其他文献资料

顾隆刚：《太平天国时期贵州农民起义军文献辑录与考释》，贵州人民出版社，1986。

贵州省编辑组编《侗族社会历史调查》，贵州民族出版社，1988。

贵州省社会科学院历史研究所编《贵州风物志》，贵州人民出版社，1985。

《锦屏文史资料》
《靖州文史》（第一、二、三、五、六辑）
《苗族简史》修订本编写组编《苗族简史》，民族出版社，2008。
天柱县政协非物质文化遗产宝库编纂委员会编《天柱县非物质文化遗产宝库》，贵州大学出版社，2009。

六　研究论著

1. 著作

阿风：《明清时代妇女的地位与权利——以明清契约文书、诉讼档案为中心》，社会科学文献出版社，2009。

埃德蒙·R.利奇：《缅甸高地诸政治体系——对克钦社会结构的一项研究》，杨春宇、周歆红译，商务印书馆，2010。

埃里克·沃尔夫:《欧洲与没有历史的人民》,赵丙祥、刘传珠、杨玉静译,上海人民出版社,2006。

埃文思-普里查德:《论社会人类学》,冷凤彩译,世界图书出版公司北京公司,2010。

埃文斯-普里查德:《努尔人:对尼罗河畔一个人群的生活方式和政治制度的描述》,褚建芳、赵旭东译,华夏出版社,2002。

本尼迪克特·安德森:《想象的共同体:民族主义的起源与散步》(增订版),吴叡人译,上海人民出版社,2011。

彼得·M.布劳:《社会生活中的交换与权力》,李国武译,商务印书馆,2008。

布罗尼斯拉夫·马林诺夫斯基:《西太平洋上的航海者》,张云江译,中国社会科学出版社,2009。

蔡晓明:《生态系统生态学》,科学出版社,2000。

陈秋坤、洪丽完主编《契约文书与社会生活(1600～1900)》,中研院台湾史研究所筹备处,2001。

程念祺:《国家力量与中国经济的历史变迁》,新星出版社,2006。

程维荣:《中国近代宗族制度》,学林出版社,2008。

程泽时:《清水江文书之法意初探》,中国政法大学出版社,2011。

戴维·斯沃茨:《文化与权力:布尔迪厄的社会学》,陶东风译,上海译文出版社,2012。

杜赞奇:《文化、权力与国家:1900～1942年的华北农村》,王福明译,江苏人民出版社,2010。

范同寿:《贵州简史》,贵州人民出版社,1991。

斐迪南·滕尼斯:《共同体与社会:纯粹社会学的基本概念》,林荣远译,北京大学出版社,2010。

费尔南·布罗代尔:《论历史》,刘北成、周立红译,北京大学出版社，2008。

费孝通：《江村经济》，商务印书馆，2006。

费孝通：《乡土中国　生育制度》，北京大学出版社，2010。

费孝通：《中华民族多元一体格局》（修订版），中央民族大学出版社，1999。

弗雷德里克·巴特：《斯瓦特巴坦人的政治过程：一个社会人类学研究的范例》，黄建生译，上海人民出版社，2005。

符太浩：《溪蛮丛笑研究》，贵州民族出版社，2003。

傅衣凌：《明清封建土地所有制论纲》，中华书局，2007。

傅衣凌：《明清时代商人及商业资本　明代江南市民经济试探》，中华书局，2007。

贺雪峰：《地权的逻辑——中国农村土地制度向何处去》，中国政法大学出版社，2010。

黄应贵：《反景入深林——人类学的关照、理论与实践》，商务印书馆，2010。

黄应贵：《文明之路》（第一、二、三卷），中研院民族学研究所，2012。

简美玲：《贵州东部高地苗族的情感与婚姻》，贵州大学出版社，2009。

科大卫：《皇帝与祖宗：华南的国家与宗族》，卜永坚译，江苏人民出版社，2009。

克利福德·格尔兹：《尼加拉：十九世纪巴厘剧场国家》，赵丙祥译，上海人民出版社，1999。

克利福德·格尔兹：《文化的解释》，韩莉译，译林出版社，2008。

拉德克利夫-布朗：《社会人类学方法》，夏建中译，华夏出版社，2002。

李文治：《明清时代封建土地关系的松解》，中国社会科学出版社，2007。

李治安：《行省制度研究》，南开大学出版社，2000。

梁聪：《清代清水江下游村寨社会的契约规范与秩序——以文斗苗寨契约文书为中心的研究》，人民出版社，2008。

梁方仲：《明清赋税与社会经济》，中华书局，2008。

廖君湘：《南部侗族传统文化特点研究》，民族出版社，2007。

林惠祥：《文化人类学》，上海书店出版社，2011。

林耀华：《金翼：中国家族制度的社会学研究》，庄孔韶、林宗成译，生活·读书·新知三联书店，2008。

刘学洙：《贵州开发史话》，贵州人民出版社，2001。

刘志伟：《在国家与社会之间——明清广东里甲服役制度研究》，中山大学出版社，1997。

露丝·本尼迪克特：《文化模式》，王炜等译，社会科学文献出版社，2009。

罗伯特·F. 墨菲：《文化与社会人类学引论》，王卓君译，商务印书馆，2009。

罗伯特·K. 默顿：《社会理论和社会结构》，唐少杰、齐心等译，译林出版社，2006。

罗康智、王继红编著《〈明史〉贵州地理志考释》，贵州人民出版社，2007。

罗纳托·罗萨尔多：《伊隆戈人的猎头：一项社会与历史的研究（1883~1974）》，张经纬、黄向春、黄瑜译，北京大学出版社，2012。

麻国庆：《家与中国社会结构》，文物出版社，1999。

麻国庆：《永远的家：传统惯性与社会结合》，北京大学出版社，2009。

马克斯·韦伯：《儒教与道教》，洪天富译，江苏人民出版社，2010。

马歇尔·萨林斯:《历史之岛》,蓝达居、张宏明等译,上海人民出版社,2003。

马歇尔·萨林斯:《"土著"如何思考——以库克船长为例》,张宏明译,上海人民出版社,2003。

梅休:《牛津地理学词典》,上海外语教育出版社,2001。

莫里斯·弗里德曼:《中国东南的宗族组织》,刘晓春译,上海人民出版社,2000。

尼克拉斯·卢曼:《权力》,瞿铁鹏译,上海人民出版社,2005。

皮埃尔·布迪厄:《实践感》,蒋梓骅译,译林出版社,2003。

乔尔·S. 米格代尔:《强社会与弱国家:第三世界的国家关系及国家能力》,张长东、朱海雷、隋春波等译,江苏人民出版社,2012。

施坚雅:《中国农村的市场和社会结构》,史建、徐秀丽译,中国社会科学出版社,1998。

施坚雅主编《中华帝国晚期的城市》,叶光庭等译,中华书局,2000。

塔尔科特·帕森斯:《社会行动的结构》,张明德、夏遇南、彭刚译,译林出版社,2008。

唐立、杨有赓、武内房司主编《贵州苗族林业契约文书汇编(1736~1950)》(第一、二、三卷),东京外国语大学国立亚非语言文化研究所,2001~2003。

托马斯·许兰德·埃里克森:《小地方,大论题——社会文化人类学导论》,董薇译,周大鸣校,商务印书馆,2008。

王笛:《跨出封闭的世界——长江上游区域社会研究(1644~1911)》,中华书局,2001。

王明珂:《华夏边缘:历史记忆与族群认同》,社会科学文献出版社,2006。

王明珂:《羌在汉族之间:川西羌族的历史人类学研究》,中华书局，2008。

王铭铭：《社会人类学与中国研究》，广西师范大学出版社，2005。

王宗勋：《文斗——看得见历史的村寨》，贵州人民出版社，2009。

王宗勋、杨秀廷：《锦屏林业碑文选辑》，锦屏县地方志办公室，2005。

吴大旬：《清朝治理侗族地区政策研究》，民族出版社，2008。

吴泽霖、陈国钧：《贵州苗夷社会研究》，民族出版社，2004。

伍孝成、吴声军考释《黔记·舆图志》，贵州人民出版社，2013。

西敏司：《甜与权力》，王超、朱建刚译，商务印书馆，2010。

项飚：《全球"猎身"：世界信息产业和印度的技术劳工》，王迪译，北京大学出版社，2012。

徐晓光等：《锦屏乡土社会的法与民间纠纷解决》，民族出版社，2012。

杨方泉：《塘村纠纷：一个南方村落的土地、宗族与社会》，中国社会科学出版社，2006。

杨国桢：《明清土地契约文书研究》（修订版），中国人民大学出版社，2009。

杨士泰：《清末民国地权制度变迁研究》，中国社会科学出版社，2010。

杨庭硕、田红：《本土生态知识引论》，民族出版社，2010。

游建西：《近代贵州苗族社会的文化变迁（1895～1945）》，贵州人民出版社，1997。

约翰·格莱德希尔：《权力及其伪装——关于政治的人类学视角》，赵旭东译，商务印书馆，2011。

詹姆斯·C. 斯科特：《国家的视角：那些试图改善人类状况的

项目是如何失败的》（修订版），王晓毅译，社会科学文献出版社，2011。

詹姆斯·C. 斯科特：《弱者的武器：农民反抗的日常形式》，郑广怀、张敏、何江穗译，译林出版社，2011。

张传玺：《契约史买地券研究》，中华书局，2008。

张佩国：《财产关系与乡村法秩序》，学林出版社，2007。

张佩国：《地权分配·农家经济·村落社区》，齐鲁书社，2000。

张佩国：《近代江南乡村地权的历史人类学研究》，上海人民出版社，2002。

张应强：《木材之流动：清代清水江下游地区的市场、权力与社会》，生活·读书·新知三联书店，2006。

张应强、王宗勋主编《清水江文书》（第一、二、三辑），广西师范大学出版社，2007、2009、2011。

赵冈：《永佃制研究》，中国农业出版社，2005。

赵冈：《中国传统农村的地权分配》，新星出版社，2006。

赵平略、尹宁编著《黔记·大事记》，贵州人民出版社，2013。

周大鸣主编《当代华南的宗族组织》，黑龙江人民出版社，2003。

朱利安·斯图尔德：《文化变迁论》，谭卫华、罗康隆译，杨庭硕校译，贵州人民出版社，2013。

Clifford Geertz, *Agricultural Involution: The Process of Ecological Change in Indonesia*, University of California Press, 1963.

David Faure, *The structure of Chinese Rural Society: Lineage and Village in the Eastern New Territories*, Hong Kong, Oxford University Press, 1986.

M. Fortes and E. E. Evans-Pritchard, *African Political systems*, Oxford University Press, 1966.

Robert Redfield, *Peasant Society and Culture： An Anthropological Approach to Civilization*, The University of Chicago Press, 1956.

2. 论文

陈奕麟：《香港新界在二十世纪的土地革命》,《中央研究院民族学研究所集刊》第61期, 1986年。

程美宝、蔡志祥：《华南研究：历史学与人类学的实践》,《华南研究资料中心通讯》第22期, 2001年1月。

程泽时：《"姚百万"诬告谋反案与交易公平》,《原生态民族文化学刊》2012年第2期。

单洪根：《清代清水江木业"争江案"述评》,《贵州文史丛刊》2002年第4期。

单洪根：《清水江流域地区的"皇木"征办》,《原生态民族文化学刊》2009年第1期。

冯贤亮：《疆界错壤：清代"苏南"地方的行政地理及其整合》,《江苏社会科学》2005年第4期。

冯贤亮：《明代江南的争田问题——以嘉兴府嘉、秀、善三县为中心》,《中国社会经济史研究》2000年第4期。

傅安辉：《论历史上清水江木材市场繁荣的原因》,《贵州民族学院学报》（哲学社会科学版）2010年第1期。

傅安辉：《论清水江木商文化遗产的现代价值》,《原生态民族文化学刊》2009年第2期。

傅辉：《插花地对土地数据的影响及处理方法》,《中国社会经济史研究》2004年第2期。

傅辉：《河南插花地个案研究（1368~1935）》,《历史地理》第19辑, 上海人民出版社, 2003。

郭声波：《飞地行政区的历史回顾与现实实践的探讨》,《江汉论坛》2006年第1期。

郭声波、王开队：《由虚到实：唐宋以来川云贵交界区犬牙相入政区格局的形成》,《江汉论坛》2008 年第 1 期。

郭舟飞:《由武汉"插花地"看地方政府公共管理》,《科技创业月刊》2009 年第 9 期。

胡英泽:《流动的土地与固化的地权——清代至民国关中东部地册研究》,《近代史研究》2008 年第 3 期。

黄剑波:《何处是田野——人类学田野工作的若干反思》,《广西民族研究》2007 年第 3 期。

江太新:《明清时期土地股份所有制萌生及其对地权的分割》,《中国经济史研究》2002 年第 3 期。

江太新:《清初垦荒政策及地权分配情况的考察》,《历史研究》1982 年第 5 期。

姜秀波:《古人与自然和谐共存的样板——解读清水江清代林契》,《当代贵州》2003 年第 5 期。

蒋德学:《明清时期贵州贡木及商业化经营的演变》,《贵州社会科学》2010 年第 8 期。

科大卫:《祠堂与家庙——从宋末到明中叶宗族礼仪的演变》,《历史人类学学刊》2003 年第 2 期。

科大卫:《国家与礼仪:宋至清中叶珠江三角洲地方社会的国家认同》,《中山大学学报》(社会科学版)1999 年第 5 期。

科大卫、刘志伟:《宗族与地方社会的国家认同——明清华南地区宗族发展的意识形态基础》,《历史研究》2000 年第 3 期。

李凌霞:《清代台湾原住民不同社群的地权争夺》,《厦门大学学报》(哲学社会科学版)2010 年第 6 期。

李文军、王茂盛:《论明清以来"一田两主"的地权关系及其改造》,《重庆科技学院学报》(社会科学版)2008 年第 1 期。

李文治:《从地权形式的变化看明清时代地主制经济的发展》,《中国社会经济史研究》1991 年第 1 期。

梁聪:《清代清水江下游村寨社会的契约规范与秩序》,博士学位论文，西南政法大学，2007。

刘伟国：《中国现行行政区划中的"飞地"现象》，《地理教学》2004年第11期。

刘正爱：《历史人类学与人类学意义上的历史》，《中国农业大学学报》（社会科学版）2008年第3期。

龙登高：《清代地权交易形式的多样化发展》，《清史研究》2008年第3期。

龙泽江：《锦屏文书的价值、研究方法与开发利用途径——锦屏文书暨清水江木商文化研讨会综述》，《原生态民族文化学刊》2010年第4期。

卢树鑫：《蠲免钱粮与均田摊粮——清水江下游地区清代田赋征收的形成与演变》，《原生态民族文化学刊》2010年第2期。

鲁西奇、林昌丈：《飞地：孤悬在外的领土》，《地图》2009年第4期。

鲁艳：《明清时期徽州商业资本对徽州地权的影响探析》，《池州师专学报》2003年第2期。

吕永锋：《清水江地区人工林经营中的水土保存手段述评》，《贵州民族学院学报》（哲学社会科学版）2004年第1期。

罗洪洋：《清代黔东南锦屏苗族林业契约的纠纷解决机制》，《民族研究》2005年第1期。

罗康隆：《从清水江林地契约看林地利用与生态维护的关系》，《林业经济》2011年第2期。

罗康隆：《侗族传统人工营林业的社会组织运行分析》，《贵州民族研究》2001年第2期

罗康隆：《清代贵州清水江流域林业契约与人工营林业的发展》，《中国社会经济史研究》2010年第2期。

罗美芳：《论清水江航道的开发》，《安顺学院学报》2011年第4期。

马国君、李红香：《近六十年来清水江林业契约的收集、整理与研究综述》，《贵州大学学报》（哲学社会科学版）2012年第4期。

马良灿：《地权是一束权力关系》，《中国农村观察》2009年第2期。

马琦、韩昭庆、孙涛：《明清贵州插花地研究》，《复旦学报》2010年第6期。

倪宁：《清代清水江流域梳理》，《文学界》（理论版）2012年第9期。

潘志成、梁聪：《清代贵州文斗苗族社会中林业纠纷的处理》，《贵州民族研究》2009年第5期。

潘志成、梁聪：《清代锦屏文斗苗寨的宗族与宗族制度——兼及林业经营中的"家族所有制"、"家庭私有制"争论》，《贵州社会科学》2011年第2期。

秦秀强：《江规：清代清水江木材采运贸易规范考察》，《原生态民族文化学刊》2010年第1期。

秦秀强：《民间谱牒的历史价值——对清水江下游天柱县的考察》，《原生态民族文化学刊》2009年第3期。

沈文嘉、董源、印嘉祐：《清代清水江流域侗、苗族杉木造林方法初探》，《北京林业大学学报》（社会科学版）2004年第4期。

史达宁：《清水江文书的文献学价值——以锦屏县文斗寨契约文书为个案》，硕士学位论文，贵州大学，2009。

史念海：《战国时期的"插花地"》，《河山集·七集》，陕西师范大学出版社，1999。

唐立里特：《清代贵州苗族的植树技术》，肖克之译，《农业考古》2001年第1期。

童光政：《"一田两主"的地权结构分析及其改造利用》，《北方法学》2007年第2期。

万红：《试论清水江木材集市的历史变迁》，《古今农业》2005

年第2期。

王会湘:《从"清浪碑"刻看清代清水江木业"争江案"》,《贵州文史丛刊》2008年第4期。

王日根:《清代地权转移中的非经济因素》,《中国社会经济史研究》1996年第2期。

王思琦:《在村庄与国家之间:论施坚雅中国传统市场研究》,《东方论坛》2008年第2期。

温春来、黄国信:《改土归流与地方社会权力结构的演变——以贵州西北部为例》,《中央研究院历史语言研究所集刊》第七十六本第二分,2005年6月。

文琴:《贵州锦屏苗侗地区"林契文书"的价值、生产危机及保护对策》,硕士学位论文,华中师范大学,2012。

吴平、龙泽江:《从学术资源保障看清水江流域锦屏文书的数字化道路》,《贵州社会科学》2010年第12期。

吴声军:《论林业契约对林地产权的维护功能——以清水江流域文斗寨为例》,硕士学位论文,吉首大学,2010。

吴声军:《清水江林业契约之文化剖析》,《原生态民族文化学刊》2010年第3期。

吴滔:《"插花地"的命运:以章练塘镇为中心的考察》,《史林》2010年第3期。

吴兴然:《明清时期锦屏苗木生产经营初探》,《贵州社会科学》1990年第4期。

萧凤霞:《跨越时空:二十一世纪的历史人类学》,《中国社会科学报》2010年10月14日,第11版。

徐建平:《行政区划整理过程中的边界与插花地——以民国时期潼关划界为例》,《历史地理》第24辑,上海人民出版社,2010。

徐晓光:《锦屏林区民间纠纷内部解决机制及与国家司法的呼

应——解读〈清水江文书〉中清代民间的几类契约》,《原生态民族文化学刊》2011 年第 1 期。

杨斌:《民国时期川黔交界地区插花地清理拨正研究》,《地理研究》2011 年第 10 期。

杨斌:《明清以来川(含渝)黔交界地区插花地研究》,博士学位论文,西南大学,2011。

杨有赓:《汉民族对开发清水江少数民族林区的影响与作用》(上),《贵州民族研究》1993 年第 2 期。

杨有赓:《明清王朝在黔采办皇木史略》,《贵州文史丛刊》1989 年第 3 期。

杨有赓:《清代黔东南清水江流域木材初探》,《贵州社会科学》1988 年第 8 期。

杨有赓:《清代清水江林区林业租佃关系概述》,《贵州文史丛刊》1990 年第 2 期。

杨有赓:《清水江流域商业资本的发展、流向与社会效应》,《贵州民族研究》1989 年第 3 期。

姚尚建:《制度嵌入与价值冲突——"飞地"治理中的利益与正义》,《苏州大学学报》(哲学社会科学版)2012 年第 6 期。

叶显恩、周兆晴:《地权转移与宗族利益》,《珠江经济》2007 年第 10 期。

袁显荣:《清水江下游宗祠文化探微》,《原生态民族文化学刊》2009 年第 4 期。

张可辉:《从敦煌吐鲁番文书看中人与地权交易契约关系》,《西域研究》2011 年第 2 期。

张佩国:《传统中国乡村社会的解释学——以地权分配为透视点》,《东方论坛》2001 年第 1 期。

张佩国:《近代江南的村籍与地权》,《文史哲》2002 年第 3 期。

张小军:《史学的人类学化和人类学的历史化——兼论被史学

"抢注"的历史人类学》,《历史人类学学刊》2003 年第 1 期。

张小军:《象征地权与文化经济——福建阳村的历史地权个案研究》,《中国社会科学》2004 年第 3 期。

张新民:《共同推动古文书学与乡土文献学的发展——清水江文书整理与研究四人谈》,《贵州大学学报》(社会科学版) 2012 年第 3 期。

张新民:《清水江文书的整理利用与清水江学科的建立——从〈清水江文书集成考释〉的编纂整理谈起》,《贵州民族研究》2010 年第 5 期。

张新民:《走进清水江文书与清水江文明的世界——再论建构清水江学的题域旨趣与研究发展方向》,《贵州大学学报》(社会科学版) 2012 年第 1 期。

张应强:《从卦治〈奕世永遵〉石刻看清代中后期的清水江木材贸易》,《中国社会经济史研究》2002 年第 3 期。

张应强:《清代契约文书中的家族及村落社会生活》,《广西民族学院学报》(哲学社会科学版) 第 27 卷第 5 期,2005 年 9 月。

张应强:《清代西南商业发展与乡村社会——以清水江下游三门塘寨的研究为中心》,《中国社会经济史研究》2004 年第 1 期。

张应强:《清水江经验:流动的原生态民族文化观》,《原生态民族文化学刊》2010 年第 3 期。

张应强:《区域开发与清水江下游村落社会结构——以〈永定江规〉碑的讨论为中心》,《原生态民族文化学刊》2009 年第 3 期。

赵冈:《清代前期地权分配的南北比较》,《中国农史》2004 年第 3 期。

郑庆平:《明清时期的土地制度及其发展变化特征》,《中国农史》1989 年第 1 期。

智通祥、刘富荣:《农村"飞地"如何管理和利用》,《资源导刊》2010 年第 11 期。

周翔鹤:《从契约文书看清代台湾竹堑社的土著地权问题》,《台湾研究集刊》2003年第2期。

周翔鹤:《清代台湾的地权交易——以典契为中心的一个研究》,《中国社会经济史研究》2001年第2期。

朱宗震:《追求完美过分,理想难敌现实——对〈近代江南乡村地权的历史人类学研究〉的批判》,《近代史研究》2004年第5期。

John L. MaCreery, "Women's Property Rights and Dowry in China," *Ethnology*, Vol. 15, No. 2 (1976), pp. 163 – 174.

Maurice Freedman, "Sociology in and of China," *The British Journal of Sociology*, Vol. 13, No. 2 (Jun. 1962), pp. 106 – 116.

Myron Cohen, "Cultural and Political Inventions in Modern China: The Case of the Chinese 'Peasant'," *Daedalus*, Vol. 122, No. 2, pp. 151 – 170.

S. Potter, and J. Potter, *China peasants*, Cambridge University Press, 1991, p. 334.

后　记

本书是在我的博士论文基础上略加修改和充实而成的。

2011年秋，我考上中山大学人类学民族学专业的博士研究生，在张应强教授的指导下研习民族文化发展与研究。2014年6月顺利毕业，获博士学位。之后，经过几年的沉淀和修改，此书得以付梓。

首先要感谢我的导师张应强教授。我本愚钝，但恩师不弃愚顽，将我招至门下，这是我最大的福分。先生为人谦虚，治学严谨，学术造诣精深。拙著从选题、调查，到写作成文都是在先生的悉心指导、启发和鼓励下完成的。但因本人资质平平、学术素养不高，未能将先生的精神完全领悟，实在有点辜负先生的期望。在今后的工作和治学道路上，我将谨记恩师教诲，更加努力以不负期望。

在马丁堂求学期间，老师们的教诲，加深了我对人类学的理解。要深深感谢中山大学人类学系的周大鸣教授、张振江教授、刘志扬教授、何国强教授、刘昭瑞教授、谭同学老师、余成普老师、程瑜老师、段颖老师、杨小柳老师以及后来分别调入中央民族大学和兰州大学的麻国庆教授、王建新教授。先生们的谆谆教导、耳提面命使我受益匪浅。若没有诸位先生的无私奉献、言传身教，也不可能有此书的问世。

特别感谢张振江教授，先生虽未直接参与我的开题及预答辩，却时时关注我论文的思路、框架、进展等，还曾不顾贵州山区道路的颠簸，亲临地湖乡指导田野调查，为论文之写作指点迷津。

感谢厦门大学张先清教授、中南民族大学许宪隆教授、中山大

后 记

学历史系温春来教授、中山大学人类学系周大鸣教授及朱健刚教授，诸位老师在论文答辩中给出了宝贵而又中肯的意见。

在康乐园学习、生活期间，若没有同学、同门之间相互交流、讨论、争辩和帮助，也不会有今天的我。在此，感谢我的同门孙旭、台文泽、党云倩。孙、台二兄，才高八斗、出类拔萃，每每需要二兄解惑时，他们都竭尽全力、推心置腹，相关问题也就迎刃而解。此生能与二兄成为同门，乃上天赏赐给我的恩惠。与二兄的交流、谈论，无不使我在最短的时间内加深了对人类学的理解。能与二兄一起醉过酒，也是一种莫大的荣幸。若没有二兄的启发、鼓励和无私帮助也不可能有今天的我。党云倩作为同门中的大姐，对学术的孜孜追求，感动和激励着我，其为人处世之道同样需同门小弟效仿一生。感谢同学吕永锋、拉马文才、刘莉、李亚锋、李何春、杜新燕、张昆、陈敬胜、林连华、黄雪亮、张少春、刘劲聪、胡炳年、郭凌燕、王晓青、王路、桑扎以及澳门籍同学陈德好，有你们的鼓励和帮助，我的博士论文才得以顺利完成。感谢张门的师兄邓刚、何良俊，师姐钱晶晶、朱晴晴、王彦芸；感谢师弟罗兆均、区锦联、王健（兼同事）、吴声军，师妹刘彦、王君、董秀敏、王勤美、聂羽彤、游澄、谌鸿燕。还要特别感谢中山大学历史系卢树鑫博士，此兄深明厚慈、慷慨大度，将自己千辛万苦搜集到的典籍资料与我分享，为本书增色不少。

感谢地湖乡的乡民，田野调查期间，若没有地湖乡民的热情接纳、帮助和无私奉献，也就不会有此书的产生。恕我不能在此一一列举你们的名字，但正是有了你们的帮助和支持，田野调查工作才得以顺利开展。

还要感谢社会科学文献出版社宋荣欣主任、赵晨编辑，正是你们细致入微的工作，才使拙著得以顺利出版。

已过而立之年的我，却庸庸碌碌、一无所成。感谢父亲、母亲、岳父、岳母、长辈以及兄弟姊妹、妻子对我的宽容、理解和鼓

"插花地"：文化生态、地方建构与国家行政

励，使得我有勇气在学术的道路上艰难爬行。而作为儿子、女婿、兄长或丈夫的我却没有尽到应尽的职责，每每想起总会思绪万千、忐忑不安。

女儿现已十岁，使我内心深感惭愧的是，没有更多的时间好好陪伴她。这些年来，我不是在读书，就是在去读书的路上。博士毕业以后，也因每天有忙不完的事情而不得不以办公室为家，因而，在女儿的心目中，爸爸就是一个永远有做不完作业的人。感谢女儿的乖巧、听话，作为爸爸的我，也只能希冀往后有更多时间陪陪女儿。

此外，拙著乃是从人类学视角去探究国内外插花地问题的一种全新的尝试。因插花地问题实在过于复杂，加之本人才疏学浅、学术素养不高，拙著中的一些观点、提出的一些看法肯定存在较大的问题，因此，恳请学界同人斧正，本人定万分感激。

谢景连
2018 年 5 月 25 日于香山别苑

图书在版编目(CIP)数据

"插花地":文化生态、地方建构与国家行政:清水江下游地湖乡的个案研究/谢景连著.--北京:社会科学文献出版社,2019.8
 (清水江研究丛书)
 ISBN 978-7-5201-3596-2

Ⅰ.①插… Ⅱ.①谢… Ⅲ.①行政区划-历史-天柱县 Ⅳ.①D677.3

中国版本图书馆CIP数据核字(2018)第227141号

清水江研究丛书
"插花地":文化生态、地方建构与国家行政
——清水江下游地湖乡的个案研究

著　　者 / 谢景连

出 版 人 / 谢寿光
责任编辑 / 赵　晨

出　　版 / 社会科学文献出版社·历史学分社 (010) 59367256
　　　　　地址:北京市北三环中路甲29号院华龙大厦　邮编:100029
　　　　　网址:www.ssap.com.cn

发　　行 / 市场营销中心 (010) 59367081　59367083
印　　装 / 三河市龙林印务有限公司

规　　格 / 开　本:787mm×1092mm　1/16
　　　　　印　张:22.75　字　数:303千字
版　　次 / 2019年8月第1版　2019年8月第1次印刷
书　　号 / ISBN 978-7-5201-3596-2
定　　价 / 128.00元

本书如有印装质量问题,请与读者服务中心 (010-59367028) 联系

▲ 版权所有 翻印必究